Homo Datacus

DT 시대를 이끌 마케터가 반드시 갖춰야 할 데이터 지능

호모 데이터쿠스의
데이터 상상력

Data Imagination

——— 김유나 저 ———

학지사비즈

영화 〈마이너리티 리포트〉에서 주인공 존 앤더튼이 걷는 거리의 디스플레이 광고 패널들은 그의 홍채를 인식하여 개인화된 메시지를 전달합니다. "안녕하세요, 존. 마지막으로 구매한 셔츠는 마음에 드셨나요?"와 같은 맞춤형 광고들은 그의 현재 상황과 취향에 맞춰 끊임없이 제공되며, 이는 데이터 기반 마케팅의 미래 가능성을 극적으로 보여 줍니다. 하지만 이러한 미래상은 현재의 데이터 마케팅 현실과는 거리가 있으며, 오히려 데이터 마케팅을 이제 막 시작하려는 이들에게 잘못된 기대를 가지게 할 수 있습니다.

『호모 데이터쿠스의 데이터 상상력』은 이러한 간극을 메우며 현장의 데이터 마케터들에게 실질적인 통찰과 방법론을 제시합니다. 이 책은 마케팅 고전인 시어도어 레빗의 『마케팅 상상력』(원제: 마케팅 근시안)을 연상시킵니다. 레빗이 기업들에게 제품 중심에서 벗어나 소비자의 욕구와 문제 해결에 집중할 것을 강조하며 시장 중심, 즉 소비자 중심으로의 사고 전환을 주장했듯이, 이 책은 데이터 마케팅의 맥락에서 소비자 중심적 접근을 새롭고 흥미롭게 해석해 냅니다.

인텐트 마케팅 컨설턴트이자 서치 리스닝 SaaS 리스닝마인드(www.listeningmind.com)를 운영하는 입장에서, 저는 데이터를 통해 소비자 행동 배후의 의도를 파악하는 일이 얼마나 중요한지 잘 알고 있습니다. 현대의 디지털 기기들은 소비자의 일상을 데이터(특히, 모바일 검색 데이터)로 추상화하여 기록하며 소비자의 모든 순간을 담아 내고 있습니다. 이러한 데이터는 단순히 소비자의 행동을 보여 주는 것을 넘어, 그들의 선택 배경과 맥락을 이해할 수 있는 귀중한 자원이 되고 있습니다.

김유나 교수는 이 책에서 데이터의 진정한 가치는 인간의 상상력과 결합할 때 발현된다고 강조합니다. 기업이 데이터를 통해 소비자와의 관계를 재정립하고 지속 가능한 성과를 창출하는 방법을 명확하게 제시하며, 이는 제품 기획자, 서비스 설계자, 마케팅 전략가, 광고 크리에이터, 콘텐츠 기획자에 이르기까지 다양한 분야의 전문가들에게 강력한 영감과 실천적 지침이 될 것입니다.

데이터 시대를 살아가는 우리는 단순한 정보의 수집과 분석을 넘어 인간적 통찰과 상상력으로 그 가치를 확장해야 합니다. 이 책은 소비자의 행동과 맥락을 깊이 이해하고 새로운 비즈니스 기회를 발견하고자 하는 이들에게 오랫동안 필독서로 자리매김할 것입니다. 〈마이너리티 리포트〉가 보여 준 미래의 데이터 마케팅처럼, 데이터는 브랜드가 소비자와 연결되기 위한 창이 되어 줍니다. 하지만 이를 현실화하는 핵심은 데이터와 기술만이 아닌 데이터를 사용하려는 이들의 상상력에 있다고 이 책은 강조하고 있습니다. 데이터와 상상력의 결합이 만들어 낼 데이터 마케팅의 새로운 지평을 보고 싶다면, 이 책은 반드시 읽어 볼 가치가 있습니다.

– 어센트코리아 박세용 대표

이제는 호모 데이터쿠스의 시대

4차 산업혁명이 선포된 지 10년. 이제는 누구나 데이터를 다루어야 하는 시대가 되었다. 많은 마케터들이 데이터의 압박 속에서 어떻게 데이터 분석 기술을 익혀야 할지, 어떻게 데이터 마케터로의 길로 들어서야 할지 고민 중이다. 특히 당신이 문과 출신이라면 갑자기 닥친 숫자와 통계의 장벽 앞에서 난감할 수밖에 없다. 과연 데이터는 이과생만의 영역일까? 그렇지는 않다. 우리 모두 데이터 분석가가 될 필요는 없다. 지금 워드 프로세스로 업무를 하는 것이 일상이 되었듯, 데이터를 보며 일을 하게 될 날이 곧 올 것이다. 그렇다면, 우리는 데이터를 어떻게 바라보고 무엇을 준비해야 할까?

데이터 마케팅이 모두의 주제가 된 이유는 디지털 전환 때문이다. 디지털이 생활의 근간이 된 지금, 마케팅 역시 '제품 우위'에서 '고객의 일상'으로 관점이 옮겨 가는 중이다. 이때, 데이터는 고객 중심의 마케팅 시대를 이끌 원동력이 된다. 최근 데이터에 대한 관심이 증가하면서 이와 관련된 책과 강연이 많아졌지만, 여전히 사람들의 인식은 '데이터 = 숫자' '데이터 = 기술'이라는 고정관념에 머물러 있다. 이는 모두 데이터에 대한 잘못된 인식에서 비롯된다. 데이터 분석은 엑셀로 숫자를 정리하고, 어려운 통계를 돌리고, 화려한 그래프를 그리는 일이 아니다. 데이터는 다름 아닌 '소비자의 흔적'이기 때문이다. 다시 말해, 데이터 분석은 '소비자를 읽는 일'이 되어야 한다.

잘못된 인식은 도구의 사용을 방해한다. 중요한 것은 분석 툴을 다루기 이전에 데이터를 대하는 마인드부터 갖추는 일이다. 그렇다면 소비자 중심의 데이터 마케팅은 무엇을 지향하는가? 우리가 데이터에서 캐치해야 할 것은 소비자의 흔적을 통한 그들의 인지, 감정, 행동, 즉 마음의 움직임이다. 왜 사람들이 그런 행동을 했는지, 그 행동의 의미는 무엇인지 등과 같은 소비자 심리에 대한 이해가 1차 목적이 되어야 한다. 즉, 데이터 분석이 지향해야 할 근본은 분석 툴을 다루는 기술이 아닌, 데이터로 인코딩된 인간의 마음을 이해하는 인문학적 통찰이어야 한다.

눈에 보이지 않는 것을 보려면 '상상력(imagination)'이 필요하다. 데이터 이면을 보기 위해서는 소비자의 진짜 마음을 알고자 하는 상상력을 발휘해야 한다. 이것이 바로 데이터 리터러시의 실체이다. '데이터 리터러시'란 데이터로 보이지 않는 소비자 마음의 윤곽을 그려 내서 마케팅 인사이트를 얻는 것을 말한다. AI 덕분에 분석 툴은 누구나 쉽게 쓸 수 있게 개발되어 더 빠르게 범용화될 것이다. 이런 상황에서는 같은 도구를 써도 남다른 결과를 만들어 내는 리터러시 역량이 중요해진다. 이렇게 데이터 활용의 의미는 데이터를 통해 소비자를 상상할 수 있을 때 살아난다.

매 순간 소비자의 흔적이 쌓이는 시대, 이제는 소비자의 목소리에 실시간으로 귀 기울여 그들의 마음을 채워 줄 수 있어야 비즈니스가 영속될 수 있다. 지금 필요한 것은 숫자 이면의 소비자 마음을 따라가며 마케팅 의사결정을 할 수 있는 능력이다. 그 행동의 의미를 어떻게 해석하느냐에 따라 전략이 달라지고 브랜드의 방향성이 결정된다. 그래서 데이터 마케팅에 기술이 아닌 사고력이 중요해진다. 지금 마케터들이 갖춰야 할 데이터 역량은 통계 지식이 아닌 데이터에서 답을 찾는 데이터 사고법이다.

이 책은 기존의 데이터 서적들이 다루지 않았던 데이터 접근법을 다룬다. 비즈니스 상황에 맞게 데이터를 사용하는 목적을 기획하고, 메타인지를 통해 데이터를 보는 시야를 넓히고, 맥락적 사고로 소비자의 진짜 마음을 통찰하며, 컨셉적 사고로 문제를 풀 아이디어를 찾고, 디자인씽킹을 통해 문제의 답을 찾는 창의적 접근으로 데이터를 다루는 방법을 제시한다. 저자는 이를 마케터가 장착해야 할 5가지 데이터 능력(데이터 기획력, 데이터 선별력, 데이터 분석력, 데이터 문해력, 데이터 창의력)으로 풀어낸다.

앞으로 데이터는 모든 마케터의 화두가 될 것인 만큼, 이 책에서 다루는 데이터 이야기는 복잡한 데이터 시스템을 구축하는 것도, 어려운 통계분석을 수행하는 방법에 대한 것도 아니다. 회사에 데이터가 충분치 않더라도, R이나 SQL 같은 어려운 통계 툴을 쓰지 않더라도 손쉬운 대시보드를 통해 소비자에게 다가갈 수 있는 방법이 있다는 것을 알리기 위함이다. 또한 더 이상 어려운 기술에 집착하지 말고 데이터를 수단 삼아 원하는 마케팅을 펼치길 바라는 마음을 전하기 위함이다. 그렇기에 이 책은 데이터 마케팅이 궁금하거나 데이터를 다루며 일하고 싶은 일반 마케터를 위해 세상에 나왔다.

모든 마케터는 숫자를 분석하기 이전에 데이터를 바라보는 자세부터 가져야 한다. 데이터 마케팅의 첫걸음은 데이터로 소비자를 상상하는 데서 시작한다. 이제 데이터를 분석가의 마음이 아닌 마케터의 마음으로 바라보자. 이 책의 목적은 마케터에게 데이터를 통해 소비자에게 다가가는 '데이터 상상력(Data Imagination)'이라는 제3의 눈을 장착시키는 것이다. 그리고 데이터라는 숲에서 길을 잃지 않도록 소비자의 마음을 따라가는 지도를 읽는 방법을 알려 주는 것이다. 데이터 우위의 시대에 저자는 이 책이 고객과 소통하고 싶은 모든 마케터를 위한 데이터 마케팅의 지침서가 되길 희망한다.

2025년 1월

늘 새로움이 깃들기를 바라며

저자 김유나

차례

제1부. 호모 데이터쿠스가 온다

제1부

호모 데이터쿠스가 온다

왜 데이터가 뜨는가?

🔲 디지털 트랜스포메이션이 쏘아 올린 거대한 공

어느 날 갑자기 닥친 일이 아니다. 남의 이야기 같던 데이터가 나의 문제로 다가온 것은. '디지털 트랜스포메이션(Digital Transformation: DT)'이라는 화두가 산업 전반에 지각변동을 일으켰던 것도 어느새 10년이 되어 간다. DT의 주축으로 '데이터'에 주목했던 것을 기억할 것이다. 10년이 흐른 지금 데이터는 모두의 과업으로 다가왔다. 미래에 뜨는 직종으로 데이터 분석가를 손꼽으며, 초등학생들도 코딩을 배워야 한다고 떠들었던 언론은 다시 생성형 AI를 가리키며 인간 지능을 위한 창의력을 운운한다. 코로나19 이후 급격하게 진행된 디지털 전환의 또 다른 모습이다. 처음에는 그 속도를 가늠하기 조차 어려웠지만, 지금은 현실로 다가오는 데이터의 속도가 어느 정도 감지는 된다. 조만간 이것이 나의 이야기가 될 수 있을 것이라는 어슴푸레한 불안과 함께.

이 모든 변화는 '디지털 전환'에서 비롯되었다. 코로나19에 맞서 남들보다 빠르게 디지털로 전환했던 나이키는 디지털의 가능성을 몸소 보여 주었다. 황폐해져 가는 오프라인 매장의 손실을 메우기 위해 온라인으로 사업의 방향을 틀면서 공들였던 것은 '데이터'였다. 고객의 이력을 분석해 그들의 필요와 취향을 충족시키는 맞춤형 상품을 제공한 것이 성공의 열쇠였다. 이는 '데이터가 미래를 지배한다'고 외쳤던 CEO들의 주장을 현실로 입증한 사례가 되었다. "앞으로는 데이터가 승자와 패자를 가를 것"(IBM CEO 버지니아 로메티)이고, "우리는 절대로 데이터를 내다 버리지 않을 것"(아마존 CEO 제프 베조스)이며, "이제 우리는 금융회사가 아니라 데이터 사이언스기업"(현대카드 정태영 부회장)이라고 언급했던 이들은 이 시대의 움직임을 감지하고 발 빠르게 미래로 나아갔던 리더들이다. 이들이 보았던 것은 무엇일까? 이들의 기대가 현실이 되고 있는 지금, 우리도이들의 눈높이에 맞춰 변화의 실체를 볼 수 있어야 한다.

글로벌 빅테크 CEO들이 변화를 통찰하는 눈은 날카롭다. 일찍이 빌게이트는 디지털 전환을 이렇게 통찰했다. "뱅킹은 필요하다. 그러나 은행은 필요 없다(The world needs banking, but it does not need banks)." 이 말이 뜻하는 바는 무엇인가? 이제 상품 자체가 아니라, 상품을 서비스받는 고객의 필요에 집중해야 한다는 이야기이다. 빌게이트의 통찰을 맥킨지는 이런 식으로 정리했다. 디지털 트랜스포메이션을 성공시킬 3가지 혁신 전략은 ① 기업 핵심을 디지털화할 것(Digitalizing to the core), ② 조직 전체가 고객 여정의 관점으로 생각을 전환할 것(Pushing customer-journey thinking throughout the organization), ③ 스타트업 문화로 변화시킬 것(Changing the culture of the company to start-up)에 집중되어야 한다고.

변화의 실체를 확인하기 위해 맥킨지의 통찰을 하나씩 살펴보자. '핵심까지 디지털화'하라는 말의 의미는 무엇일까? 초연결 네트워크로 돌아가는 디지털에서는 마케팅의 4P가 유기적으로 연결된다. 광고를 보다가도 구매가 일어나고, e커머스에서도 고객을 유인하기 위해 콘텐츠를 기획하며, 구매 이력이나 상품 리뷰를 바탕으로 제품 개발에 대한 아이디어를 얻는다. 생산, 유통, 광고가 디지털 플랫폼 위에서 경계 없이 상호 연결된다. 과거에는 고객을 만날 수 있는 접점이 광고와 유통으로 분리되어 있었는데, 지금은 D2C(Direct to Customer)의 흐름을 타고 고객이 움직이는 모든 곳으로 확대되고 있다. 바로 디지털의 힘이다. 이런 정황을 살펴보면, '핵심까지 디지털 하라'는 말은 마케팅의 접점을 고객 중심으로 통합해서 관리하라는 의미와 같다. 이제는 제품 중심의 생산성이 아닌 '소비자 중심의 생산성으로 사고를 전환'해야 한다. 이것이 핵심까지 디지털 하라는 말의 뜻이다. 그리고 이 말은 바로 기업의 시스템을 '고객 여정을 기획하고 관리하는 방식으로 전환'해야 함을 뜻하는 것이기도 하다.

고객 중심으로 비즈니스 모델까지 재편해야 할 판국에 업무 프로세스에는 문제가 없을까? 탈경계가 진행되면서 부서별로 독자적인 영역이 사라지고 있다. 중요한 것은 제품의 생산성을 높이는 개별 부서의 노력이 아니라, '고객 여정 중에 발생하는 수익의 기회를 최대화하고 비용을 최소화'하는 전사적인 노력이다. 이때, '플랫폼(Platform)' '빅데이터(Bigdata)' '인공지능(Artificial Intelligence)'은 반드시 장착해야 할 핵심 기술이다. 이러한 기업 인프라는 개인 고객에게 다가가는 방식까지 바꾸고 있다. 마케팅 업무는 반복과 테스트를 거듭하며 점차 자동화되고 있다. 상명하달식의 위계적 프로세스가 아닌 실험정신으로 무장한 수평적 '스타트업 문화'가 디지털 인프라를 움직이는 동력이기 때문이다. 이러한 방법을 통해서만 디지털 전환이 약속하는 수익에 다다를 수 있다. 맥킨지가 이야기하는 변화의 핵심은 우리 기업이 소비자에게 제공하고 있는 것이 무엇인지(업의 규정 재정의), 제공하는 방식은 효율적인지(디지털 인프라 구축), 이러한 방식의 운영이 지속될 수 있는지(디지털 문화 형성)를 생각해 보게 한다.

변화의 실체를 살펴봤으니, 우리가 디지털로 전환하려는 이유가 무엇인지를 생각해 보자. 우리는 왜 디지털로 전환하려는가? 목적은 명확하다. 디지털이 돈을 버는 데 유리하기 때문이다. 시대가 바뀔수록 돈 버는 방식도 트렌드를 따라 변해 왔다. 이미 우리는 품질이 좋아야(품질 경영), 고객을 만족시켜야(고객 만족 경영), 제품 이상의 가치를 담아야(브랜드 경영), 차별화된 고객 경험을 제안해야(디자인 경영) 돈을 더 잘 벌 수 있다는 것을 깨달아 왔다. 그리고 지금은 디지털의 흐름에 올라타야(디지털 경영) 기업이 번창할 수 있다는 기대를 품고 디지털 전환에 힘쓰고 있다. 기업 경영에 디지털을 접목한다는 것은 곧 '전사적으로 데이터를 자산화하여 비즈니스 가치를 높여 수익을 증대한다'는 의미이다.

디지털 트랜스포메이션의 실체

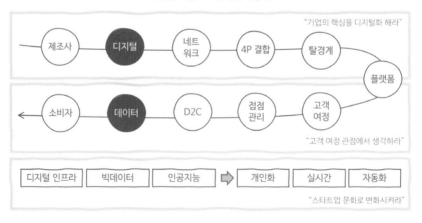

1장 왜 데이터가 뜨는가?

디지털 트랜스포메이션을 성공으로 이끌 변수는 'Transformation' 이지 'Digital'이 아니다. Digital은 상수일 뿐이다. 성공 여부는 어떻게 Transformation 할 지에 달려 있다. 디지털 트랜스포메이션은 디지털 마케팅의 도입을 넘은 경영의 변화이다. 디지털을 마케팅 관점에서 보면 타기팅, 매체 최적화, 개인화 추천, 퍼포먼스 극대화 같은 성과 개선의 이슈로 들리지만, 디지털을 경영 관점에서 보면 '모든 것을 숫자로 관리한다'는 관리 방식의 변화로 다가온다. 생산 관리, 유통 관리, 고객 관리가 모두 데이터로 진행되면서 비즈니스 모델도 달라지고 업무 프로세스도 바뀌고 있다. 그리고 이 모든 변화의 끝은 하나로 귀결된다. 이제 우리 모두가 데이터로부터 자유롭지 못하다는 것으로.

🔷 소비자를 중심으로 재편되는 마케팅의 무게중심

우리 모두의 손에 쥐어지게 될 데이터, 이 데이터로 무엇을 해야 할까? 앞서 디지털 전환을 꿈꾸는 기업은 핵심 역량을 '고객' 위에서 다시 세워야 한다고 했다. 세일즈포스의 마크 베니오프 회장 역시 "모든 디지털 전환은 고객과 함께 시작되고 끝난다"라고 언급했을 만큼, '고객과 함께 한다'는 의미를 되새겨 보아야 한다.

이미 많은 기업이 생산에서 공급에 이르는 마케팅 사슬을 축소시키고 있지만, 여전히 전통 기업들은 제품 생산, 유통, 홍보, 고객 관리 등의 업무를 제조 파이프라인에 맞춰 별도로 운영하고 있다. 하지만, 디지털 전환에 성공했거나 태생이 디지털인 기업들은 플랫폼 비즈니스 구조 위에서 제품 생산부터 유통 홍보까지 소비자와 함께 움직이는 중이다. 이들은 제조사가 중심이 되는 제품(Product), 가격 (Price), 유통(Place), 촉진(Promotion)의 4P가 아니라, 소비자가 중심이 되는 경험 가치(Value of Experience), 비용 가치(Value of Cost), 교환 가치(Value of Exchange), 소통 가치(Value of Communication)의 4V로 선순환 루프를 작동시키려고 시도한다.

기업의 목적이 '수익 창출'이고 마케팅의 목적이 '고객 창출'인 만큼, 기업이 절대적으로 주시해야 하는 것은 고객이다. 고객이 될 가망 있는 사람들이 모여 거래를 시도하는 곳이 '시장(market)'이므로, 마케터는 곧 시장 연구에 철저한 사람이어야 한다. 즉, 이들은 시장이 어떻게 형성되고, 어떤 특징을 보이며, 얼마의 수요가 가능해서, 그중 얼마를 우리 고객으로 가져올 것인지에 능통해야 한다.

세상이 바뀐 만큼 시장도 바뀌었다. 과거에는 시장에 접근하기 위해 제품이 속한 카테고리를 규정해 놓고 그 안에서 경쟁 우위를 찾으려고 애썼다. 그래야 잠재 시장 안에서 우리의 입지를 굳혀 수익을 만들어 낼 수 있기 때문이다. 그때는 소비자에게 접근할 수 있는 길이 달리 없었으므로, 제품 중심의 시장 세분화가 최선의 방식이었다. 필립 코틀러는 이를 STP 전략이라고 불렀는데, 이는 꽤나 기업 중심의 시장 전략이다. 지금은 어떤가? 한정된 카테고리 내에서 유사 제품들과 경쟁하기보다 소비자의 관심에 따라 손끝에서 시장이 옮겨 가는 일이 비일비재하게 일어난다. 이제 우리 기업의 경쟁 우위는 하나의 제품에 국한된 것이 아니라 얼마나 고객을 잘 쫓아다닐 수 있는지에 달려 있다. 그래야 움직이는 시장인 잠재 고객의 행적에 따라 수요를 만들 수 있기 때문이다.

과거와 지금은 출발선 자체가 다르다. 시장을 쫓는 방식이 제품에서 소비자로 변경되었다는 것이 달라진 시작점이다. 하지만 유사한

과거 vs 현재의 시장 접근법

제품 지향 세분화
(시장 세분화)

제품 카테고리 내에서
시장의 포션을 나누고(S)
특정 시장을 타깃해서(T)
제품의 차별점으로 포지셔닝(P)

"Market share 높이기"

소비자 지향 세분화
(여정 세분화)

관심과 취향이 유사한
타깃 클러스터를 찾아(Persona)
이들의 고객 여정을 쫓으며(CDJ)
수익을 창출

"Life share 높이기"

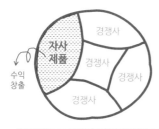

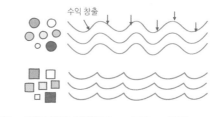

•S: Segmentation / T: Targeting / P: Positioning   •CDJ : Customer Decision Journey

부분도 있다. 바로 시장을 '세분화'해서 접근한다는 것이다. 과거에
는 우리 제품을 구입할 만한 고객군을 찾아, 이 제품을 사야 할 이유
를 차별화해서 알리는 식으로 시장을 세분화해서 관리했다. 하지만
지금의 세분화는 사뭇 다르다. 우리 제품을 구입할 만한 타깃을 찾아
야 하는 것은 같지만, 특정 관심과 취향을 쫓으며 유사한 디지털 여정을
보이는 사람들을 그룹핑해서 그들을 쫓아가는 방식으로 세분화 전략을
펼쳐야 한다. 군이 나누자면, 전자는 제품을 중심으로 한 시장 세분화
이고, 후자는 소비자를 중심으로 한 여정 세분화이다.

소비자 지향의 세분화 방식은 그들의 고객 여정을 실시간 쫓으며
그들에게 온디맨드(on-demand) 된 환경 속에서 그들 삶의 단면으로
들어가는 방식으로 시장에 접근한다. 이것이 지금 롱테일의 가치에
주목하는 이유이고, 무수히 많은 개인의 취향을 공략해야 하는 근거
이기도 하다.

🔷 빅데이터 마케팅 시대가 열렸다

누가 뭐라 해도 지금은 '데이터의 시대(The Age of Data)'임을 부인할 수 없다. 인공지능도 데이터를 먹고 자라나는 만큼, 데이터는 21세기를 움직이는 원료이다. 다양한 디바이스나 플랫폼을 통해 하루 동안 생겨나는 데이터가 175 ZB(2025년 기준)에 육박하니, 다양한 종류별로 생겨나는 데이터의 총량은 감히 상상할 수 없을 정도이다.

디지털의 힘은 우리의 행동을 흔적으로 남길 수 있다는 데서 온다. 휴대폰으로 전화를 해도 통화 내용이 목소리로 남고, 카톡을 해도 대화 내용이 텍스트로 남는다. 심지어 블랙박스를 통해 운전하는 정황마저 영상 자료로 남으니, 실로 우리의 많은 행동이 부지불식간에 데이터로 기록된다. 이뿐만이겠는가. 궁금한 것은 바로 네이버에 묻고, 쇼핑의 불만은 댓글로 남기며, 자랑거리는 SNS에 그때그때 포스팅한다. 친구의 일상을 호응하는 마음도 네트워크를 타고 숫자로 전달된다. 모바일을 손에 든 이상 심심할 틈이 없다. 쏟아지는 유튜브 영상을 골라볼 시간조차 없어 마음에 들면 '좋아요' '구독' '알림' 설정으로 내 취향을 설정해 둔다. 내가 했던 구매조차 시간, 장소, 제품, 수량, 가격 모두 디지털 어딘가에 차곡차곡 쌓인다. 심지어 구매를 할까말까 고민하는 그 마음까지도 장바구니에 담긴다. 구글 지도 검색을 이용하면 나의 이동 경로가 구글에 남게 되고, 음식 배달 경로조차 디지털화되어 주문자의 감시망에 들어온다. 말하려니 끝도 없다. 그렇게 우리의 일상은 디지털화되고 있다.

정녕 데이터의 시대가 열렸다. 하지만 데이터가 많다고 데이터 시대라고 불리는 것에는 미진함이 있다. 데이터가 제대로 자원으로 쓰일 때 비로소 데이터 시대를 맞이했다고 보는 것이 맞다. 사실 그동안 대부분의 마케터는 고객이 어떤 식으로 행동하고 움직이는지 잘 알지 못한 상태로 마케팅을 진행해 왔다. 심지어 제품의 생산과 판매를 살피는 데 급급해, 고객은 미처 돌아보지 못했던 기업들도 많았을 것이다. 하지만 지금은 상황이 달라졌다. 실시간 흔적처럼 남겨지는 고객의 발자취를 따라 누가 우리의 고객인지, 그들이 원하는 건 무엇인지, 그들이 어떤 마케팅 활동에 반응하는지, 그들은 왜 우리를 떠나는지, 어떻게 하면 우리 곁에 남게 할 것인지와 같이 진정한 고객 차원의 비즈니스를 펼쳐야 할 때이다. 데이터는 선택의 문제가 아니다. "데이터는 디지털 시대를 사는 기업의 생존을 좌우하는 치트키이다."

제2장

맹목적으로 확산되는 데이터 신념

🔷 빅데이터를 등에 업고 성장하는 기업들

익숙할 때도 됐건만, 빅데이터라는 말은 아직도 거창하게 들린다. 오히려 '생활 데이터'라는 표현이 맞을 만큼, 소비자 일상의 면면들이 모두 수치화되고 있다. 기업들도 고객의 일상에 침투하기 위해 앞다퉈 빅데이터 사업에 뛰어든다. 우리가 매일 쓰는 신용카드를 보자. 현금 거래가 드물어진 지금, 생활의 모든 쓰임이 카드에 담긴다. 카드는 돈의 거래를 넘어 사용자의 라이프스타일을 담고 있다는 점에서 데이터로서의 가치를 갖는다. 빅데이터를 활용하는 많은 기업 중에 카드사의 움직임이 눈에 띄는 것도 그런 이유에서이다.

카드업계의 리더인 현대카드는 일찍부터 다양한 기업들과 데이터 동맹을 구축해 서비스를 확대해 왔다. 이들은 마트(이마트, 코스트코), 자동차(현대기아차), 항공(대한항공), 식음료(스타벅스), 배달앱서비스(배달의민족) 등 생활 곳곳에 쓰이는 제조·서비스 기업들과 손을 잡고 데이터를 모으고 연결한다. 모두 고객에게 적중률 높은 혜택을 제공하기 위해서이다.

은행업계의 움직임도 만만치 않다. 신한은행 역시 마이데이터 공동 프로젝트를 추진하며 CJ올리브네트웍스의 2,700만 CJ ONE 회원 데이터와 신한은행의 2,500만 명 금융거래 데이터를 접목하는 업무협약을 체결했다. 뿐만 아니라 LG유플러스 가입자의 1,600만 데이터를 결합시켜, 통신, 쇼핑, 유통, 엔터테인먼트 등 다양한 생활 서비스를 제공하며 고객 지원에 나서고 있다. 어디 금융뿐이겠는가. 유통, 패션, 뷰티, 식품, 가전, 자동차 등 데이터를 필요로 하는 기업은 모두 데이터 중심의 비즈니스로 체질 개선 중이다.

데이터가 활발히 적용되고 있는 또 다른 분야는 광고업계이다. 제품에 관심을 보이는 사람들을 공략해서 제품 구매를 촉진하고 비용대비 효율을 높이기 위함이다. 광고업계가 가장 주목하고 있는 이슈는 '초개인화'이다. 이들은 마케팅 퍼포먼스를 높이기 위해 소비자의 정황을 알 수 있는 데이터 확보에 총력을 기울인다. 3,500만 명 규모의 초고해상도 DMP(Data Management Platform)를 상용화하여 서비스한다는 SaaS 기업 아이지에이웍스(IGAworks)가 대표적인 예이다. 레거시 비즈니스 모델을 가지고 있는 종합광고대행사 역시 데이터를 동력으로 하는 새로운 비즈니스 모델로 광고 시장을 수성할 탈출구를 찾고 있다.

🔷 성공 신화만큼 커져 가는 빅데이터에 대한 관심

많은 기업이 디지털 전환을 위해 빅데이터 플랫폼을 구축하거나 외부의 솔루션을 도입하려고 고군분투 중이다. 빅데이터는 3차 산업에서 4차 산업으로 넘어가기 위해 반드시 장착해야 하는 주춧돌이기 때문이다. 많은 기업들의 관심이 데이터에 쏠리는 것도 '빅데이터가 비즈니스에 날개를 달아줄 거다'라는 신념 때문이다. 개인의 구매 이력에 맞춰 쿠폰을 발송할 경우 쿠폰 사용률이 최대 50%까지 올라가며, 고객의 행동과 상황에 맞춰 구매를 유도하는 광고를 내보낼 경우 구매 전환율과 재방문이 개선된다는 이커머스 업체의 사례가 이런 신념을 강하게 해 준다.

우리가 데이터에 기대를 거는 이유는 명확하다. 바로 기업의 수익 활동에 도움이 되어서이다. 데이터는 과거의 성과를 연구해서 실패의 가능성을 줄이고 성공의 확률을 높이는 합리적 의사결정의 근거가 된다. 더 나아가 미처 몰랐던 소비자의 실체부터 내면에 도사린 욕구까지 비춰 주며 마케터에게 새로운 직관과 규칙을 일러 준다. 우리가 빅데이터를 통해 얻을 수 있는 가치에는 어떤 것들이 있을까?

마케팅에서 데이터를 활용하려면 기본적으로 돈과 시간이 많이 든다. 하지만 빅데이터를 사용하면 초기 구축비를 제외하고(물론 초기 구축비가 많이 들기는 한다) 추가적으로 들어가는 비용은 현저히 줄어든다. 또한 시간과 비용 대비 거의 모집단에 가까운 대규모의 분석을 할 수 있다. 게다가 분석에 소요되는 시간도 빠르고 결과도 실시간으로 확인할 수 있어 시의성 있는 의사결정에 적합하다. 과거를 알면 미래를 예측하는 데 유리하기에, 과거 데이터를 트래킹해서 시장의 움직임에 선제적으로 대응할 수 있게 해 준다는 것도 큰 이점이다. 그 외에 사람들의 머릿속 기억이 아닌 실제 드러난 행동을 추적할 수 있다는 점도, 다양한 종류의 데이터를 결합해서 구매의 정황이 되는 전방위적 분석이 가능하다는 것도 빅데이터만이 줄 수 있는 장점이다. 이런 점들을 종합해 볼 때, 더 넓은 안목으로 시장 수요를 창출할 기회를 얻는다는 점에서 빅데이터는 매력적일 수밖에 없다.

빅데이터에서 얻을 수 있는 가치

(비용/시간 절감)　(대규모 분석)　(빠른 의사결정)　(미래에 선제적 대응)　(행동 추적)　(전방위 분석)

빅데이터는 인간을 이해하는 새로운 직관과 규칙을 제공한다.

🔹 빅데이터에 거는 무리한 기대

디지털 트랜스포메이션의 바람이 불어닥친 처음 몇 년은 빅데이터가 세상을 구할 것 같은 분위기였다. 하지만 언제부턴가 빅데이터 도입이 기대에 못 미친다는 기사를 자주 접하게 됐다. 처음에 각광받던 기업의 성공 신화도 지속적인 성과로 이어지지 않으면 조용히 사그라드는 법이다. 실제 성과가 사전 홍보에 미치지 못하는 것이다. 이런 우려에 맥킨지나 BCG(Boston Consulting Group) 같은 유수의 컨설팅 기업들은 디지털 트랜스포메이션 중 70% 가량이 실패한다는 보고를 내놓기도 했다. 빅데이터 영역도 마찬가지이다. 거대한 투자비에 비해 그 결과는 초라한 수준이니(초기 진행했던 프로젝트 중에 지금 남아 있는 것이 얼마나 있는지를 살펴보면 알 수 있다), 데이터에 거는 기대가 무리였다는 평가에도 딱히 할말은 없다.

왜 그럴까? 아무래도 신사업이다 보니 경험이 없는 상태에서 마음만 급했던 것이 아닐까. 급한 마음이 드는 것도 이해는 간다. 데이터를 다루는 일이 어떤 종류의 것인지, 어떤 방식으로 진행하고, 어떤 종류의 업무가 필요할지 등을 모르니, 일단 거금을 들여 구축한 시스템에서 대단한 것이 나올 것이라는 기대가 앞섰을 터이다. 힘겹게 시스템을 돌려 결과를 뽑아내더라도 누구나 아는 뻔한 결과가 나오면 '이걸 찾자고 이 돈을 썼나' 식의 자괴감에 빠지며 사면초가에 이른다. 총대 메고 머리를 싸맸던 팀은 시작도, 과정도, 끝도 곤욕스럽다. 그러는 사이에 빅데이터 프로젝트는 책임자를 잃고 방황하기 일쑤이고, 비싼 고철 덩어리만 남긴 채 실패한 사례로 전락하게 된다. 새로운 사업에 초석을 놓는 일은 늘 시간이 필요한데, 데이터라는 복잡한 생태계를 잘 모르니 실패는 당연한 결과일 수밖에 없다. 빅데이터를 다루기 위해 새로운 기술부터 도입해야 한다고 믿지만, 시스템 장착은 시작에 불과하다. '데이터만 확보하면, 시스템을 구축만 하면' 식의 환상은 새로운 가치 창출에 걸림돌이 될 뿐이다.

제대로 빅데이터 프로젝트를 하기 위해서는 인프라도 있어야 하고, 데이터도 모아야 하고, 이를 쓸 수 있는 수준으로 정비해야 하며, 여기에 딱 맞는 전문 인력도 찾아야 하니, 일단 작업장을 만드는 일부터 해야 한다. 시스템을 장착해 놓는다고 일이 끝난 것은 아니다. 일단 구축된 시스템은 업그레이드를 위한 유지 보수를 필요로 한다. 이처럼 예상치도 못한 비용과 인력이 계속 든다. 하지만 많은 기업들은 눈에 보이지 않는 이런 과정들을 쉽게 간과하는 우를 범한다. 실제로 데이터를 활용하는 현장에서 나오는 고충들은 다양하다. '필요한 데이터를 추출하고 분석하는 과정들이 만만치 않다' '데이터를 추출했다 하더라도 이 데이터에서 상관관계나 의미를 찾아내는 일이 만만치 않다' '자체 데이터만 사용할 경우, 추출할 수 있는 결과는 제한적이다' '모든 분석 과정이 반복 테스트를 거치면서 시행착오를 거쳐야 한다' 등 그 과정은 쉽지 않다.

지금까지의 데이터 실패의 원인을 돌이켜 보면 이런 인프라 구축의 어려움을 간과했기 때문이 아닌가 싶다. 아니, 아직 실패를 논하기에는 이르다. 많은 투자에 비해 미미한 성과가 나는 것은 아직은 성과를 논할 단계가 아니었기 때문이다. 일단 부지부터 다지고, 건축물을 올리고, 내부 인테리어도 해 놓고, 주변 편의시설까지 구축해야 사람이 와서 살 것이 아닌가. 많은 기업들이 여러 시행착오를 거치면서 여기까지 왔을 것이다. 지금까지가 구축을 실험했던 과정이었다면 이제부터는 제대로 활용하는 단계로 넘어 가야 한다. 이때 중요한 이슈는 '우리는 데이터가 없다가 아니라, '그나마 있는 데이터를 어떻게 활용할 것인가'이다. 데이터의 가치는 데이터의 확보가 아닌, 데이터를 활용해서 돈을 버는 것이기 때문이다.

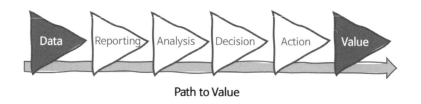

Path to Value

🔹 작게, 쉽게 시작해라

보통 빅데이터 프로젝트를 한다고 하면 빅데이터로 펼칠 비전부터 그린다. 그리고 중장기 로드맵을 거창하게 세워 첫 삽을 뜨는 것으로 포문을 연다. 이런 방식이 빅데이터 프로젝트의 프로세스라고 생각하겠지만, 이것은 대기업이나 가능한 일이다. 당장 영업으로 매출을 올려야 하는 중소기업에는 가당치도 않은 이야기이다. 하지만 대기업의 이런 방식이 얼마나 성공으로 이어졌는가를 생각해 보자. '빅−데이터(Big-data)'를 '빅−태스크(Big-task)'처럼 다루어서는 안 된다. 데이터 분야가 아직 도입기이기 때문이다. 검증이 안 된 것일수록 스몰 태스크로 접근해서 점차 빅 태스크로 키워 가는 그로잉(Growing) 방식으로 진행해야 한다. 그렇기에 빅데이터는 대기업만의 이야기는 아니다. 데이터가 많지 않더라도, 개발자나 분석가가 본격적으로 구축되어 있지 않더라도 충분히 시도해 볼 만한 영역이다. 더군다나 기술은 AI를 등에 업고 점차 쉽고 지능적으로 진화하고 있지 않은가.

많은 기업이 빅데이터를 활용하지 못하는 근본적인 이유는 일단 인프라 조성부터 무리하게 시작하기 때문이다. 공부를 못하는 학생이 책을 펴기도 전에 장시간 책상 정리하다가 진부터 빼는 것과 같은 논리이다. 물론 중장기적으로 데이터 플랫폼을 구축하는 일이 잘못됐다는 것은 아니다. 유사 이래 우리가 해 보지 않은 일이니, 일단 시행착오를 줄이는 방향으로 효율적으로 접근하는 것이 좋다는 말이다. 일단 외부에 가용할 수 있는 데이터 플랫폼을 빌어 그걸로 어떤 가치 창출을 할 수 있는지부터 타진해 봐야 한다. 초기에는 작게 시작하는 것이 유리하다. 가능성이 보이면 그때 전면 공사를 시작해도 늦지 않다.

분석 과제를 작게 잡아서 일단 핸들링 가능한 데이터 범주부터 다루어 보자. 점차 경험이 쌓이면 어떤 데이터로, 어떤 분석 주제를, 누가, 어떤 과정으로, 어떤 결과를 도출하는 것이 좋을지 우리한테 맞는 방식을 찾을 수 있을 것이다. 시도조차 해 보지 않은 기업이 중장기 로드맵부터 짜는 것은 아직 음식 하나 제대로 만들 줄도 모르면서 뷔페식당을 차리겠다고 하는 것과 같은 형국이다. 초기에는 너무 복잡하지 않게 시작하는 것이 좋다. 이제 막 운전면허를 땄는데 복잡한 시내에서 이리저리 달려드는 차들을 피해 빠른 질주를 하는 것이 가당키나 한 일인가. 일단 운전이 손에 익을 때까지 집 근처를 위주로 같은 동선을 돌면서 핸들링에 익숙해져야 한다. 너무 급하게 생각하지는 말자. 자칫하면 엄한데 돈 쓰고 수습하기 바쁘니까. 중요한 것은 데이터를 구축하는 것이 아니라 데이터를 이용해서 수익을 만드는 길을 찾는 것이다.

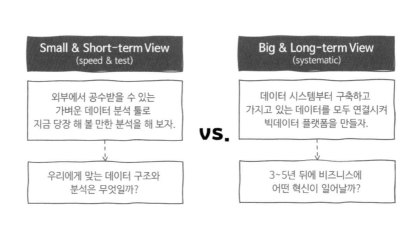

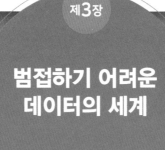

제3장

범접하기 어려운 데이터의 세계

🔷 데이터 마케팅이 실패하는 이유

지금까지 데이터 경영으로 전환이 시급하고, 생각보다 도입에 시간이 걸린다는 이야기를 했다면, 지금부터는 조금 더 본격적으로 데이터 마케팅에 대한 이야기를 해 보겠다.

대부분의 마케터들은 '데이터 분석'이라는 말에서 벽을 느낀다. '데이터'라는 단어가 숫자를 연상시키고, '분석'이라는 말이 논리적이고 수리적인 느낌을 주기 때문이다. 실제로 빅데이터를 떠올리면 대체로 머릿속에 다음 페이지에 제시한 그림과 같은 연상이 펼쳐진다.

데이터를 배워 보겠다는 사람들은 무엇부터 어떻게 해야 할지 모르니 통상 눈에 띄는 툴부터 배우기 시작한다. R, 파이썬, SQL, 구글 애널리틱스 등 기존에 다루어 보지 않았던 툴을 시작으로 어렵게 데이터의 세계에 입문한다. 그리고 이내 고개를 절레절레 흔들며 데이터를 포기한다. 정말 데이터는 이과생들의 전유물일까? 과거에는 그랬다. 데이터의 활용이 제한적이었으니까. 하지만 지금은 다르다. 전화기의 원리를 몰라도 누구나 쉽게 통화를 할 수 있다. 그뿐

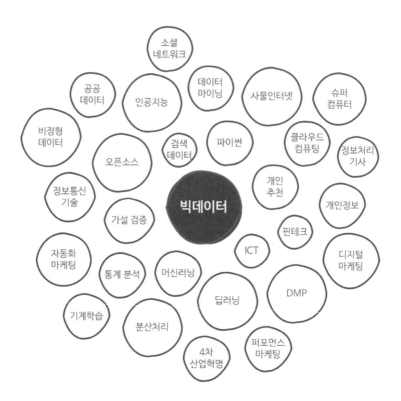

인가. 이제는 휴대폰으로 음악도 듣고, 택시도 부르고, 쇼핑도 하고, 운동도 하는 삶을 살고 있다. 모든 기술이 그랬듯, 데이터 분석도 점점 더 사용은 쉽게, 활용은 의미 있게 진화할 것이다. 아직은 많은 기업들이 데이터를 잘 활용하지 못한다. 일단 하라고 하니까, 배워야 한다고 하니까 한다. 뭔가 해 보려고 하지만, 뭘 해야 할지 모르는 상태로 돈을 벌어야 하는 데이터 분석의 길로 내몰린다.

데이터가 어렵게 느껴지는 이유를 4가지로 살펴보자. 첫째, '일단 툴을 가지고 분석부터 한다'가 문제이다. 아마도 툴을 두들기다 보면 분석 결과가 뚝딱 나온다고 생각하는 모양이다. 전형적으로 데이터를 모르는 사람들의 행동이다. 이들은 뭐부터 어떻게 해야 할지 모르니, 분석 툴을 마주하게 되면 뭐라도 집어넣는 행태를 보인다. 출발부터가 잘못되었다. 요리를 모르는 사람에게 식재료와 칼을 준들, 그들이 무슨 요리를 만들겠는가. 데이터 분석이라고 이와 다르지 않다. 포토샵을 잘 다룬다고 좋은 디자인이 나오는 것이 아니듯, 툴은 툴이고 데이터 활용은 다른 차원의 이야기다.

둘째, '풀고자 하는 문제가 명확하지 않다'는 데서 어려움이 발생한다. 미국의 한 애널리틱스 회사에서 데이터 과학자들에게 분석 시 가장 큰 도전이 무엇인지를 물었다. 이들의 절반가량이 데이터 분석에서 찾아낸 인사이트가 과연 쓸모 있는 것인지 확신이 들지 않는다고 언급했다. 충격적인 결과이다. 분석가조차 그 결과가 쓸모 있는 것인지 잘 모르겠다면, 우리가 왜 비싼 돈과 시간과 노력을 들여서 데이터 분석을 해야 하는가? 이런 사태가 벌어지는 이유는 무엇을 분석해야 할지 목적이 분명하지 않아서이다. 목적이 분명하지 않으니 뭘 위해 분석을 하는지도 모르고 분석에 뛰어든다. 이 역시 '하라니까 하는' 행동과 다를 바가 없다. 진짜 궁금한 게 없다 보니, 굳이 데이터 분석을 해야 하나 싶을 정도로 뻔한 결과가 나온다. 우리가 원하는 의사결정에 도움이 되는 정보를 얻으려면 문제에 대한 정의와 솔루션에 대한 통찰이 필요하다. 왜냐하면 세상 모든 문제는 언제나 혼재되어 있고, 솔루션도 하나 이상이기 때문이다.

셋째, 문제를 정의했다 한들 '문제와 데이터가 일치하지 않는다'는 데 또 다른 어려움이 있다. 여기서 데이터 수집에도 안목이 필요함을 알 수 있다. 일단 있는 데이터를 가지고 뭐라도 분석하려니 데이터가 목적에 맞는지조차 생각하지 못하는 것이다. 이는 우리에게도 '데이터가 있냐 없냐'를 중요하게 따지다 보니 발생하는 문제이다. 적합한 데이터인지 선별하려면 소비자가 남긴 흔적에 대한 깊은 이해가 있어야 한다. 데이터 이면에 있는 사람을 그릴 수 있어야 그 데이터가 말하는 바를 이해할 수 있고, 문제를 풀 수 있는 데이터인지 아닌지를 골라낼 수 있게 된다.

넷째, 데이터가 어렵게 느껴지는 이유는 '**숫자를 읽는 안목이 없기 때문**'이다. 데이터 해석의 묘미를 모르는 사람들은 숫자를 '숫자 그대로' 읽는다. 숫자 맹신자인 양, 숫자를 절대불변의 진리라고 생각한다. 정녕 그 뒤에 숨겨진 사람의 마음을 보지 못하는 것이다. 이들은 데이터 생성에서 분석에 이르기까지 발생하는 무수한 오류들을 간과한 채, 숫자가 현실이라고 믿는 오류에 빠진다. 기본적으로 데이터는 현상을 부호화한 산출물이므로, 숫자가 품고 있는 편향, 왜곡, 조작, 비약 등의 오류들은 항상 경계의 대상이어야 한다.

🔹 파편화된 데이터 마케팅의 세계

데이터의 세계는 생각보다 단순하지 않다. 데이터를 다루는 직군이 어떤 스펙트럼으로 펼쳐지는지 아는 것만으로도 내가 어떤 방식으로 데이터 세계에 입문할지 결정하는 데 큰 도움이 된다.

데이터 산업에 대한 이해를 돕기 위해 데이터가 분석되는 과정을 살펴보자. 일단 데이터를 분석하려면 시스템이 필요하다. 데이터는 어딘가에는 저장되어 있어야 하고, 필요할 때 꺼내서 쓸 수 있도록 사용자 인터페이스의 대시보드가 있어야 한다. 이렇게 데이터 분석 플랫폼을 구축하는 일을 담당하는 사람을 '**시스템 개발자**'라고 부른다. 우리가 구축한 시스템에 데이터가 쌓인다고 바로 분석할 수 있는 것은 아니다. 분석 시나리오에 맞게 로우 데이터(Raw data)를 분석 가능한 변수로 정제하고, 필요한 데이터들과 연계·통합하는 작업이 필요하다. 이런 업무를 담당하는 전문가가 '데이터 엔지니어'이다. 데이터가 변수별로 잘 정리되어 있으면 그때부터 소위 분석이라는 것을 할 수 있다. 이때는 목적에 맞게 가설을 설계하고 검증할 수 있는 통계 전문가가 필요하다. 분석 지수를 개발하고 모델링을 할 수 있는 이들을 '데이터 분석가'로 분류한다. 일단 분석이 완료되면, 분석 결과에서 시장 및 소비자 인사이트를 도출하고, 이를 비즈니스 목적에 따라 해석해서 보고서를 작성할 수 있는 '데이터 마케터'가 빅데이터 프로젝트를 종결한다. 보다시피 각 영역은 매우 전문적이라 4가지 유형의 데이터 전문가가 협업하여 프로젝트를 완성시켜야 한다.

하지만 이런 인력 구조는 매우 이상적이다. 실제로 기업 환경에 따라 업무의 범위가 조금씩 다른 만큼 필요한 분석 프레임도 각기 다르므로, 자기 회사에 맞는 적절한 전문가를 찾기가 상당히 어렵다. 분석가를 뽑아 놓고 개발 일을 시킨다든가, 분석가에게 비즈니스 솔루션을 만들어 내라고 요구하는 것도 모두 데이터 업무 스펙트럼을 잘 모르기 때문이다. 따라서, 빅데이터를 도입하고 싶은 기업이

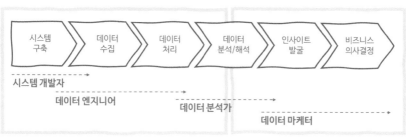

빅데이터 생태계를 구성하는 4인의 전문가

라면 여러 데이터 전문가들이 각자의 포지션에서 협업하며 일할 수 있는 구조를 만들어야 한다. 더불어 데이터 전문가를 꿈꾸는 사람들도 자신의 능력이나 선호를 잘 살펴서 명확한 포지션에서 데이터 업무를 시작하는 것이 적응에 유리할 것이다.

🔷 데이터를 대하는 마케터의 올바른 자세

자, 당신이 데이터를 고민하고 있는 마케터라면 다음의 이야기를 잘 들어 보길 바란다. 데이터 개발자나 분석가는 기본적으로 시스템이나 통계에 능통해야 하는 것이 맞다. 하지만 데이터 마케터를 꿈꾸는 일반 마케터까지 기술의 언어를 배우느라 너무 진을 빼는 일은 없었으면 한다. 앞서 언급했듯, 데이터 마케팅의 세계는 이과와 문과를 모두 커버하고 있으므로 내 위치를 잘 잡고 활용 역량을 쌓아나가면 되기 때문이다.

그렇다면, 데이터를 장착하려는 일반 마케터(개발자나 분석가도 참고해야 하는 이야기이기도 하다)는 어떤 자세로 데이터를 대해야 할까? 데이터는 곧 소비자의 파편화된 일상과 1:1로 매칭된 코딩 값이므로, 데이터를 볼 때는 기본적으로 소비자를 파악하려는 이해의 눈을 갖추어야 한다. 즉, 그들이 어떤 행동을 하고, 무엇을 원하고, 우리 브랜드와 어떤 관계를 맺으려 하는지를 살펴서 비즈니스에 도움이 되는 정보를 추출하려는 자세가 필요하다. 따라서, 데이터 마케터로 일하기 위해서는 다음과 같은 5가지의 지침을 고려하는 것이 좋다.

첫째, 수단에 매몰되지 말고 목적을 생각해라. 기업이 데이터를 활용하려는 이유는 '고객 창출'이라는 마케팅 목적을 달성하는 데 데이터에 근거한 의사결정이 유리하기 때문이다. 그러므로 데이터 분석 툴이나 대시보드를 통해 숫자가 나왔다고 모든 것이 끝났다고 생각하진 말자. 숫자 자체는 아무 의미가 없다. 하루 사이트 방문자가 1,000명이 된다 한들 이것이 전략적으로 어떤 의미를 갖겠는가? 사이트를 어떻게 활용해야 수익 창출에 도움이 될지 비즈니스적인 고민이 있어야 숫자가 의미 있게 읽힌다. 숫자에 의미를 부여하는 것이 데이터 마케터가 할 일이다. 스타벅스가 원두를 팔아 글로벌 커피 프랜차이즈 No. 1이 된 것이 아니다. 커피에 '분위기'라는 의미를 붙였을 때 비로소 프리미엄 가치를 만들었던 것과 같이, 데이터 마케팅도 숫자에 의미를 부여할 수 있어야 가치 있는 자원이 된다.

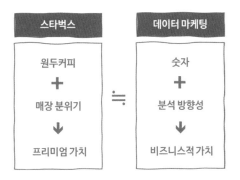

둘째, 끼워 맞추기식으로 빨리 결론을 내려고 하지 마라. 숫자를 읽을 때 조심할 점은 눈에 보이는 대로 빨리 결론을 내고 싶은 마음이다. 사실 데이터 분석은 특정 대상, 특정 시점, 특정 상황에 제한된 영역을 다루므로 부분을 탐색하는 것일 뿐이다. 이에 반해 우리가 알고자 하는 실체는 거대하고 복잡한 현상이므로, 현미경을 이리저리 돌려보며 시야를 넓혀 정황을 살필 필요가 있다. 분석가의 편협

데이터를 대하는 마케터의 올바른 자세

된 생각이나 고정관념에 사로잡혀 누가 봐도 뻔한 분석을 하게 되면 좀처럼 실체에 다가가기가 어려워진다. 데이터를 분석할 때 명심해야 할 점은 전체를 보는 안목을 갖추는 것이다. 따라서, 데이터 업무에는 분석 스킬과 스토리텔링 스킬이 모두 중요해진다. 전체를 보며 세부 분석이 어떤 위치를 차지하는지 파악하는 '총체적 안목'과 세부 내용을 분석해서 전체 모양을 추론하는 '스토리텔링 역량'이 모두 필요한 것이다.

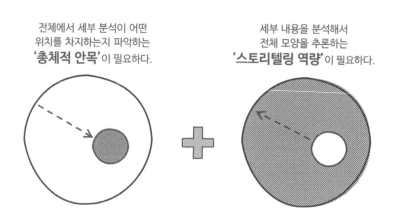

전체에서 세부 분석이 어떤
위치를 차지하는지 파악하는
'총체적 안목'이 필요하다.

세부 내용을 분석해서
전체 모양을 추론하는
'스토리텔링 역량'이 필요하다.

셋째, 완전한 데이터나 툴은 존재하지 않는다. 원래 데이터는 현실을 1:1 매칭에서 옮겨 놓은 코드에 불과하다. 따라서, 현실과 데이터 사이에는 많은 갭이 존재한다. 그리고 그 갭을 우리는 '오류(error)'라고 부른다. 우리가 서베이 결과를 믿을 수 있었던 것은 모집단에서 추출한 샘플 데이터가 어느 정도 오류를 품고 있는지를 추론할 수 있었기 때문이다. 그렇기에 '통계적 의사결정'이라는 가정적 논리에 의존해서 세상의 이치를 설명해 온 것이다. 하지만 빅데이터는 모수를 알기 어렵고 지금도 계속 모집단이 팽창하고 있기 때문에 통계적 오류가 어느 정도 발생할지 알기도 어렵다. 그렇기에 전수라고는 하지만(사실 전수도 아니다. 계속 생성되는 거대한 모집단에서의 전수는 극히 이상적인 단어일 뿐이다), 빅데이터에서 내가 분석한 데이터 셋이 얼마나 정확한지를 따지는 작업은 무의미하다. 빅데이터의 의미는 '경향성'에서 찾아야 한다. 정교하고 정확한 데이터 획득과 분석에 노력을 쏟는 것은 중요한 일이나, 그 이상으로 데이터의 정합성을 따지고 드는 것은 불필요한 일이다. 빅데이터로의 접근은 오히려 낱개의 데이터를 연결해서 경향성을 찾고 패턴을 발굴해서 정황을 파악하는 것이 더 적합하다.

넷째, 분석 툴보다 마인드 셋이 중요하다. 데이터를 공부하겠다는 학생들이 자주 묻는 질문이 있다. "데이터 쪽으로 진로를 잡고 싶은데 어떻게 해야 할까요? 요즘엔 SQL을 배워야 한다는데, 어디서 배울 수 있을까요?" 대체로 이런 질문이다. 데이터가 뭔지도 잘 모르는 학생들이 SQL이라니… 휴대폰이 뭐하는 물건인지도 모르면서 부품 회사에 들어가서 모바일 서비스를 개발하겠다고 하는 것과 다름이 없다. 산이 있으니 오른다는 마음으로 시작해서는 안 된다. 적어도 산에 오르는 이유가 명확해야(예를 들어, 건강한 신체를 단련하겠다 같은), 내 목적에 맞게 산을 제대로 탈 수 있다. 데이터 업무 역시 분석의 목적성을 가지고 접근해야 제대로 된 결과에 다다를 수 있다. 툴부터가 아니다. 비즈니스를 보는 관점부터 갖춰야 한다.

다섯째, 작게 시작해서 점차 분석 스콥을 넓혀 나가라. '린 스타트업 (Lean Startup)'이란 말이 괜히 나온 것이 아니다. 작은 이슈로 빠르게 실패를 반복하면서 경험의 데이터를 쌓아 나가는 것이 필요하다. 처음에는 손도 더디고, 변수를 잡는 것도 어설프고, 분석 결과도 매끄럽지 못하겠지만, 실험을 반복해 나가는 과정에서 변수의 의미, 변수들 간의 관계성, 분석 결과의 의미에 점차 눈이 뜨일 것이다. 이것

데이터를 대하는 마케터의 올바른 자세

스타트업이 일하는 방식

스타트업은 데이터를 일상으로 사용한다. 이들은 대기업과 달리 의사결정 체계가 미비하고 사업 경험도 부족하므로 그때그때 데이터에 의존해서 의사결정을 할 수 밖에 없다.

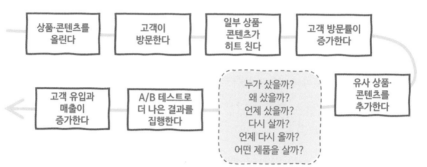

이 바로 나무만 보던 안목을 숲으로 확대해 가는 과정이고, 목적에 맞게 데이터 분석을 최적화 해가는 과정이다. 이때는 분석 지식도 중요하지만, 사실 분석 감각이 더 중요하다. 데이터 분석은 머리로만 할 수 있는 일이 결코 아니기 때문이다.

이제 어느 정도 데이터 생태계도 틀을 잡아 나가고 있다. 점점 분석자에게 개발일이 주어지는 일도 줄어들 것이고, 분석조차도 더 간편하고 직관적인 대시보드에 의존하게 될 것이다. 점차 더 많고 다양한 소비자의 흔적들을 손에 쥐고 일할 마케터가 많아질 것이다. 그렇기에 이제는 데이터를 대하는 마인드와 자세를 갖추는 것이 무엇보다 필요하다.

제4장

AI 시대, 우리에게 필요한 것은 데이터 지능

빅데이터로 가치를 창출하는 방식

당신이 마케터라면 데이터는 피해 갈 수 없는 영역이다. 지금부터 우리가 갖춰야 할 것은 데이터를 다루는 지식과 안목과 감각, 즉 '데이터 지능'이다. 데이터 지능을 동반한 데이터의 활용은 기존과 다른 접근으로 데이터에서 가치를 만들어 낸다.

그동안 마케터가 다뤘던 데이터는 어떠했는가? 우리 성과가 어떤지 확인하고, 소비자의 머릿속에 우리 브랜드가 들어갈 자리가 있을지 검토하며, 어떤 시장으로 어떻게 들어가는 게 유리할지 진단하는 것이 데이터의 주된 용도였다. 지금은 어떠한가? 지금의 데이터 분석은 철저히 소비자의 행동에 초점을 맞춘다. 그리고 행동을 만든 근본 원인인 그들의 필요와 관심을 쫓는다. 소비자의 생활 속에 존재하는 '필요'에서 라이프스타일 저변에 흐르는 '욕망'까지, 구매 전후로 소비자의 생활 맥락 전반을 탐색하는 것으로 데이터의 활용이 옮겨 가고 있다.

우리가 해야 할 일은 데이터에서 가치를 찾는 일이다. 가치 탐색이라는 관점에서 데이터 분석은 어떤 일일까? 데이터는 고객 행위의 흔적이므로, 데이터를 분석하려면 흔적을 통해 상대를 파악하는 디코딩 감각을 갖춰야만 한다. 소비자는 데이터에 자신의 마음을 담고, 마케터는 데이터에서 소비자의 마음을 읽어 낸다. 데이터에 담겨진 인코딩과 디코딩의 비밀이다. 따라서, 좋은 마케터는 좋은 소비자 번역가여야 한다. 누가, 언제, 어디서, 무엇을, 어떻게, 왜 하는지를 품고 있는 데이터에서 시장과 고객을 통찰하는 능력이 있어야 데이터에서 가치를 발굴해 낼 수 있다. 정보가 넘쳐나는 시대에 더 많은 정보, 더 다양한 정보를 아는 것보다 중요한 것은 자신에게 필요한 정보를 선별하고 그것을 가치로 만들어 낼 수 있는 능력이다.

데이터는 기업이 고객과 소통할 수 있는 유일한 도구이다. 마케터는 데이터로 소비자를 읽고, 소비자는 데이터로 그들의 마음을 전달한다. 데이터는 마케터의 언어이자, 고객이 원하는 삶에 다가가게 해 주는 마스터 키이다. 그리고 그것이 데이터 분석의 진정한 가치이다. 이는 빅데이터 시대를 맞는 마케터가 탑재해야 할 새로운 가치 창출 방식이자, 데이터를 솔루션을 바꾸는 데이터 지능의 본질이다.

🧊 기술보다 '생각', 분석보다 '감'이 더 중요한 이유

데이터 지능이란 구체적으로 무엇을 말하는 것일까? 데이터 지능을 알려면 우리의 사고체계부터 이해해야 한다. 이런 상황을 떠올려보자. 결혼하고 싶은 30대 여자가 있다. 남은 인생을 함께 할 반려자를 찾는다고 할 때, 그녀는 어떤 남자를 선택하려고 할까? 물론 머리로는 모든 조건에서 빠지지 않는 우수한 DNA의 남자를 선택지 안에 넣으려고 하겠지만, 인생은 그렇게 합리적으로 돌아가지 않는다. 그녀는 결국 부모의 반대를 무릅쓰고 자신이 끌리는 상대와 결혼을 감행한다. 물론 극단적인 설정이지만, 머리로는 따질 수 없는 일들이 살면서 숱하게 일어난다. 물건을 살 때도 마찬가지이다. 결국 마음을 끄는 강력한 무언가에 의해 선택이 좌우된다.

우리의 선택과 결정에는 '합리적 사고'와 '직관적 사고'의 2가지 사고체계가 모두 작동한다. 합리적 사고는 인간의 이성적 사고에 초점을 둔 것으로 좌뇌의 기능에 의존한다. 여기서는 인간을 이성과 논리를 활용하여 자신의 이익을 최대화하도록 움직이는 합리적인 존재로 본다. 이는 주류 경제학을 세운 이론적 근거이기도 하다. 반면, 최근 두각을 보이는 행동경제학에서는 인간의 다른 면모에 집중한다. 행동경제학으로 노벨경제학상을 받은 심리학자 대니얼 카너먼(Daniel Kahneman)은 이성보다 더 강력한 직관의 힘에 주목한다. 인간의 행동은 이성과 논리에 의해 결정된다기보다, 오히려 감각과 직관에 따라 생존 본능이 극대화되는 방향으로 움직인다는 것이다. 그는 인간의 사고체계를 관장하는 2가지 시스템을 '빠른 직관(시스템 1)'과 '느린 이성(시스템 2)'으로 분류했다. 그리고 이 시스템들은 아주 미묘한 조율 속에서 상호작용하며 선택과 결정에 영향을 미친다고 주장한다.

이 중 시스템 1인 빠른 직관은 동물적 본능처럼 신속하게 작동해서 인간의 생존을 돕는다. 원래 시스템 1은 의식과 무관하게 작동되어 정확한 프로세스를 알기 어려운 영역이었다. 보통 인간의 사고는 인지적 수고로움이 적은 쪽으로 움직이는 '인지적 구두쇠(Cognitive miser)' 성향을 보이는데, 이러한 심리적 특성 역시 직관과 맥을 같이 하는 것이다. 휴리스틱(Heuristic)이라고 불리는 편의적 발견법도, 직관의 영역에 포함된 효율적인 사고의 체계이다. 이런 맥락에서 시스템 1의 중요성이 나온다. 인간의 제한된 능력으로는 모든 변수를 고려한 의사결정 자체가 불가능하므로, 직관에 의한 사고가 논리적 사고보다 미래 예측력이 우수하다는 주장도 제기된다.

다시, 데이터 분석으로 돌아가 보자. 데이터 분석은 가장 논리적이고 이성적인 사고로 진행되어야 할 것만 같다. 하지만, 이미 데이터가 현실의 표상이고 분석 과정에서 통계적 추론이 개입되므로, 데이터 자체에 오류가 내재되어 있는 상태이다. 그렇기에 가장 합리적으로 인식되는 데이터 분석조차 우리는 직관의 힘을 발휘해야 한다. 이성의 시선으로 직관을 바라보면 그 가치가 평가절하될 수밖에 없다. 직관은 직관의 눈으로 봐야 한다. 실제로 데이터 분석 업무를 하는 담당자의 말을 빌어 보자. 그들은 나무만 보는 지협적인 시각에서 벗어나 숲을 보면서 실체를 파악하려면, 즉 낱개의 데이터를 연결해서 통합적으로 데이터를 분석하려면 '아이러니하게도 감이 필요하다'라고 말한다. 분석 툴도 통계 지식도 모두 매뉴얼일 뿐이다. 운전의 고수가 되려면 매뉴얼을 뛰어넘는 감을 발휘해야 한다. 데이터 분석도 마찬가지이다. 이제는 데이터 만능주의에서 벗어나, 데이터 기반의 의사결정을 해야 할 때이다.

🔶 인공지능보다 우위에 있는 인간의 능력

다시 본질로 돌아와 보자. 우리가 데이터를 사용하는 궁극적인 이유는 무엇인가? 두말할 나위 없이 시장에서 고객들을 움직이게 할 가치를 찾기 위해서이다. 가치는 상대적인 단어이다. 개인별로 중요하게 생각하는 바가 다르기도 하고, 많은 대안 사이에서 상대적인 우위가 있어야 가치롭게 느껴지지 때문이다. 그래서 가치 있는 의사결정이 어려운 것이다. 가치는 지식이나 최적화의 영역이 아닌 공감과 전략의 영역이다. 아래 그림이 가리키듯, 지식과 최적화의 영역은 AI가 담당하지만 직관과 창의력에 바탕에 둔 공감과 전략의 영역은 여전히 인간의 몫으로 남아 있을 것이다.

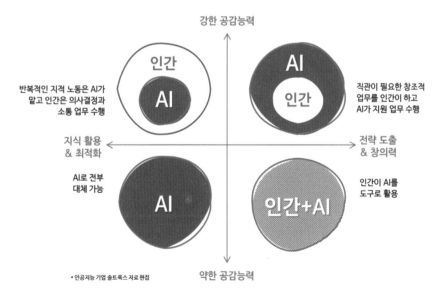

AI와 함께 하는 인간 노동의 미래 전망

• 인공지능 기업 솔트룩스 자료 편집

곧 누구나 대시보드를 열고 클릭이나 키워드로(과거에는 명령어 코드를 입력했지만) 데이터를 뽑아 쓰는 시대가 온다. 워드 프로세서를 열고 타이핑을 친다고 누구나 소설을 쓸 수 있는 것은 아니듯이, 글의 소재와 주제를 가지고 풀어내는 자신만의 시나리오가 있어야 한 편의 소설이 완성될 수 있다. 이처럼 데이터 분석도 깜빡이는 프롬프트를 앞에 두고, 시장의 기회를 발견하고 고객의 욕구를 기업의 가치로 변환시킬 수 있는 마케팅 시나리오를 준비해야 한다. 이제 누구나 쉽게 데이터에 접근하겠지만, 숫자 안의 의미와 가치를 발견해 내는 것은 직관의 힘을 가진 인간만이 가능한 일이다. 데이터 마케터를 꿈꾸는 사람들 역시 숫자를 산출해 내는 매뉴얼 작동법에 기댈 것이 아니라, 숫자로 코딩된 인간의 마음을 이해하는 상상의 힘을 발휘해야 한다.

제2부

데이터를 보는 새로운 시각

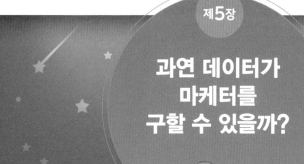

제5장

과연 데이터가 마케터를 구할 수 있을까?

🔹 마케팅의 주무대로 바뀐 소비자의 생활 맥락

기업은 어떤 마음으로 비즈니스를 해야 할까? 제품을 팔려는 마음? 구매자를 왕으로 모시는 마음? 아니면 소비자를 주인공으로 세우는 마음? 지금은 완전히 후자에 포커스를 맞춰야 한다. 4차 산업 혁명의 성공 법칙이 소비자를 주인공으로 두고 그들을 쫓는 과정에서 수익을 창출하는 것이기 때문이다. 디지털 시대의 마케팅은 소통을 기반으로 작동한다. 따라서, 소비자와 공감하는 마케팅 액션이 무엇보다 중요하다. 이제는 '차별화된 판매 제안(Unique Selling Point: USP)'을 앞세운 시장 전략이 아니라, 소비자의 자발적 선택과 참여를 일으키는 '우리만의 공감 포인트(Unique Appealing Point: UAP)'로 마케팅 크리에이티브를 만들어 가야 한다. 이는 '시장을 쪼개서 관리하는 뾰족함'이 아니라, 소비자의 삶을 쪼개고 들어가서 그들의 '일상을 점유하는 뾰족함'을 뜻한다.

그러기 위해서는 소비자의 생활 맥락이 필요하다. 소비자는 온라인과 오프라인을 구분하지 않고 그냥 그들의 일상을 산다. 놀고, 먹고, 만나고, 일하는 모든 순간에 소비가 개입되니, 일상의 많은 순간들은 제품의 선택과 사용으로 이루어진다고 해도 과언이 아니다. 디지털에 자신의 하루를 포스팅하는 것이 일상이 되었으니, 지금은 소유보다 소비가 중요한 축이라고 할 수 있다. 우리는 각자 자신의 세계를 모바일 안에 두고 산다. 다양한 소비로 자기를 표현하고, 지인들의 반응과 호응을 받으며, 네트워크로 이뤄진 관계 안에서 그들만의 세계를 만들어 간다. 디지털에 일상을 올리는 것도, 누군가가 추천하는 제품을 구입하는 것도, 소비 경험을 리뷰하고 댓글을 다는 것도, 모두 디지털 안에서 자기(정체성)를 표현하고 사람들과 관계 맺으려는(소속감) 욕망에 기인한다. 디지털이 일상화가 된 지금 오프라인은 디지털 세계를 수놓을 재료로 소비된다.

이제는 제품의 차별점을 찾는 노력보다 소비자의 일상에서 그들의 필요와 욕망을 찾는 노력이 더 필요하다. 소비자의 움직임을 시시각각 살피기 위해서는 그들의 생활 맥락이 필요하다. 아침에 정신을 깨우기 위해 마시는 아메리카노와 오후에 한숨 돌리며 마시는 카페라떼에는 다른 의미와 니즈가 담겨 있기 때문이다.

🔹 생활 맥락에서 맺어야 할 고객과의 관계

마케터는 어떻게 그들의 삶으로 들어갈 수 있을까? '제3의 공간(Third Places)'이라는 개념이 힌트가 된다. 제3의 공간은 미국의 사회학자 레이 올든버그(Ray Oldenburg)가 1999년 그의 저서 『The Great Good Place』에서 처음 제시한 개념으로, 사람들이 집과 일터를 오가다 들리는 곳곳에서 상호작용을 통해 관계를 맺게 되는 공간을 말한다. 실제로 모바일 라이프가 일상화되다 보니, 요즘은 다양한 앱을 열고 닫으며 사용자가 일시적으로 머무르는 제3의 공간들이 디지털을 중심으로 기하급수적으로 늘고 있다. 위치 정보와 인공지능 등의 기술 덕분에 마케터가 사용자의 일시적 머무름을 추적할 수 있게 되면서, 제3의 공간은 이전에 상상하지 못했던 거대한 수요의 기회를 제공하고 있다.

제3의 공간은 온라인과 오프라인이 결합 되어, '구매'와 '소비', 그리고 '필요'와 '즐거움'이라는 다양한 면모로 소비를 더욱 풍부하게 만든다. 따라서, 마케터는 소비자 여정 중에 일시적으로 나타나는 상황들을 잘 포착하고, 이들의 관심과 참여를 유도하는 것을 목표로 삼아야 한다. 여러 일상의 순간에서 무궁무진한 기회를 포착해 내려면, 소비자의 삶을 들여다보고 정황을 파악할 수 있는 콘텍스트(Context)를 알아야 한다. 시간, 공간, 날씨, 사건, 분위기, 감정, 기대 등 소비자를 둘러싼 맥락 정보가 뒷받침될 때, 마케터는 소비자의 의도를 읽어 개인의 요구를 충족시킬 수 있다. 브랜드 역시 고객의 생활 맥락에서 그들과 관계를 맺어야 의미있게 관계를 유지할 수 있다.

마케팅은 상호 호혜적인 관계를 기반으로 한다. 기브앤테이크 (Give and Take)의 관계 원리에 공감하는 마케터라면, 반드시 데이터의 도움을 받아 제3의 공간에서 발생하는 고객들의 욕구에 귀를 기울여야 한다. 콘텐츠가 중요한 시대를 거쳐 '콘텍스트가 갑(Context is God)'인 시대인 만큼, 맥락과 상황을 담은 데이터는 앞으로 마케터의 중요한 무기가 될 것이다.

🔷 고객 관계는 경험 안에서 이루어진다

맥락을 볼 수 있다면 당신에게 어떤 일이 일어날까? 일단, 보는 시야가 넓어진다. 그리고 고객의 삶으로 들어가는 열쇠를 얻게 된다. 맥락은 구조를 표현하는 단어이지만, 이것을 고객의 입장에서 보면 그냥 '생활'이고 '경험'이다. 따라서, 맥락을 이용한다는 것은 마케팅 메시지를 경험으로 확대한다는 것과 같다. 최근 '경험'이라는 화두가 지속적으로 언급되는 것도 같은 흐름이다. 하지만 실제로 고객 경험 기반의 마케팅을 실행하는 기업은 많지 않다. 고작 온라인과 오프라인을 넘나드는 다양한 접점에 마케팅 메시지를 뿌리고 콘텐츠를 선보이는 정도일 뿐이다.

경험의 마케팅이 화두이지만, 실제로 어떻게 경험을 설계해야 할지에 대해서는 미지수이다. 경험이란 단어가 너무 추상적이고 광범위하기 때문이다. 그럼, 어떻게 경험에 접근해야 할까? 마케팅에서 말하는 경험은 '소비자가 제품이나 서비스와 상호작용하면서 느끼고 인식하는 모든 감정, 생각, 반응'을 지칭한다. 경험 마케팅의 대가 번트 슈미트(Bernd H. Schmitt)는 소비자가 제품이나 서비스와 상호작용할 때, 감각(Sense), 감정(Feel), 사고(Think), 행동(Act), 관계(Relate)의 5가지의 경험 모듈(SEMs)이 작동한다고 하였다. 이처럼 경험에는 심리적 반응이 특히 중요하다.

브랜딩에서도 경험은 중요한 테마이다. 단순히 기능적 혜택을 느끼게 하는 것을 넘어, 소비자가 제품이나 서비스와 상호작용하는 중에 브랜드를 더욱 깊이 이해하고 좋은 감정을 느끼도록 전략을 펼쳐야 한다. 경험에 근거한 브랜딩은 소비자에게 정서적, 사회적 가치로 다가가 브랜드와 소비자를 강력하게 연결시킨다. 관점을 경험까지 확장하면 우리가 제공해야 할 고객 가치의 그림이 달라진다. 과거의 브랜딩은 브랜드를 주인공으로 만드는 전략이었다. 마케터는 브랜드가 추구하는 가치를 규정하고, 여러 접점을 활용해서 그 정체성을 알리며, 이미지를 중심으로 고객과의 관계 맺기를 시도해 왔다. 하지만 지금의 브랜딩은 철저히 소비자가 주인공이어야 한다. 마케터는 상황에 따라 변화하는 소비자의 콘텍스트를 읽어서 그들 삶의 맥락에 브랜드를 자리매김하는 것을 목표로 해야 한다. 경쟁사가 어떤 차별점으로 시장을 흔드는지에 집중할 것이 아니라, 고객이 어떤 것에 감흥받는지를 살펴 경험의 가치로 그들 곁에 머물러야 한다.

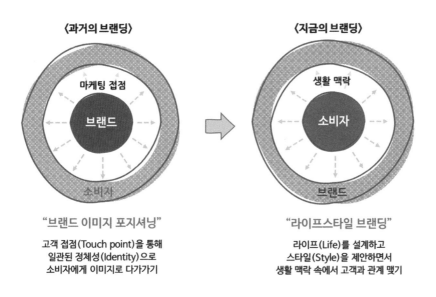

〈과거의 브랜딩〉
마케팅 접점
브랜드
소비자

〈지금의 브랜딩〉
생활 맥락
소비자
브랜드

"브랜드 이미지 포지셔닝"
고객 접점(Touch point)을 통해
일관된 정체성(Identity)으로
소비자에게 이미지로 다가가기

"라이프스타일 브랜딩"
라이프(Life)를 설계하고
스타일(Style)을 제안하면서
생활 맥락 속에서 고객과 관계 맺기

이때, 고객의 맥락은 브랜드 경험의 소스가 되어 새로운 삶을 제안하는 데 쓰인다. 나이키의 최근 브랜딩 방식이 좋은 사례이다. 나이키는 '나이키 플러스(Nike+)' 앱을 통해 고객의 운동 데이터를 수

고객 관계는 경험 안에서 이루어진다

집하고 그들의 운동 패턴을 분석하여, 개인 맞춤형 운동 플랜을 제공하는 새로운 방식의 러닝 라이프를 선보였다. 나이키 플러스에 탑재된 대표적인 기능이 Nike Run Club(NRC)인데, 이는 러닝 기록, 거리, 페이스, 칼로리 소모 등을 측정하여 개인별 맞춤형 트레이닝 프로그램을 짜 주고, 친구들과 함께 달리기에 도전할 수 있는 기회를 제공한다. 이들이 주목했던 고객의 맥락은 건강을 위한 조깅과 달리기였다. 나이키는 '운동화'를 파는 기업이 아니라, '달리는 일상'을 파는 기업으로 혁신에 성공한 것이다.

이처럼 앞으로의 브랜딩은 소비자의 다양한 콘텍스트에서 사업의 기회를 발견하고, 이를 경험으로 디자인해서 새로운 라이프스타일을 제시하는 '경험 설계자'로 전략을 조정해야 한다. 자신의 삶과 연결되어 있는 브랜드는 무엇보다 강력한 인게이지먼트를 갖게 된다. 브랜드가 소비자의 삶과 함께 하는데 어떻게 지속가능한 경영이 가능하지 않겠는가.

🔷 소비자가 원하는 경험의 실체

중요한 것은 경험의 설계이다. 그렇다면, 궁극적으로 고객이 원하는 경험이란 무엇일까? 앞서 경험과 맥락은 떼려야 뗄 수 없는 관계라고 이야기했다. 경험이 '어떤 상황이나 사건을 직접 체험하는 것'을 뜻한다면, 맥락은 '그 경험이 일어난 배경이나 환경'을 의미한다. 경험은 총체적으로 형성된 인식이므로, 맥락이 있어야 경험이 해석된다. 같은 애국가라도 TV 종료 시 나오는 애국가와 올림픽 경기장에서 울리는 애국가는 의미와 느낌, 즉 경험이 다르다. 역으로 생각하면, 우리가 맥락을 알아야 경험을 구체적으로 설계할 수 있다는 말이 된다.

경험을 설계한다는 차원에서 다시 맥락을 살펴보자. '맥락'은 한자어 '脈絡'에서 유래한 말로, 맥(脈)은 '핏줄'을 의미하고, 락(絡)은 '잇는다'는 뜻을 내포한다. 따라서 '핏줄처럼 연결된 것'을 뜻하는 맥락은 사건이나 말이 어떤 배경이나 상황과 어떻게 연결되어 있는지를 나타낸다. 영어로는 '콘텍스트(Context)'라고 하는데, 이는 라틴어 Contextus에서 유래했으며, 한자어와 동일하게 '함께 짜여진'이라는 뜻을 지닌다. 어원에 담겨 있듯, 맥락은 많은 씨실과 날실을 엮어 천을 만드는 것처럼, 사건의 부분들이 서로 엮여져 전체적인 의미나 상황을 이해하는 데 필요한 배경을 창출한다.

이처럼 맥락은 다차원적이다. 맥락은 시간, 공간, 대상, 활동, 감정, 생각, 반응 등 다층적인 스펙트럼을 가지고 짜여져야 한다. 그래

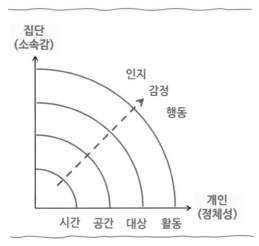

맥락의 다차원적 요소

브랜드는 다양한 맥락 요소들을 활용해서
필요, 재미, 의미를 제공하며 고객의 삶에 들어가야 한다.

소비자가 원하는 경험의 실체

야 배경에 놓인 사람들이 완성된 경험을 할 수 있다. 따라서, 경험의 브랜딩을 하기 위해서는 시간, 공간, 대상, 활동의 스펙트럼 위에서, 개인(정체성)과 집단(소속감)의 기본 욕구를 고려한 채, 경험자의 인지, 감정, 행동의 상호작용을 이끌어 낼 수 있어야 한다.

맥락의 각 요소는 독립적으로 움직이지 않고 씨실과 날실처럼 다층적인 프레임으로 서로 엮여서 복잡한 상호작용을 만들어 낸다. 여기서 맥락이 가진 또 하나의 특성이 나온다. 맥락은 실험적이라는 점이다. 상황 전개는 빠르고, 많은 변수들이 개입되므로 규칙이란 있을 수 없다. 그렇기에 맥락을 파악하는 데는 논리보다 감각이 유리하다. 이처럼 데이터가 쌓일수록 마케터에게 고객의 콘텍스트는 점점 더 실험의 장이 되고 있다. 새로운 질서는 만드는 자의 차지가 된다는 걸 성공한 기업들이 입증해 주고 있다.

🔷 경험의 실체를 그리기 위해서는 데이터가 필요하다

소비자가 원하는 경험의 실체에 한 발짝 다가가기 위해서는 맥락을 알 수 있는 데이터가 꼭 필요하다. 데이터 없이 소비자의 삶을 무슨 수로 들여다볼 것인가.

많은 기업들이 더욱 강렬한 고객 참여와 경험을 제공하며 수익을 올리려고 애쓰고 있지만, 아직도 대부분의 마케터는 타깃에게 연관성 있고 몰입도가 높은 가치 있는 제안을 만드는 데 어려움을 느낀다. 데이터 주도 마케팅을 통해 고객 중심의 경험을 설계하고 고객 인게이지를 높여서 수익을 창출해야 한다고 하지만, 정작 하는 일은 스킵되지 않기 위해 다양한 매체에 자극적인 광고 콘텐츠를 뿌리는 식이다. 알다시피 무자비한 광고로 노출을 공략하는 방식은 지속 가능한 브랜딩의 해법과는 거리가 멀다.

그렇다면, 고객은 언제 구매 욕구를 가질까? 당신이 온라인 패션몰을 운영하는 대표라고 생각해 보자. 과거에는 다양한 종류와 가격대별로 옷을 늘어 놓고 고객의 클릭과 구매를 기다렸다. 하지만 지금은 이런 식으로 구매를 유도하기가 어렵다. 오프라인 매장, 홈쇼핑, 이커머스, 인플루언서 계정, 라이브 커머스, 숏폼 영상 등 옷을 살 수 있는 곳은 너무 많아졌기 때문이다. 당신이 쇼핑몰을 운영하는 대표라면 단순히 제품 판매 이상의 것을 떠올릴 수 있어야 한다. 이때 고객의 눈높이로 우리 비즈니스를 바라보는 마음이 필요하다. 사이트에 들어갔더니 갖가지 옷이 즐비하게 펼쳐져 있는 것과 여름휴가 시즌에 입을 만한 내 취향의 옷을 코디해 주는 곳. 두 곳만 비교해 봐도 어떤 곳이 구매 욕구를 자극하는지 알 수 있다. 마침 여름휴가를 앞두고 있던 소비자라면 여행패션 코디를 보고 '딱 저거'라는 느낌으로 구매 버튼을 누르게 될 것이다. 단순한 TPO로 살펴봤지만, 일상에 숨겨진 맥락들을 찾아낸다면 얼마나 많은 구매 욕구들을 꺼낼 수 있겠는가. 우리가 데이터를 잘 활용한다면 생활 맥락에 숨겨져 별처럼 빛나고 있는 다양한 구매 순간들을 찾아낼 수 있게 된다.

우리는 지금 마케팅 혁신의 시대를 맞고 있다. 기업은 경험의 경영 체제(Customer Experience Management: CXM)로 돌입해야 하며, 고객 여정이라는 가치 로드를 따라 경험의 생태계에 데이터를 접목하는 노력을 기울여야 한다. 고객 인사이트를 탐색하고(고객 탐지), 고객 행동으로 전환해 나가고(고객 획득), 우리 브랜드가 지향하는 라이프스타일을 제안해서(고객 가치), 들어온 고객을 유지시키는(고객 관리) 모든 순간에 데이터를 붙여야 한다. 마케팅의 전 과정을 데이터로 관리하며 경험의 가치로 고객을 인게이지 시켜야 한다. "사람들은 당신이 한 말을 잊고 당신이 한 행동도 잊지만, 당신이 준 느낌만큼은 결코 잊지 않는다"는 마야 안젤루(Maya Angelou: 미국의 배우이자 시인)의 말을 잊지 말자.

제6장

데이터에 담긴 것은 무엇인가?

🔲 고객은 데이터로 말한다

어느 플랫폼 회사의 마케팅 팀장으로 이직한 전 직장 동료(당시 광고대행사 아트 디렉터)가 본인의 SNS 계정에 이런 글을 올렸다. 제목이 '수포자가 덕업일치 마케터로 살아남는 법'이었는데, 인생에서 수학과 무관했던 본인이 데이터 업무를 하면서 겪는 소감을 담은 글이었다. 그녀는 "데이터는 일종의 숫자로 된 외국어라고 생각하면 편하다"라고 말하며, "고객은 뭔가 마음에 안 든다는 얘기를 숫자라는 언어로 표현한다"고 데이터에 대한 자신의 정의를 풀어 놓았다. 더 나아가, 데이터 분석이나 숫자 관리만큼 중요한 마케터의 덕목은 '상대방 마음을 빨리 알아채는 눈치'와 '그 마음을 어루만지는 섬세함'이라고 덧붙였다. 플랫폼 회사에 가더니 데이터 마케팅에 도가 튼 것 같다. 아니 적어도 데이터가 뭔지 어떻게 써야 하는지에 대한 감은 잡은 듯하다.

데이터란 과거에는 숫자였지만, 지금은 소비자 그 자체이다. 그리고, 데이터 분석은 '숫자(문자도 가능하다)'라는 코드를 통해 '소비자'를 이해하는 기법이다. 마치 연애의 기술처럼 말이다. 연애할 때 싸우는 대부분의 이유는 말이 안 통해서, 즉 상대의 기분을 내 입장대로 오해하기 때문이다. 진심은 그렇지 않은데 말이다. 어떻게 상대의 진심을 알 수 있을까? 그때 연애의 고수들은 그 사람의 말이 아닌 행동을 보라고 조언한다. 말보다 행동이 진짜이다. 마찬가지로 소비자의 행동을 관찰하다 보면 솔직한 그 마음을 알아차릴 수 있게 된다(아니, 정확히는 보일 때까지 관찰하는 것이다). 이게 빅데이터를 보는 이유이다. 특히 검색 데이터에는 고객의 속마음을 따라가는 궤적을 얻을 수 있으니, 이를 따라가다 보면 고객의 마음을 움직일 숨은 맥락들을 발견할 수 있게 된다.

데이터란 그런 것이다. 소비자가 이야기하고 싶은 마음을 담은 표상.

BIGDATA INSIGHT. 빅데이터는 숫자가 아니다.

관심사가 인코딩 된
보물창고이다

▲ 마라탕과 불닭볶음면 유튜브 검색량

고객의 감정을
비추는 **거울**이다

스니커즈 헝거리즘

트위터에 올라온 욕설, 성난
이모티콘을 **감정분석 알고리즘**
적용하여 분노지수가 높아지면
스니커즈 할인쿠폰을 제공

신체 반응을
확인할 수 있는 **청진기**이다

디지털 헬스케어와 빅데이터의 만남

라이프로그 데이터
· 걸음걸이 등 활동량 데이터
· 식사기록 데이터
· 체중 데이터
· 혈압 데이터
· 수면 데이터
· 스트레스 데이터
· 유전체 분석 데이터 등

개인을 쫓을 수 있는
내비게이터이다

Consumer Journey 상의 TPO를 탐색하여 개인화 맞춤 커뮤니케이션 진행

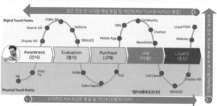

숫자를 곧이곧대로 믿지 말란 말도 이런 이유 때문이다. 상대의 속내를 읽어야 그 마음을 얻을 수 있듯이, 소비자의 맥락을 읽어야 그 사람의 삶에 초대될 수 있다. 그들 생활 속으로 들어가려면 어쩔 수 없이 순간순간 나타나는 소비의 접점을 실시간 쫓아, 그들이 쏟아내는 마음들을 살피며, 그들이 어떤 방식으로 움직일 것인지를 예의주시하고 있어야 한다.

🎲 일상에 숨겨진 생활 맥락을 찾아라

최근 재미있게 보고 있는 방송 중에 '나는 솔로'라는 극사실주의 데이팅 프로그램이 있다. 6쌍의 남녀가 4박 5일 동안 솔로 나라에서 자신의 짝을 찾는 리얼리티 예능이다. 12명의 남녀는 5일간 그 안에 머물면서 상대 이성들을 여러 가지 방법으로 탐색하고, 질문하고, 데이트 체험을 해 보면서 누가 자신의 짝이 될 수 있을지를 검증한다. 처음 입소할 때는 개인정보를 모르는 상태에서 첫인상으로만 호감도를 평가한다. 재미있는 상황은 개인정보가 노출된 이후에 일어난다. 나이, 직업, 사는 곳, 취미, 결혼관 등 자신을 드러낼 수 있는 정보가 하나씩 노출되니 호감도에 지각변동이 일어난다. 이처럼 상대의 개인정보는 그 사람을 파악하는 데 큰 영향력을 미친다. 여기서의 개인정보는 그 사람의 실체를 알 수 있게 하는 그의 맥락이다. 데이팅 상황을 빗대어 설명했지만, 맥락을 알면 짧은 시간이라도 상대를 이해하는 데 큰 도움이 된다.

마케팅에서도 마찬가지이다. 마케터는 다양한 데이터를 활용해서 소비자의 일상에 숨겨진 의미 있는 맥락을 찾아내야 한다. 이때 우리가

일상에 숨겨진 생활 맥락을 찾아라

찾는 맥락은 구매에 영향을 미치는 그 사람의 모든 배경이 된다. 디지털에서 우리가 제품을 구입하는 상황은 어떠한가. 보통 이리저리 돌아다니다 제품이 눈에 띄어 마음에 들면 구입하거나, 필요가 생겨서 검색창에 키워드를 넣고 정보를 찾아보는 중에 적합한 제품을 구입하는 경우가 대다수이다. 이때 소비자가 부지불식간에 남기는 무수한 데이터들이 맥락을 파악하는 데 도움이 된다. 제품을 검색할 때는 검색 데이터가, 제품을 구매하는 순간에는 구매 데이터가, 사용 후기를 남길 때는 리뷰 데이터가, 소비 생활에 대한 이야기는 소셜 데이터가 우리에게 맥락에 대한 힌트를 준다.

그렇다면, 이런 데이터에서 어떻게 맥락 정보를 파악할 수 있을까? 검색 데이터를 한번 살펴보자. 우리는 검색창에 일상의 질문들을 키워드로 풀어낸다. 따라서, 검색 데이터에는 일상의 관심이 집결되어 있다. 우리는 검색창에 무엇을 입력하는가? 이따금 브랜드명을 바로 입력해서 브랜드에 관련된 정보를 찾기도 한다. 하지만, 보통은 '여자 친구와 여름휴가에 갈 만한 여행지' '집에서 즐기는 캠핑 음식 추천' '항공권 싸게 구입하는 법' 등 특정 브랜드보다 일상생활에서 필요한 것들을 묻는 질문이 대부분이다. 이때 소비자의 검색 영역 안에 있는 키워드로 콘텐츠를 만들어야 알고리즘의 선택을 받을 수 있다. 검색 데이터 마케팅 전문기업인 어센트코리아는 이를 '카테고리 엔트리 포인트(Category Entry Points: CEPs)'라는 개념으로 설명한다. CEPs는 소비자가 특정 제품 카테고리를 고려할 때 떠올리는 상황, 감정, 니즈 등의 맥락을 말하며, 일상에서 브랜드를 떠올리게 하는 기억의 단서로 활용된다. 따라서 다양한 TPO에서 브랜드를 소비자에게 도달시키려면 CEPs에 기반한 키워드 설계에 힘써야 한다. '집에서 즐기는 캠핑 음식 추천'이라면 '집에서 즐기는' '캠핑' '음

🖃 블로그 👋 카페 🖼 이미지 🔍 지식iN 👤 인플루언서 ▶ 동영상 ⟨ ⟩ ⋯

👤 평강공주 인플루언서 · 2024.05.09.

캠핑음식 추천, 집에서 간편하게 즐기는 텍사스바베큐 풀드포크
캠핑음식 추천, 집에서 간편하게 즐기는 텍사스바베큐 풀드포크 요즘 날씨가 많이 따뜻해져서 **캠핑**이나 차박 즐기시는 분들 많으시죠? 그래서 오늘은 **캠핑음식**으로 좋은 제품 하...

🌸 쿠화자의 라이프스타일 · 2023.04.30.

집에서 즐기는 양갈비 프렌치랙 스테이크 캠핑음식 추천(feat...
집에서 즐기는 양갈비 프렌지 스테이크 스킨포장된 양갈비 프렌치랙을 먹기 4시간 전 스킨 상태로 냉장고에 보관해 줍니다. 냉장고에 해동이 된 양고기 프렌치랙을 꺼내서 키친타월로... 남편이 다음에 **캠핑** 갈 때 양갈...

(출처: 네이버 검색)

식'이 맥락을 담은 CEPs가 되겠다. 당신이 캠핑 브랜드 마케터라면, 캠핑의 감성을 느끼고 싶어 하는 집돌이 집순이를 위한 푸드 캠페인을 기획하는 것이 좋을 것이다. 식품 마케터도 같은 맥락을 활용하여 마케팅을 펼칠 수 있다. 이것이 검색 데이터를 통해 그들의 맥락으로 들어가는 길이다. 검색 데이터 외에 소셜 데이터, 구매 데이터를 통해서도 맥락 파악은 가능하다. 관건은 숫자가 가리키는 사실의 확인이 아니라, 생활의 통로가 되는 맥락을 찾았느냐이다.

🔷 고객의 흔적에는 인지, 감정, 행동이 담겨 있다

데이터 마케팅은 연애와 비슷하다. 숫자(말과 행동)를 통해 맥락(성향)을 파악하여, 이면에 숨은 니즈(진심)를 이해하고, 그를 충족

(행복)시켜, 내 곁에 머무르게(사귐) 하는 것이다. 이처럼 데이터로 소비자의 생활 맥락을 파악할 때, 우리가 따라가야 할 길이 있다. 정황 속에 숨어 있는 그들의 인지(Know), 감정(Feel), 행동(Act)이다. 보통 행동에 대한 분석은 많이 일어난다. 왜냐하면 행동은 바로 눈에 보이고 쉽게 수치화되기 때문이다. 하지만 전략을 짜려면 '왜 그 행동을 했는지'의 원인을 아는 것이 필요하다. 우리의 목적은 소비자를 우리가 원하는 방식으로 움직여 구매로 유도하는 것이기 때문이다. 심리학에서도 구매까지 가는 과정을 인지 → 태도 → 행동의 흐름으로 설명한다. '어떻게 눈에 띄게 하여 인식시킬까' '어떻게 좋아하는 마음을 갖게 할까' '무엇을 언제 얼마만큼 구입하게 할까'의 3가지 질문은 소비자를 움직이는 내면의 작용을 알게 한다.

소비자를 움직이게 하는 방법

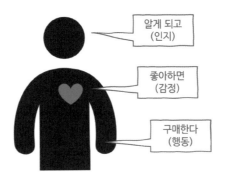

보통 클릭 행위를 통해 확인할 수 있는 구매 데이터는 '행동'을 대변하지만, 내면의 인지나 감정에 대한 인사이트를 얻으려면 검색 데이터, 리뷰 데이터, 소셜 데이터를 보는 것이 좋다. 그래서 생활 맥락 속에 놓인 고객을 이해하기 위해서는 다양한 데이터를 종합해서 보는 것이 필요하다.

◆ 데이터로 소비자 마음의 움직임을 읽어라

데이터는 소비자 욕구의 흔적이다. 보통 구매 데이터, 소셜 데이터, 리뷰 데이터에는 이미 충족되었거나 미충족된 욕구가 담겨 있고, 검색 키워드에는 충족되길 희망하는 욕구가 담겨 있다. 아래 그래프는 아보카도가 식재료로 인기를 끌면서 버거 시장을 견인했던 당시의 소셜 데이터 분석 사례이다. 아보카도 버거가 히트를 치게 된 계기는 인스타그램에서 한남동 수제버거집이 인기를 끌면서이다. 그 이후 아보카도에 대한 소비자의 욕구가 같이 상승하는 것을 볼 수 있다. 프리미엄 식재료로 아보카도가 주는 새로움과 건강함에

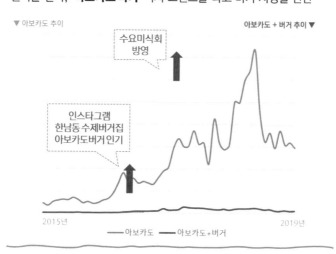

아보카도 vs 아보카도 버거 추이

'**아보카도**'가 뜨는 식재료로 관심을 받으면서 한남동 수제버거집이
인기를 얻자, '**아보카도 버거**' 역시 트렌드를 타고 버거 시장을 견인

▼ 아보카도 추이   아보카도 + 버거 추이 ▼

수요미식회
방영

인스타그램
한남동 수제버거집
아보카도버거인기

2015년   2019년
—— 아보카도 —— 아보카도 + 버거

(출처: 대홍기획)

대한 기대가 새로운 푸드 라이프스타일을 만든 것이다. 이런 트렌드를 캐치하면 제품 개발에 도움을 받아 시류에 편승하는 마케팅을 펼칠 수 있다. 그냥 아보카도가 아닌 프리미엄 식재로서 아보카도의 위상을 읽는 것이 맥락을 통한 소비자의 마음 읽기이다.

상황이 변하고 맥락이 변화하는 만큼, 소비자의 욕구도 함께 움직인다. 마케터는 욕구의 흐름을 쫓기 위해 어떤 방식이 되었든 반드시 데이터를 살펴야 한다. 빅데이터는 매 순간 쌓여 변화의 흐름을 보여 주기 때문에, 우리 제품을 둘러싼 소비자의 관심과 이슈가 어떻게 움직이는지 간파할 수 있게 도와준다. 지금 눈앞에 나타난 현상은 미래의 시그널이다. 마냥 데이터가 쌓일 때까지 기다리지 말고, 매 순간 쌓이는 현상들을 추적하면서 기민하게(agile) 마케팅 의사결정을 조정해 나가는 자세가 필요하다.

제7장

데이터는 어떻게
인사이트가 되는가?

🔷 셰프는 같은 재료로 남다른 퀄리티를 낸다

　과거에 '냉장고를 부탁해'라는 프로그램이 있었다. 연예인의 부엌
에 있는 냉장고를 스튜디오로 옮겨 와서, 셰프들이 냉장고 안에 있
는 재료들로 연예인이 주문한 요리를 15분 안에 만들어 주는 푸드
토크쇼이다. 냉장고 속에 별거 없는 재료만 들어 있는데도 그들의
손에 들어가면 요리가 되어 뚝딱 나온다. 같은 재료를 놓고도 일반
인과 셰프의 요리는 다르다. 왜 그럴까? 잘 보면 셰프들은 요리를 기
획한다. 재료의 성질이나 조리의 특성을 파악하여 맛에 대한 조합을
만들어 낸다. 다양한 재료를 쓰고, 칼질을 현란하게 한다고 요리가
되는 것이 아니다. 전체적으로 맛에 대한 감각이 있어야 한다. 그리
고 그런 감을 가지고 출연자의 기호에 맞춰 요리를 기획하니 그들의
마음이 움직이는 것이다.

　데이터 분석도 셰프의 요리와 비슷하다. 데이터는 식재료이지 요
리된 음식이 아니다. 데이터는 가치를 만드는 인사이트의 재료일 뿐
이다. 이것이 데이터를 대하는 기본 자세가 되어야 한다. 연거푸 말

하지만 재료에서 가치 있는 요리가 나오려면 '맥락'의 힘이 필요하다. 맥락은 재료(데이터)의 속성을 이해하는 데 힌트가 되기도 하고, 재료를 요리(솔루션)로 변화시키는 데도 큰 지침이 된다. 맥락은 그만큼 중요하다. 맥락의 효과를 잘 드러낸 중국의 고사를 하나 들어보자. 장자의 '손 약' 이야기이다. 옛날 오나라에 손이 트지 않게 하는 약을 알고 있던 사람이 있었다. 당시 물일을 오래 하는 여자들에게 손이 트는 일이 잦아, 길 가던 나그네가 그에게 약의 비방을 팔라고 거래를 제안했다. 하지만, 그는 그와의 거래를 뿌리치고 왕에게 비방을 넘겨, 수전을 치르는 병사들의 트는 손을 방지하고 전투력을 높이는데 기여했다. 그 결과, 그 사람은 봉토를 받고 영주가 되었다. 같은 손 약인데 쓰는 바를 다르게 하니 그 가치가 배가 되어 빛을 발한 셈이다.

장차가 말하고자 했던 것은 '큰 쓸모'이다. 맥락에 맞춰 쓰임을 찾아내니 보석이 되었다는 이 이야기는 데이터를 솔루션으로 바꾸는 데도 큰 가르침을 준다. 이런 사례는 우리 주변에서도 많이 볼 수 있다. 욕쟁이 할머니의 떡볶이가 맛있는 이유도 맥락 때문이다. 욕쟁

(출처: JTBC '냉장고를 부탁해' 사이트)

이 할머니에게 "왜 내게 욕을 하냐"고 따지는 사람은 없다. 그냥 찰진 욕을 노래처럼 들으며 맛있게 떡볶이를 먹으면 된다. 이처럼 맥락을 이해해야 상대와 통하게 되고, 맥락을 이용해야 가치가 창출된다. 창의력을 키우기 위해 학생들에게 여행을 많이 다니라고 하는 것도 같은 이유에서이다. 세상에는 많은 문맥이 존재한다는 것을 알게 하기 위함이다. 우리는 그것을 '견문'이라고 말한다. 셰프의 요리가 다른 이유도 음식 만드는 기술과 더불어 맥락을 활용할 줄 아는 감각이 있기 때문이다. 문맥을 읽어야 남다른 요리를 할 수 있듯이, 맥락을 활용해야 남다른 결과를 도출할 수 있다. 데이터 자체는 숫자에 불과하고 숫자는 가치 중립적이기 때문에, 데이터를 어떤 문맥에서 활용할지를 생각하는 사람들만이 남다른 가치를 제안할 수 있다.

🔷 칼을 잡기 전, 요리에 대한 밑그림이 필요하다

이야기를 조금 더 진행해 보자. '냉장고를 부탁해'에 출현하는 셰프의 음식은 거의 작품처럼 보인다. 그들이 어떻게 이런 창작물을 만들어 낼 수 있었는지, 그들의 머릿속으로 한번 들어가 보자. 누가 먹을지, 어떤 맛을 선호할지, 재료의 식감이나 조화는 어떨지, 전체적으로 요리의 컨셉을 무엇으로 잡아야 할지⋯. 셰프는 이미 머릿속에서 한 차례 요리를 마친다. 전체적인 그림부터 그리며 컨셉을 잡는다. 이것이 기획이다. 기획은 단순히 맛있는 음식 이상의 결과물을 만들어 내게 하는 비결이다. 즉, 재료를 제대로 쓰려는 목적을 가지고 접근하게 하는 자세이다.

데이터 분석은 요리와 같다. 데이터는 '재료'이고, 툴은 '도구'이다.

맛있는 요리가 요리사의 레시피와 손맛에서 나오는 것처럼, 가치 있는 데이터 분석은 데이터를 다룬 사람의 기획력과 안목에서 나온다. 그러기 위해서는 '냉장고를 부탁해'의 셰프들처럼, 데이터를 다루기 전에 왜 데이터를 활용하려고 하는지의 목적부터 분명히 세워야 한다. 기술을 다루기에 앞서 목적 중심의 사고가 우선되어야 하는 것이다.

데이터 활용을 제대로 하려면 목적에 따라 데이터를 수집하고, 분석하고, 해석하는 과정을 거쳐, 결론을 도출하는 절차까지 가야 한다. 무작정 데이터부터 들여다보는 것이 아니다. 데이터의 가치는 수집도, 분석도 아닌, 활용이기 때문이다. 우리는 데이터를 통해 아이디어까지 제안해야 한다. 따라서, 근본적인 솔루션을 찾는 가설을 세우기 위해 제대로 된 문제의 규정부터 내려야 한다.

일단 문제가 규정되면, 다음으로 이에 대한 답을 찾는 과정으로 넘어간다. 그리고 답을 찾기 위해 적절한 질문을 던져야 한다. 데이터에서 뻔한 답이 나오는 이유는 질문을 던지지 않고 기계적으로 분석을 진행하기 때문이다. 진짜 분석은 팩트가 확인된 이후부터 시작된다. 규정된 문제를 풀기 위한 질문들을 던지면서 목적에 맞는 길을 갈 때만이 데이터에서 인사이트가 나오는 법이다.

◆ 사람을 이해하기 위해서는 인문학이 필요하다

세상의 많은 일 중에 사람을 움직이는 일이 제일 어렵다. 남들은 내 뜻처럼 움직여 주지 않기 때문이다. 마찬가지로 비즈니스의 목적을 달성하기 위해서는 소비자의 마음을 움직일 수 있어야 한다. 명심해라. 데이터를 쓰려는 목적은 데이터를 많이 모으고 툴을 잘 다루기 위해서가 아니라, 소비자를 움직일 수 있는 전략을 잘 짜기 위해서라는 점을. 데이터는 삶의 파편이다. 그리고 이 데이터에서 파악해야 하는 것은 숫자 이면에 있는 진짜 소비자의 마음이다. 데이터는 곧 소비자이지만, 숫자와 소비자 사이에는 '인간'이라는 복병이 숨어 있다. 인코딩과 디코딩의 예술과도 같은 데이터 문법을 풀기 위해서는 인간의 마음을 읽어내는 공감, 통찰, 관찰, 상상 등의 직관적인 사고가 필요하다. 숫자에 대한 분석이 아니라 마음에 대한 통찰과 해석이다. 그렇기에 데이터를 잘 다루기 위해서는, 즉 데이터 리터러시를 위해서는 데이터 인문학이 필요한 것이다. 숫자를 보기 이전에 터득해야 할 것은 '사람을 이해하는 마음'이다.

세상을 해석하는 데는 다양한 방법이 존재한다. 도구는 도구일 뿐, 우리는 그것들을 사용하여 우리 주변의 현상들을 이리저리 적용해 보고 시행착오를 거쳐 가며 세상의 실체에 다가가야 한다. 이는 데이터 분석에도 통용이 되는 진리이다. 통계를 배우는 것은 그냥 방식을 습득하는 것일 뿐이다. 진짜는 그것을 활용해서 비즈니스적 문제를 어떻게 풀어 갈지 고민하고 시도할 때 일어난다.

데이터 분석가들이 이제 와서 왜 철학책을 읽어야 한다고 입을 모을까? 마치 "이제는 말할 수 있다"라고 운을 떼며, 그동안 데이터에서 제대로 된 답을 찾지 못했던 분석가의 자기 고백처럼 들린다. '우리는 무엇을 하는 회사인가?' '우리의 고객은 누구인가?' '우리는 고객에게 무엇을 제공하고 있나?' '왜 고객은 우리의 제품을 구매할까?' '고객은 우리의 제품에 과연 만족하고 있을까?'와 같은 질문에 대한 답은 질문을 던진 사람이 얼마나 고객에 대해 다양하고 깊게 생각해 보았는지에 달려 있다. 이것이 바로 AI는 할 수 없는, 오직 마케터가 풀어야 할 인문학적 문제이다.

소비자를 보기 위해서는 데이터 상상력이 필요하다

🔷 우리에게는 맥락 지능이 필요하다

우리는 삶의 여러 상황에서 낯선 이의 존재를 마주한다. 그리고 앞으로 그 사람과 함께 할 수 있을지를 판단하기 위해 그의 말과 행동을 살핀다. 말의 앞뒤가 같은지, 행동이 지속되는지 시간을 두고 살피고 또 살핀다. 그가 어떤 방식으로 생각하고 말하고 행동하는지, 내면의 진짜 의도는 무엇인지, 무엇을 지향하는 사람인지 등을 여러 방면으로 검증한다. 다시 말해, 전체적으로 어떤 인간인지, 믿을만한 인간인지를 보는 것이다. 이처럼 어떤 사람의 실체를 파악하려면 총체적인 접근이 필요하다.

사물을 총체적으로 본다는 것은 무엇을 말하는가? 사물을 총체적으로 보려면, 그것에 영향을 미치는 주변 요소와 그것들 간의 관계를 살피는 시각이 필요하다. 한마디로 어떤 대상의 실체를 알기 위해서는 그것이 전체와 어떤 관계를 맺고 있는지 맥락을 함께 살펴야 함을 뜻한다. 리더십 컨설턴트 매슈 커츠(Matthew Kutz)는 이를 '맥락 지능(Contextud Intelligence)'이라고 일컬었다. 맥락은 어떤 상황이 서로 복잡하게 얽히고 묶인 독특한 구조를 말하므로, 상황의 의미를 파악하는 데 중요한 역할을 한다. 데이터 분석에서 맥락이 중요한 이유는 그 관계성에 행동의 의도가 담겨 있기 때문이다.

실제로 데이터를 활용하는 상황을 살펴보자. 최근에 왜 '성수동'이 뜨는지 그 실체를 파악하려면 최근 성수에 갔던 사람을 붙들고 이유를 물어볼 수 있다. 하지만 이런 질문법은 적당한 대상자를 찾기 어렵다는 고충이 있다. 그래서 요즘은 소셜 데이터를 본다. 성수를 다녀온 사람들이 자신의 경험을 그들의 SNS에 올리기 때문이다. 어떤 사진, 어떤 감상들이 올라왔는지 보면 왜 성수에 가는지 느낌이 온다. 검색 데이터도 유용하다. '성수'라는 키워드를 중심으로 어떤 검색들이 이루어져 있는지를 살피면 성수에 갖는 관심들이 어디로 모이는지 알 수 있다(행동 이면의 인사이트는 구매 데이터로도 파악할 수 있지만, 보통 연관분석, 군집분석 같은 고급 통계분석을 진행해야 한다. 반면, 소셜 데이터나 검색 데이터는 편리한 대시보드가 많아 일반인들도 쉽게 분석할 수 있다는 장점이 있다).

검색 데이터로 예를 더 들어 보자. 검색 사이트에 '성수동 맛집'이라는 키워드가 입력되었다고 하자. 똑같은 검색어이지만 어떤 사람은 친구들과 성수동 투어를 위해 갈 만한 맛집을 검색했을 수 있고, 다른 사람은 외국인 관광객으로 한국의 핫플을 검색하다가 성수동 맛집을 검색했을 수도 있다. 이뿐이랴. 여자 친구와의 데이트를 위해, 직장 동료들과 성수동 팝업스토어를 탐방하기 위해, 인근 대학생들이 친구들과 동아리 모임을 하기 위해 등 실로 다양한 맥락들이 존재한다. 이처럼 같은 검색어라도 해도 사람들은 목적에 따라 의도를 가지고 행위를 남긴다는 것을 알아야 한다. 우리가 찾아야 할 것은 소비자가 데이터 안에 숨겨놓은 행동의 의도와 욕망이다.

‘의도(Intent)'란 행위자의 목적이 담겨 있는 행동의 선행 변수이다. 성수동을 검색한 누군가의 검색 패턴을 살펴보면, 놀이를 위한 검색이었는지, 관광을 위한 검색이었는지, 프로포즈를 하기 위한 검색이었는지, 현장정보 탐색을 위한 검색인지, 단합을 위한 검색이었는지 등으로 흩어진 흔적들을 연결해서 그 맥락을 파악해야 한다. 소비자 개인의 구매 상황을 살펴보더라도 맥락의 역할은 유효하다. 우리는 많은 경우 맥락에 맞춰서 소비한다. 우리가 어떤 상황, 즉 어떤 맥락에 놓이느냐에 따라, '자기 성장을 꿈꾸는 직장인으로' '살뜰한 주부로' '쿨한 엄마로' '사랑받는 아내로' '강아지를 좋아하는 애견인으로' 등 다양한 면모를 보인다. 아침, 저녁으로도 생각과 감정이 달라지고, 평일과 주말에도 구매하는 패턴이 달라진다. 심지어는 날씨와 장소에 따라서도 욕구는 들썩이며 움직인다. 같은 여행이라도 혼자 떠나는 여행, 가족과의 여행, 친구와의 여행, 애인과의 여행, 휴가로 떠나는 여행, 새로움을 찾아 떠나는 여행 등 한 사람의 일상에도 얼마나 많은 맥락들이 존재하는가.

생활 맥락 속에 숨은 소비자의 의도를 파악하여 구매를 일으키는 욕구를 창출해야 한다.

상황 (생활 맥락) > 해석 (의도 파악) > 통찰 (구매 욕구) > 예측 (구매 행동)

그렇기에 하나의 제품이라도 공간과 시간대에 따라 소구점을 달리해야 한다. 맥락이 바뀌면 의미와 니즈가 바뀌기 때문에 TPO 기반으로 시맨틱(Semantic: 정황)을 분석하기 위해 데이터가 필요한 것이다. 이처럼 데이터 분석의 목적은 다양한 분석 결과를 모으고 추적하여 고객의 숨은 마음들을 찾아내려는 것이다. 데이터로 마음을 움직이는 비법을 어떻게 알아내냐고? 소비자의 생활 맥락 속에 낱개처럼 흩어져있는 행동의 파편들을 모아 그 안에 숨겨진 행동의 의도를 발견하는 것, 이것이 핵심이다.

🔷 메타인지로 분석의 관점을 확장해라

이제 데이터의 쓰임을 한 단계 높여 보자. 지금까지 데이터로 팩트를 요약하는 데만 힘써 왔다면, 이제는 요약 이상의 가치를 탐색해야 한다. 사실 데이터는 한 번에 가치로 전환되지 않는다. 데이터는 좀 복잡하고 손이 많이 가는 놈이라 단계적으로 데이터를 가치의 수준으로 끌어올려야 한다. 다음의 그림을 보면 이러한 데이터의 변천 과정이 잘 나타나 있다.

일단, 우리가 숫자라고 칭하는 데이터를 수집하게 되면 다음의 첫번째 그림처럼 보인다. 그냥 구매 대상, 구매 제품, 구매액, 구매 장소, 구매 시간 등 낱개의 '데이터(Data)'가 모여 있을 뿐이다. 데이터

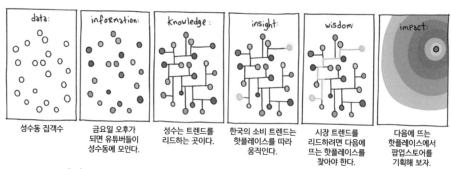

(출처: gapingvoid)

8장 소비자를 보기 위해서는 데이터 상상력이 필요하다

모음을 잘 보게 되면 우리가 '정보(Information)'로 여길 만한 것들이 보인다. 예를 들어, '금요일 오후가 되면 유튜버들이 성수동에 모인다'와 같은 것이다. 정보가 경험과 결합하면 '지식(Knowledge)'으로 한 단계 업그레이드된다. 마치 '성수는 트렌드를 리드하는 곳이다'와 같이 말이다. 지식을 한 단계 더 올려 보자. 지식에 대한 이해가 깊어져 문제 해결의 실마리를 찾으면 우리가 '인사이트(Insight)'라고 부르는 것이 된다. '한국의 소비 트렌드는 핫플레이스를 따라 움직인다' 정도가 되겠다. 인사이트를 찾았으면 문제까지 해결해 보자. 그럼 최종적으로 '지혜(Wisdom)'에 이르게 된다. '시장 트렌드를 리드하려면 다음에 뜨는 핫플레이스를 찾아야 한다.' 이런 방식으로 처음에는 연관이 없던 낱개의 데이터를 통찰이라는 눈으로 의미를 부여하고 연결할 때 비로소 인사이트와 지혜에 이르게 된다.

원래 정보는 여러 갈래로 교차하는 문맥 안에서 다면적인 의미를 내포한다. 나에게는 빌런인 사람이 누군가에게는 선한 사람이 되기도 하니까. 따라서 데이터 분석에는 '팩트'보다 '관점'이 중요하다. 그래야 데이터에서 지혜로 올라가는 길을 열 수 있다. 지혜는 실체를 넘어 좋은 해결책을 가리키는 혜안이 된다. 따라서 지혜의 단계까지 올라가려면 '전체를 보며 이렇구나'라고 깨달을 수 있는 '메타인지(metacognition)'가 필요하다.

메타인지의 중요성은 고대부터 있어 왔다. 플라톤의 동굴의 비유를 생각해 보자. 동굴에 갇혀 벽만 보면서 불빛에 비친 그림자를 세상이라고 착각하며 사는 사람이 진짜 세상을 보기 위해서는 어떻게 해야 할까? 지금까지 봤던 벽을 보는 시선을 돌려 밖을 바라봐야 한다. 그러려면 내가 지금 벽을 보고 있다는 사실을 깨달을 수 있는 전체적인 시각이 필요하다. 이처럼 진실은 더 넓은 관점 속에 있다. 그리스인들조차 '너 자신을 알라'는 글귀를 델포이 신전에 새겨 놓지 않았던가. 메타인지는 '자신이 무엇을 알고 무엇을 모르는지 파악하는 능력'이다. 메타인지를 갖게 되면, 인간이 빠지기 쉬운 편견과 익숙함을 재해석하고 객관화하여 오류의 의사결정에 빠지는 것을 막을 수 있다.

데이터를 손에 쥔 마케터가 항상 경계해야 할 것은 데이터 분석의 오류이다. 내가 분석한 결과가 전체의 어디에 해당하고 있는지를 파악하는 메타인지적 사고가 필요하다. 좀 더 넓은 시선으로 낱개의 데이터에서 벗어나 높고 넓은 숲을 보려는 마음을 가져보자. 그러기 위해서도 인간이 가진 직관과 통찰의 힘을 믿어야 한다.

"자기 자신이 아는 것에 대해 아는 것"

뭔가를 말로 설명해 보면 압니다.
듣기만 하며 지식을 집어넣는 것과 달리
말로 설명하면 내가 아는 것과 모르는 것,
필요한 것과 필요 없는 것이 생각으로 정리되는
것을 느끼죠. 메타인지 때문입니다.

(출처: 차이나는 클래스 중에서)

🔹 데이터 상상력에 대해 들어 봤는가?

우리가 데이터를 특정 부서의 일이라고 치부하게 된 것은(물론 이전에는 누구나 데이터에 접근하기도 어려웠지만) 데이터는 지극히 '분석'이라는 전문가의 손을 거쳐야 한다는 생각 때문이다. 데이터 근시안(데이터를 맹신하는 자세)에 빠지는 경우도 '데이터' 자체에서 오는 높은 허들 때문일지도 모른다. 데이터 분석을 잘못해서 오류에 빠진 의사결정을 하는 경우도 많지만, 의외로 분석을 뛰어넘는 인간의 통찰로 최선의 해결책에 도달하는 경우도 자주 본다. 가장 효율적인 의사결정은 데이터라는 무거운 도구를 쓰지 않고도 좋은 의사결정을 내리는 것이다. 우리가 데이터를 가지고 해야 하는 것은 데이터 '수집'과 '분석'이 아니라 가치 창조를 위한 '의사결정'이기 때문이다.

이는 마치 미국인 앞에서 틀린 영어를 구사할까봐 입을 떼지 못하는 것과 같다. 언어의 본래 목적은 의사소통인데도 불구하고, '영어'라는 높은 벽으로 인해 소통은 뒷전이니 말이다. 데이터 자체에 집착하게 되면 불필요한 공수에 빠지고 있음에도 이를 깨닫지 못하고 굳이 어려운 길을 가는 경우가 많다. 사실 소비자를 이해할 수 있는 뭐라도 있으면 된다. 데이터 역시 '정확성'이라는 족쇄에 잡혀 데이터의 다면적인 '확장성'이라는 또 다른 축을 놓치지 않길 바란다. 당신이

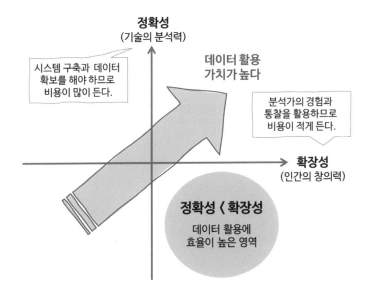

데이터 상상력에 대해 들어 봤는가?

가치 있는 데이터 분석을 하길 원한다면 말이다. 정확성과 확장성의 두 축을 모두 커버할 수 있다면 이상적이겠지만, 실은 정확성을 높이기 위해 들이는 공수보다 확장성에 힘을 써서 의미 있는 결과를 도출하는 것이 훨씬 더 효율적이다.

지금까지 빅데이터 프로젝트 중에 성공으로 이어진 사례가 많지 않은 걸 보면 '정확성'이 다가 아님을 알 수 있다. 그동안 데이터라는 주제를 사이언티스트들이 점령해 왔기 때문에 데이터 분석에서 확장성을 가능하게 하는 인간의 '창의력'은 터부시되어 왔다. 데이터 분석의 목적이 '비즈니스 가치를 창출하기 위한 의사결정 도구'라는 점에 빗대어 본다면, 그리고 데이터 산업에 사람보다 더 뛰어난 AI가 진입하고 있다는 점을 염두에 둔다면, 앞으로 데이터 산업에서 창의력은 점점 더 중요한 역량이 될 것이다.

그렇다면 데이터 분석에 요구되는 창의력이란 무엇일까? 창의력은 인간만이 가지고 있는 미지의 영역이므로 한마디로 정의하긴 어렵다. 우리가 창의력을 천재들의 전유물로 여기는 것은 창의력을 하늘에서 뚝 떨어진 신기한 무엇으로 보기 때문이다. 하지만 창의력의 핵심을 깨닫는다면 누구나 창의적으로 사고할 수 있게 된다. 창의력에 이르는 길을 콕 집어 말하자면 연결이다. 그냥 연결이 아닌 '낯선 것과의 연결'이다. AI는 알고리즘에 의한 연결에 능하지만, 인간은 의외의 연결에 강하다. 낯선 연결을 통해 기존에 없던 새로운 생각이나 아이디어에 이르게 되니, 상식과 고정관념을 탈피한 혁신에 다다르게 된다. 이질적인 연결이 이어지면 새로운 맥락이 형성된다. 기존의 맥락에서 벗어났기 때문에 사물을 다른 관점으로 볼 수 있고, 사물의 원래 목적 이외 것을 생각할 수 있게 된다. 이것이 바로 남들과 다른 각도로 문제를 보는 안목, 즉 창의력이 발휘되는 실체이다.

8장 소비자를 보기 위해서는 데이터 상상력이 필요하다

모든 혁신이 여기서부터 나온다. 어린이뿐만 아니라 키덜트의 최애템으로 사랑받는 레고(Lego)를 보자. 그들이 장난감을 보는 시선은 남달랐다. 그들은 장난감은 '단순히 놀이의 도구'이므로 '완성된 장난감을 만들어야 한다'는 상식을 버리고, '블록을 자유롭게 조립하고 변형'하면서 '상상력을 자극하는 도구'로 바라보며 지금의 위상에 이르렀다. 에어비앤비(Airbnb)도 마찬가지이다. 그들 역시 '숙박업을 하려면 집이 있어야 한다'는 상식에 사로잡히지 않았다. 오히려 현지인의 주거 공간을 여행객에게 임대할 수 있는 온라인 플랫폼을 만들어서 '현지 체험 여행'이라는 새로운 카테고리를 열었다. 이처럼 데이터 분석을 통해 비즈니스 혁신을 꿈꾸거나 남다른 캠페인으로 우리 브랜드만의 이야기를 들려 주고 싶다면 데이터에 근간한 상상력을 발휘할 수 있어야 한다.

　그렇다고 이런 창의력이 엉뚱한 생각 자체에서만 나온다고 생각하지는 말자. 창의력이 발휘되려면 의외로 분석적 사고가 필요하다. 많은 인지과학자가 창의력이 발휘되기 위해 기본 인지 능력이 있어야 한다고 주장한다. 어느 정도의 IQ는 필요하겠지만, 반드시 창의력이 높은 IQ와 정적 상관관계에 있는 것은 딱히 아니다. 다른 것을 만들어 내려면 일단 무엇이 같은 것인지, 어떤 기준으로 같은 것인지를 명확히 판단할 수 있어야 한다. 이처럼 창의력의 반쪽 얼굴에는 분석력이 자리한다. 이제는 분석력이냐 창의력이냐는 이분법 논리에 빠질 필요가 없어졌다. 분석력도 창의력도 모두 사람의 마음을 읽어서 숫자를 가치로 만들기 위한 혁신의 토대이기 때문이다. 자, 다시 강조하겠다. 데이터 분석의 목적은 숫자로부터 사람의 마음을 통찰해서 가치를 만드는 것이며, 고객의 욕구를 충족시키는 가치 혁신을 위해서는 분석에 기반한 데이터 상상력이 반드시 필요하다는 것을.

제3부

호모 데이터쿠스의
데이터 능력

제9장

호모 데이터쿠스의 5가지 데이터 능력

지금부터는 데이터 시대를 대비하기 위해 호모 데이터쿠스가 갖춰야 할 데이터 능력에 대해 이야기하겠다. 아니, 호모 데이터쿠스라고 거창하게 말하지 않더라도 데이터에 근거해서 우리 브랜드의 가치를 만들고 싶은 사람들을 위한 이야기로 들어 주길 바란다.

궁극적으로 우리가 하고 싶은 것은 '문제의 답을 찾는 것', 즉 데이터에서 얻은 인사이트로 우리 비즈니스에 도움이 될 만한 솔루션을 찾는 것이다. 대부분의 답은 문제 안에 포함되어 있는 경우가 많다. '왜 우리 브랜드를 사지 않을까?'처럼 문제 자체가 목표를 품고 있기 때문이다. 문제를 잘 뒤집으면 답이 된다. 문제만 잘 이해해도 70~80%는 해결로 나아가는 실마리를 찾을 수 있다. 단, 여기서의 문제는 '진짜 문제'이다. 진실은 늘 겉으로 드러난 현상 아래에 잠자고 있으므로, 핵심은 진실을 가리고 있는 현상들을 걷어내는 일이다. 따라서 우리의 일은 데이터를 활용하여 상황을 제대로 이해하고, 표면의 현상에 덮어져서 눈에 보이지 않는 인사이트를 찾아 이를 솔루션으로 만드는 것이다.

문제는 '어떻게'이다. 인사이트를 찾아 솔루션으로 만드는 과정은

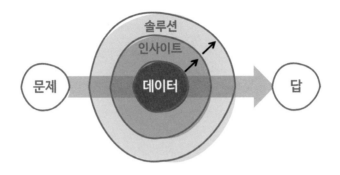

결코 쉬운 일이 아니다. 데이터를 가지고 무작정 결과를 뽑아내는 단순 업무가 아니기 때문이다. 이를 위해서는 다음의 '5가지 데이터 사고력'이 필요하다. 이것을 다음과 같은 그림으로 도식화해 보았다. 일단 분석 기획을 하기 위한 '목적적 사고', 데이터를 다룰 수 있는 '분석적 사고', 데이터에서 의미를 파악하는 '통찰적 사고', 의미를 아이디어로 바꾸는 '컨셉적 사고', 아이디어를 가지고 전략을 제안하는 '문제 해결적 사고'의 고난도의 스킬이 있어야 데이터가 가치로 전환된다. 앞으로는 데이터에 기반한 마케팅 의사결정이 보편화될 테니, 5가지 사고력은 데이터 마케터라면 탑재해야 할 필수 역량이 될 것이다.

　도식에서 눈여겨 봐야 할 점은 좌측에는 '분석적 사고'를, 우측에는 '통찰적 사고'를 배치했다는 것이다. 데이터를 제대로 활용하기 위해서는 논리와 이성의 '이과 영역'과 직관과 감성의 '문과 영역'이 함께 작동해야 하기 때문이다. 여기서 '분석적 사고'는 AI로 대체되기 쉬운 영역이므로, 앞으로는 데이터 기반의 '통찰적 사고'가 차별적 역량을 갖추는 중요한 요인으로 떠오를 것이다. 데이터 분석을 위한 도구(tool)는 점점 더 쉬워질 것이므로, 인간의 직관과 감성의 역할이 주목받는 것과 같은 흐름이다.

　데이터 활용에 필요한 데이터 사고력을 살펴봤으니, 이제 본격적

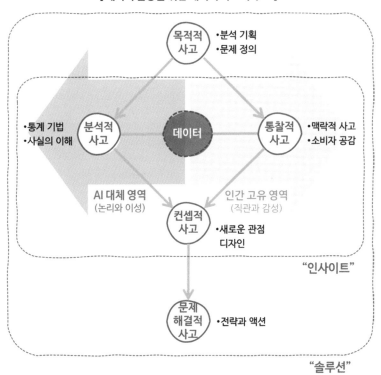

[데이터 활용을 위한 데이터 사고력 구조]

목적적 사고
•분석 기획
•문제 정의

분석적 사고
•통계 기법
•사실의 이해

데이터

통찰적 사고
•맥락적 사고
•소비자 공감

AI 대체 영역
(논리와 이성)

인간 고유 영역
(직관과 감성)

컨셉적 사고
•새로운 관점
 디자인

"인사이트"

문제 해결적 사고
•전략과 액션

"솔루션"

으로 데이터 마케팅을 하기 위해 필요한 '5가지 데이터 능력'에 대해 이야기하겠다. 이렇게 빗대어 보는 게 쉽겠다. 당신이 '오래달리기'를 잘하고 싶은 사람이라고 하자. 오래달리기 위해서는 '오래' 뛰는 것이 관건이라고 하겠지만, 오래 뛰기 위해서는 '근력' '지구력' '유연성' '균형감' 등의 신체 능력이 필요하다. 그래서 근력을 높이기 위한 훈련, 마찬가지로 지구력과 유연성과 균형감을 높이기 위한 훈련 등을 통해 오래 뛸 수 있는 역량을 갖춰야 한다. 오래달리기를 하기에 앞서 이런 신체 능력들에 대한 훈련부터 수행되어야 한다. 데이터 마케터가 되기 위한 과정도 이와 같다.

올바른 데이터 활용을 위해서는 '데이터 기획력' '데이터 선별력' '데이터 분석력' '데이터 문해력' '데이터 창의력'의 5가지 데이터 능력이 필요하다. 아래 도식은 데이터 활용 프로세스에 따라 각 데이터 능력을 배치한 것이다. 각 능력이 특정 단계에만 국한된 것은 아니나, 데이터 활용이 절차를 밟고 이루어지는 만큼 단계별로 가장 중요하다고 여겨지는 핵심 역량을 매칭하였다. 이 5가지 역량을 갖추게 되면 호모 데이터쿠스로서 기본은 다져진 셈이다. 그럼, 하나씩 살펴보자.

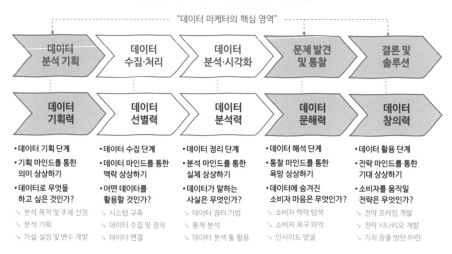

호모 데이터쿠스의 제1 능력은 '데이터 기획력'이다. 데이터 기획력은 데이터를 마케팅의 소재로 활용할 수 있도록 설계하는 능력이다. 이것은 기획 마인드를 가지고 데이터에 담긴 의미를 상상하며 '데이터로 무엇을 하고 싶은 것인지'의 밑그림을 그리는 능력이다. 이는 데이터 분석 기획 단계에서 발휘되어야 하는 것으로, 분석 기획 단계에서는 분석 목적, 분석 주제 선정, 분석 기획, 가설 설정, 변수 개

발을 고안해 보며 필요한 데이터 항목을 준비할 수 있어야 한다.

호모 데이터쿠스의 제2 능력은 '데이터 선별력'이다. 이는 데이터 수집 단계에 필요한 능력으로, 데이터의 구조와 저장 시스템을 이해할 수 있는 역량이다. 데이터 수집 단계에서는 데이터의 성질과 분석 목적에 맞게 데이터 맥락을 상상하여 '어떤 데이터를 활용할 것인지'에 대한 의사결정을 해야 한다. 이때, 시스템 구축, 데이터 수집 및 정제, 데이터 연결 등에 관한 이슈를 처리한다.

호모 데이터쿠스의 제3 능력은 '데이터 분석력'이다. 이는 데이터 정리 단계에 필요한 능력으로, 소위 데이터 분석이라고 하는 업무에서 주로 발휘된다. 데이터 분석에 대한 지식과 기술이 있어야 할 뿐 아니라, 분석 결과를 통해 실체를 상상하는 감각까지 갖춰야 한다. 분석 단계에서 포커스 해야 할 질문은 '데이터가 말하는 사실은 무엇인가'이다. 분석의 목적은 데이터를 통해 실체를 파악하고 정보를 산출하는 것이기 때문이다. 분석자가 다양한 분석 툴을 다룰 수 있으면 오류를 줄이고 실체에 다가갈 수 있는 입체적인 분석이 가능해진다. 분석 툴이 점차 쉬워지고 있는 만큼, 이 책에서는 현재 검색엔진 최적화(Search Engine Optimization: SEO)와 콘텐츠 기획에 유용하게 활용되는 검색 데이터 분석 툴에 대해 자세히 소개할 예정이다.

호모 데이터쿠스의 제4 능력은 '데이터 문해력'이다. 실체가 파악되었으면 이제는 해석의 단계로 넘어가야 한다. 이때는 기술보다 인간의 통찰력이 중요한 스킬이 된다. 이는 현상 이면의 소비자 욕망을 상상하는 안목을 말한다. 이 단계의 목표는 '데이터에 숨겨진 소비자 마음'을 찾아, 진정한 문제를 통찰해 내는 것이다. 데이터가 담고 있는 의미를 파악하고 소비자를 움직일 인사이트를 탐색해야 하므로, 우리가 '데이터 리터러시(Data Literacy)'라고 말하는 역량이 이에 해당한다. 마케터는 이 단계에서 소비자 욕구와 대면해야 하고, 문제를 풀 수 있는 숨겨진 인사이트를 발견하여 해결책을 찾는 아이데이션(Ideation)의 토대를 마련해야 한다. 이때는 소비자의 마음을 읽는 방법과 욕망을 추출할 수 있는 기법이 동원된다.

호모 데이터쿠스의 제5 능력은 '데이터 창의력'이다. 이는 데이터를 활용하여 비즈니스 가치로 전환하는 마지막 단계에서 발산되는 능력이다. 데이터를 기반으로 전략 수립을 고안해야 하므로, '소비자를 움직일 전략은 무엇인가'로 고민의 방향이 모아진다. 마케터는 데이터를 기반으로 우리 브랜드에 맞는 전략 프레임과 전략 시나리오 개발하여 가치 창출을 위한 방안을 마련해야 한다. 마케팅 상황이 급변하고 업계 간 경계가 사라지고 있으므로, 시장의 난관을 뚫고 나갈 우리 브랜드만의 전략은 창의적일 수밖에 없다.

1장에서 이미 데이터 전문가의 스펙트럼이 상당히 넓다고 밝힌 바 있다. 모든 역량을 커버하기에 어려움이 있으므로, 이 책에서는 데이터의 구축, 수집, 분석보다 활용에 집중되어 있는 일반 마케터를 위한 지침을 다루었다. 따라서, 기술적이거나 통계적인 지식과 방법론들은 더 전문적인 책을 참고하길 바란다. 이 책은 데이터 마케팅에 관심이 있거나, 데이터를 어떻게 활용하는 게 좋을지 고민이 많은 데이터 관련자에게 좋은 가이드가 되길 바라는 마음으로 작성한 것이다.

너무나 복잡하게 연결된 세상에서 하나의 몸짓이 어떤 나비효과를 불러올지 알 수 없으므로 미래를 예측한다는 것 자체가 무모한 도전일 수 있다. 인간의 예측은 실험실 안에서만 진리로 통용되므로, 이제는 기본 매뉴얼을 장착한 채 현장에서 실시간 실험과 검증을 반복하면서 미래에 대응해 가야 한다. 우리가 '이론'이 아닌 '데이터'에 의지하는 것도 좀 더 현실적이고 효과적인 대응을 하기 위해서다. 마케터도 이에 준하는 새로운 역량, 즉 데이터를 제6의 감각으로 삼고 새로운 방식으로 시장을 리드해 나갈 수 있어야 한다.

기계가 인간의 지능을 넘보는 인공지능의 시대, 단언컨대 이제 마케터에게 필요한 것은 데이터를 기반으로 한 인간의 '상상력'이다. 저자가 이 책을 쓰게 된 이유도 데이터에서 맥락을 파악하는 상상력, 소비자의 욕망을 이해하는 상상력, 전략 시나리오를 펼쳐내는 상상력이 있어야 21시대 원유라고 하는 데이터를 제대로 쓸 수 있다는 생각에서이다. 자, 그럼 지금부터 5가지 데이터 능력의 세계로 들어가 보자.

제10장

호모 데이터쿠스의 제1 능력: 데이터 기획력

"잘 정의된 문제는 이미 반쯤 풀린 것이다."

하버드 대학 심리학 교수 윌리엄 제임스(William James)

🔹 데이터 분석에도 기획이 필요하다

데이터 분석을 한다는 것은

빅데이터 분석가들이 웃자고 보는 그림이 있다. 다음 12개의 이미지 컷인데, 왼쪽 상단에 있던 이미지가 오른쪽 하단으로 옮겨 가면서 실체가 바뀌는 모양새를 보인다. 원래는 '그네'였던 것이 마지막에는 '타이어'로 바뀌었다. 그림을 보면, 예전 가족오락관의 '이어말하기 게임(참가자들이 헤드폰을 착용하고 소리가 차단된 상태에서 입 모양만으로 단어를 파악해서 옆 사람에게 전달하는 게임)'이 연상된다. 단순한 놀이가 아니라 실제 데이터 부서들에서 일어나는 현상이다. 각 부서를 거치는 과정에서 다양한 데이터 오류들이 더해지게 되는데,

빅데이터 동상이몽

고객이 설명한 것 / 프로젝트 리더가 이해한 것 / 영업에서 설명하는것 / 시스템 분석가의 설계 / 프로그래머의 코드 / 프로젝트의 문서

설치된 것 / 동작하는 것 / 지원받은 것 / 광고에서 보이는 것 / 고객이 지불한 것 / 고객이 정말 필요로 했던 것

(출처: 한국데이터산업진흥원)

최종 결과는 실체와 거리가 먼 팩트(?)가 보고되며 프로젝트가 종료된다. 그림이 풍자하는 빅데이터 '동상이몽'은 책임자들을 곤란하게 만드는 어려움 중 하나이다.

분석의 현장에서는 이런 일이 비일비재하다. 문제는 분석가조차 이런 오류에 빠져 있다는 것을 모른다는 것이다. 왜 이런 오류들이 생길까? 바로 과업을 제대로 이해하지 않고, 주어진 분석 업무만 바라보는 지협적인 자세와 데이터 업무 프로세스 때문이다. 이런 문제를 방지하기 위해서라도, 데이터 분석에 대한 개념부터 제대로 숙지할 필요가 있다. 빅데이터 분석이란 한마디로 구슬을 꿰어 목걸이를 만드는 의미 있는 연결 작업이다. 즉, 빅데이터 분석이란 '대량의 데이터 속에서 유의미한 정보와 인사이트를 찾아내기 위해 의미 있는 것끼리 연결'시키는 일을 말한다. 이렇게 데이터에서 의미 있는 패턴을 발굴한 후에, 이를 바탕으로 미래를 대비할 의사결정을 내리는 것이 빅데이터 분석의 목적이다.

'목걸이'라는 목표 없이 낱개의 구슬만 꿰게 되면 방향이 흩어지고, 불필요한 일까지 수행해야 하며, 종국에는 무엇인지 모를 실에 꿰어진 구슬들만 남을 뿐이다. 요리를 할 때도 재료가 있다고 먼저 썰고 볶으면 안 되듯이, 제대로 된 요리를 하려면 일단 설계도부터 있어야 한다. 누가 먹을 요리인지, 얼마의 양으로 준비해야 하는지, 어떤 스타일로 만들 것인지부터 고민해야 제대로 된 음식이 나온다. 이처럼 데이터를 잘 활용하려면 많은 양의 데이터를 모으고 분석할 수 있는 능력보다, 어디에 어떻게 써야 하는지를 아는 능력이 훨씬 더 중요하다.

우리는 누군가가 '이것은 통계분석의 결과'라고 말하면 그냥 믿어야 할 것 같은 압박을 느낀다. 앞서 언급한 것처럼 데이터 분석의 기본 원리는 '변수들간의 관계성'을 알려 주는 것 외에 아무것도 아니다. 엄밀히 말하면 원인—결과를 기저에 둔 현상의 실체를 알 수 있는 논리가 데이터 분석 자체에는 없다. 변수들 사이에서의 인과관계를 찾아내는 것은 결국 시간의 선후관계를 따지고, 데이터의 맥락 정보를 해석하고, 함께 움직이는 변수들을 추론하면서 사람이 읽어내야 하는 것이다. 데이터 분석의 결과가 말해 주는 '패턴'을 사람의 인지 능력으로 '예측'이라고 읽는 것일 뿐이다. 그렇기에 눈앞에 놓인 현실의 문제를 통찰하는 것은 무엇보다 중요하다. 더불어 이를 마케팅 관점으로 볼 수 있는 안목 역시 반드시 필요하다.

지협적인 데이터 분석의 문제를 해결하기 위해 발전한 것이 '마케팅 애널리틱스(Marketing Analytics)'이다. 마케팅 애널리틱스는 '비즈니스의 당면 이슈를 데이터의 통계적·수학적 분석을 이용하여 해결하는 의사결정의 방법론'이다. 보통 애널리틱스를 데이터 마이닝(Data Mining)과 착각하는 경우가 있는데, 애널리틱스는 비즈니스 의사결정에 필요한 문제를 먼저 정의하고 이후 데이터 수집·결합·분석한다는 점에서 데이터 마이닝과는 접근이 다르다. 데이터 자체는 목적을 가지고 있지 않으니, 마케터가 목적적 사고를 가지고 분석을 위한 질문부터 던져야 한다. 아래 박스의 질문들을 보면 그 차이가 이해될 것이다.

데이터 마이닝		데이터 애널리틱스
• 우리가 어떤 데이터를 가지고 있나요? • 그 데이터로 무엇을 할 수 있나요? • 어떤 툴·인프라를 활용해야 하나요? • 얼마의 비용이 필요한가요? • 어떤 인력을 충원해야 하나요?	**vs.**	• 고객이 원하는 궁극적인 가치는? • 데이터를 어떻게 가치로 전환할 수 있나요? • 데이터로 얼마의 수익을 창출할 수 있나요? • 데이터 구축/분석에 얼마의 비용과 시간이 드나요?

데이터 마케팅에 꼭 필요한 것은 숫자에 매몰되지 않고 '목적에 맞는 문제를 정의해 분석 범위를 잡고, 이에 필요한 데이터를 디자인할 수 있는지'의 역량이다. 여기서 말하는 '디자인'이란 목적을 명확히 하고 제대로 된 문제를 도출하는 것, 이를 위해 필요한 데이터와 지표를 설정하는 것, 그리고 그 데이터를 효과적으로 분석하기 위한 설계안을 작성하는 것을 말한다. 그런 차원에서 훌륭한 데이터 분석가는 훌륭한 데이터 디자이너가 되어야 한다.

데이터 분석에 앞서 과제부터 도출해라

기획의 중요성에 대해 언급한 천재 물리학자 아인슈타인의 유명한 일화가 있다. "나는 한 시간이 주어지면, 55분 동안 플래닝

(Planning)을 하고, 5분 동안 솔루션(Solution)을 찾는다." 세계 최고의 IQ(무려 228이라고 한다)를 가진 아인슈타인조차 기획에 이처럼 공을 들였는데, 우리가 무슨 재주로 기획도 없이 데이터를 분석한단 말인가. 분석 기획은 우리가 이 짓(?)을 왜 하고 있는지 알게 해 주는 아주 중요한 일이다. 방향이 있어야 제대로 나아갈 수 있다. 그렇다고 '기획'이 '계획'을 말하는 것은 아니다. 기획은 왜(why) 할 것인가, 무엇을(what) 할 것인가를 결정하는 것이지만, 계획은 어떻게(how) 할 것인가를 결정하는 일이기 때문이다. 데이터 활용의 맨 처음 단계에서 아인슈타인은 어떤 플래닝을 했을까? 만일 그가 데이터 분석가였다면 아마도 데이터부터 모으기 전에, '어떤 목표를 이루기 위해 무엇을 분석할 것인가'부터 생각했을 것이다.

문제를 풀려면 과제가 있어야 한다. 따라서, 분석 기획 시 가장 먼저 준비해야 할 일은 분석을 수행할 '과제의 정의'이다. 분석 과제는 '분석 대상(what)'과 '분석 방법(how)'에 따라서 크게 4가지 유형으로 나뉜다. 분석 난이도를 고려하자면, 분석 과제의 유형은 발견(Discovery) → 통찰(Insight) → 최적화(Optimization) → 솔루션(Solution) 순으로 고도화된다. 일단 문제의 요인이 무엇인지 제대로 발견할 수 있어야 단순한 현상 파악에 그치지 않고 솔루션으로 나아가는 첫 문을 열 수 있다. 각 분석 과제는 분석 대상이 있는지, 분석 방식이 규정되어 있는지에 따라 다른 성향을 보인다. '통찰'과 '발견'은 분석 대상이 정해진 경우보다 상황 전체를 살피는 경우에 해당한다. 반면, '최적화'나 '솔루션'은 타깃이나 제품이 명확해야 풀 수 있는 과제이다. 또한, '통찰'과 '최적화'는 어느 정도 정해진 틀 안에서 분석을 정교화해야 하나, '발견'이나 '솔루션'은 분석 방식이 특정되어 있지 않아서 창의적인 생각으로 분석을 진행해야 하는 특성이 있다.

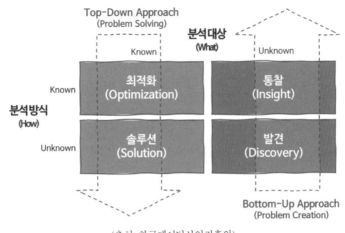

(출처: 한국데이터산업진흥원)

이처럼 데이터를 분석한다는 것은 '전체'를 보는 시야와 '부분'을 정교화하는 섬세함을 동시에 요구한다. 따라서, 연구 과제를 잘 발굴하기 위해서는 두 가지의 상반된 분석적 사고가 발휘되어야 한다. 하나는 기존 이론 또는 전제에 근거하여 결론을 끌어내는 '연역적 추리(Deductive Reasoning)'이고, 다른 하나는 개개의 현상을 종합해서 일반적인 결론을 끌어내는 '귀납적 추리(Inductive Reasoning)'이다. 이두 가지 상반된 추리는 우리가 세상을 이해하는 데 있어 대부분 사용되는 사고체계이다. 사실 기존 지식을 토대로 현상을 이해하는 연역식 방식이나, 현상을 감각적으로 지각하고 이를 종합하여 나름의 이론을 만들어가는 귀납식 방식은 MBTI의 'F냐 T냐'처럼 상반된 성향을 보인다. 인간이 만든 지식 체계는 이 두 가지의 종합판이라고 할 수 있지만, 이들은 정반대로 작동하기 때문에 두 방식을 모두 잘 다루기란 쉽지 않은 일이다.

연역적 추리와 귀납적 추리는 데이터 분석을 가능하게 하는 상반된 접근에서 출발하였다. 먼저, '하향식 접근(Top-down Approach)'

은 주로 서베이(Survey) 방식에서 많이 활용되는데, 선행적으로 문제 해결 시나리오를 먼저 정의하고 이에 적합한 데이터 및 분석 기법을 찾아서 활용하는 접근을 취한다. 그동안 마케터들이 주로 사용해 왔던 방식이 하향식 접근이었다. 이와 반대로 다양한 데이터를 수집하고 통합해서 의미 있는 패턴을 찾아내는 '상향식 접근(Bottom-up Approach)'은 빅데이터에 대한 수요가 높아지면서 부각되고 있는 방식이다. 하향식 접근은 사전에 분석 프레임이 설정되어 있어서 상식 이상의 결과를 도출하는 데는 다소 제한적이지만, 상향식 접근은 데이터 자체에서 의미 파악을 해 가며 구조를 만들어 가기 때문에 새로운 시각으로 문제를 풀어 나가는 데 유리한 편이다.

중요한 것은 '무엇을 분석할 것인가'이다

데이터를 활용하면서 누구나 저지르는 실수가 있다. 데이터 분석을 1차로 하고 나면 그 결과에서 바로 해결 방안을 찾으려고 하는 것이다. '비오는 날 배달 서비스가 증가한다'는 결과에 '비가 오면 배달 광고를 늘리자'는 결론에 그치는 것처럼 말이다(물론 이런 전략이 효과가 있을 수 있지만, 이런 결론을 도출할 거였으면 굳이 데이터 분석을 할 필요도 없다). 만약 데이터를 통해 단순히 현황 파악에 그치고 있다면, 그것은 데이터 '분석'이 아니라 데이터 '요약'일 뿐이다. 데이터 요약에 그치지 않고, 목적을 달성하기 위한 분석을 하려면 분석 주제를 잘 선정하는 능력이 필요하다. 좋은 시험문제에는 출제한 사람의 의도와 수준이 담겨 있는 것처럼, 가치 있는 데이터 분석에도 의미 있는 분석 주제를 선정할 줄 아는 안목이 담겨 있다. 아인슈타인이 보통의 과학자와 다른 결과를 내는 것도 분석 주제를 뽑는 안목이 남달랐기 때문이다. 보통 '빅데이터로 무엇을 분석할 것인가' '어떤 효용을 얻을 것인가'에 대한 고민이 이때 일어난다.

분석 주제를 선정할 때 염두에 두어야 할 것이 있다. 첫째, 분석 주제는 반드시 비즈니스 문제에서 찾아야 한다. 당신이 사장이라고 가정해 보자. 하반기 비즈니스 방향을 설정하기 위해 각 부서장들을 불러 놓고 무엇이 문제인지, 어떤 해결 방안을 고안해야 하는지, 그 해결 방안을 찾기 위해 우리가 무엇부터 점검해야 할지를 물어볼 것이다. 소비자들이 우리 브랜드를 알고는 있는지, 우리 제품에 대해 어떻게 인식하는지, 과연 우리 제품이 시장성이 있는지, 우리의 마케팅이 효과는 있는지, 어떤 종류의 콘텐츠가 타깃에게 반향을 일으키는지, 앞으로 얼마의 예산을 더 써야 할지 등 말이다. 분석을 위한 분석을 하지 말라는 이야기이다. 분석 주제를 선정하려면 비즈니스 테마에 대해 심층적인 이해가 있어야 한다.

둘째, '무엇을'분석할 건지 결정하는 단계에서 함께 고민해야 할 것이 있다. 무엇을 '어디까지'분석할 것이냐의 결정이다. 어디까지냐를 고민하는 안목이 분석의 퀄리티를 결정한다. 우리가 데이터를 활용하려는 목적이 무엇인가? 두말할 것 없이 '문제'의 '해결'이다. 아래 그림을 보라. 문제가 바로 해결되던가? 아니다. 항상 그 사이에는 블랙박스가 존재한다.

블랙박스에는 어떤 것이 놓여야 할까? 바로 문제를 일으킨 장본인이다. 이것은 문제의 시발점, 즉 문제의 '원인'이다. 문제가 있다는

것을 알게 되고 나면, 그 원인을 찾아야 문제가 해결로 갈 수 있다. 좋은 마케터는 피상적인 문제에 머물지 않고 진짜 문제(원인)를 찾아서 이를 해결하는 식으로 일한다. 따라서, 우리도 진짜 문제를 찾는 데 데이터를 활용할 수 있어야 한다.

이때, 원인은 한 가지가 아니라 여럿일 수 있다. 심지어는 여러 가지 원인이 실타래처럼 엉켜서 복잡한 관계성으로 존재하는 경우도 많다. 우리 브랜드의 '판매실적이 저조'해서 살펴보니 '고객 이탈'이 눈에 띄게 나타나고 있다고 가정해 보자. 고객이 이탈이 생기는 진짜 이유는 무엇일까? 보통 고객이 떠나는 이유를 '제품 품질에 불만족'해서라고 생각하기 쉽겠지만, 의외로 코로나로 인해 '고객의 취향이 변했거나' '경쟁 브랜드가 획기적인 프로모션을 걸었거나' '우리 브랜드가 SNS에서 혹평을 받고 있기' 때문일지도 모른다. 이처럼 진짜 원인과 주변 원인을 변별해 나려면 무엇이 진짜 원인인지를 탐색할

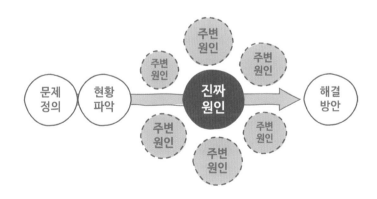

수 있는 가설 점검의 눈이 있어야 한다. 지금 진행하고 있는 마케팅이 좀처럼 성과를 내지 못한다면, 중간에 어떤 방해물이 존재하는지 꼼꼼히 살펴야 한다. 항상 의심하는 자세로 현상을 바라봐야 숨어 있는 진짜 원인을 놓치지 않게 된다.

문제를 발견하는 목적적 사고

마케터는 현장에서 자주 데이터를 접한다. 그 데이터들은 마치 소비자에 대한 실체를 알려 주는 것 같지만, 사실 데이터 자체는 중립적이기 때문에 다양한 해석의 여지를 품고 있다. 그래서 데이터를 핸들링하려고 할 때는 반드시 목적 지향적 사고를 해야 한다. 일단 데이터 분석을 하려면 우리가 무엇을 하려는 지에 집중해서, 진짜 문제를 파악하려는 촉을 발휘해야 한다. 자칫하면 부표 없이 망망대해를 떠돌 수도 있으니, '목적'을 분석의 방향키로 항상 쥐고 있어야 한다.

이를 마케팅의 본질에서 생각해 보자. 마케팅은 소비자에게 가치를 제공해서 이를 기업의 수익으로 교환하는 일이다. 소비자가 원하는 것을 내가 가지고 있어야 거래를 성사시킬 수 있는 것처럼, 마케터의 시선은 항상 소비자의 욕구에 맞춰져 있어야 한다. 낸들 알 수 없는 소비자의 마음을 알 수 있는 방법은 데이터밖에 없다. 데이터가 넘쳐나는 시대의 마케팅은 데이터를 활용해서 미래를 예측하고 시장을 관리하여 기업의 목표를 달성하는 것에 초점을 맞춘다. 그렇기에 데이터 활용은 기본적으로 마케팅의 본질에 주파수를 맞추고 진행되어야 한다.

데이터가 마케팅과 주파수를 맞춰야 한다는 말은 무슨 뜻인가? 마케팅의 본질이 고객 창출인 만큼 데이터 분석의 목적 역시 궁극으로는 고객 창출에 맞춰야 한다. 소비자가 언제 돈을 쓰는지, 어디에 쓰는지, 왜 쓰는지 등을 알아야 우리 제품에 지갑을 열게 할 수 있는 만큼, 결국 데이터 분석이 지향해야 하는 방향은 행동 이면에 숨어있는 소비자의 필요와 욕구를 알아채는 것이다. 소비자가 지갑을 여는 동기와 욕구, 인지와 필요를 알게 된다면 그것을 수요로 만드는 것은 마케터의 몫이다.

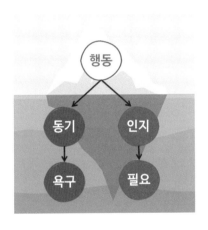

이런 맥락에서 '마케팅 경영'은 곧 '마음 경영'과 같다. '마음'은 '기술'보다 언제나 우선이다. 고객의 마음에 우리 브랜드가 얼마나 포지셔닝 되는지를 헤아리는 것이 그래서 중요하다. 마케터들이 '마켓 쉐어(Market Share)'만이 아니라 '마인드 쉐어(Mind Share)'에도 관심을 갖는 이유이다. 사실 경영학은 사례의 학문이어서 성공 공식이 없다. 돈을 버는 잔기술이 있을지는 몰라도 고객의 가치를 만들어내는 데 공식이 있을 리 만무하다. 그저 데이터에 기댈 뿐이다. 데이터를 분석하는 자세도 더 복잡하고 화려한 분석에서 출발하는 것이 아니라, 숫자에 담긴 소비자의 마음과 행동을 읽는 사람의 마음에서 출발해야 한다.

솔루션을 찾기 위한 가설적 사고

데이터 분석을 한답시고 숫자를 뚫어지게 바라보는 사람이 할 수 있는 최선은 데이터를 잘 정리해서 '이것이 현실'이라고 기술하는 것이다. 하지만 눈을 조금 들어 데이터 분석의 목적을 고민하는 사람이라면 결과를 넘어 결론을 제시한다. 데이터가 수단임을 늘 명시하고 있기 때문이다. 이처럼 데이터를 활용하는 것은 '결과'가 아니라 '결론'을 도출하기 위해서이다. 결과와 결론은 비슷해 보이지만 완전히 다른 말이다. 데이터 분석의 결과는 잘 정리된 계산식과 데이터들 사이의 구조를 분석해 낸 요약물에 불과하다. 하지만, 결론은 데이터 활용의 목적을 살려 숫자에 의미를 부여하고, 우리가 나아가야 할 방향에 대한 의사결정의 근거를 담고 있다.

우리가 데이터를 잘 활용하려면 결과를 넘은 결론을 도출할 수 있어야 한다. 그래야 우리가 쓴 돈과 시간이 아깝지 않게 된다. 결과를 넘어 결론에 이르려면 두 가지에 대한 이해를 갖춰야 한다. 하나는 데이터 이면의 소비자를 읽을 수 있는 '데이터 맥락'에 대한 이해이고, 다른 하나는 마케팅의 전략적 의도를 알아서 데이터를 활용할 수 있

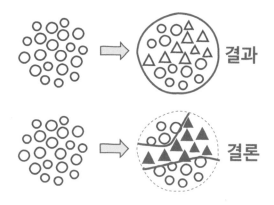

는 '마케팅 전략'에 대한 이해이다. 이것이 마케팅 애널리틱스가 지향하는 바이기도 하다.

그렇다면 어떻게 데이터로부터 결론에 도출하는 길을 갈 수 있을까? 우리의 목표는 문제의 해결이라는 지침을 품고, 가능성이 보이는 대안들을 데이터로 검증해 보는 가설적 사고가 뒷받침되어야 한다. 문제를 일으키는 것으로 의심이 되는 원인들이 발견되었다면, 이것을 데이터로 확인하는 단계가 있어야 하는 것이다. 우리가 데이터 분석을 하기에 앞서 가설을 수립하고 검증하는 이유가 여기에 있다. 결과만 보여 주는 데이터는 활용 가치가 떨어진다. 결론을 내기 위해서는 좋은 추론을 뒷받침하는 가설적 사고를 동원해야 한다.

사실 가설적 사고는 낯선 것이 아니다. 우리의 일상은 많은 가설적 사고로 돌아간다. 마음속에 의심이 생기면 그 의심 자체가 가설이다. 경찰이 범인의 절도를 의심하는 것도, 아내가 남편의 외도를 의심하는 것도 모두 가설적 사고에 해당한다. 가설적 사고는 쉽게 말하면 추리와 유사하다. '추리'를 검증하는 데 '증거'가 필요한 것처럼,

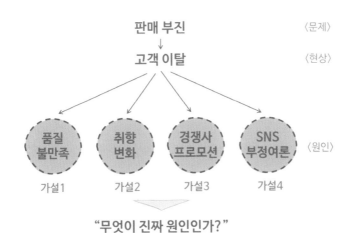

데이터 분석에도 기획이 필요하다

'가설'을 검증하기 위해서는 '데이터'가 필요하다. 데이터 분석에도 이러한 과정이 필요하다. 따라서 문제의 원인을 찾고 해결이 되는 단서에 확증을 얻으려면 의심의 마음으로 현상을 보고 원인을 찾아 이를 검증할 수 있는 가설을 세워야 한다. 가설을 제대로 수립할 수 있어야 좋은 의사결정을 할 수 있는 진짜 문제 해결 과정이 시작된다.

디자인씽킹으로 문제해결적 기획하기

목적에 맞는 가설을 도출하고 이것을 검증하는 일. 이러한 논리적 사고는 AI의 추론 능력과 유사하지만, '정보'를 '가치'로 만드는 일에는 논리적 사고 이상의 것이 필요하다. AI 시대에 인간의 능력에 주목하는 것도 바로 이 때문이다. 데이터 활용에 쓰이는 인간의 능력은 바로 통찰적 사고이다. 이런 생각을 반영한 전략 프레임이 혁신의 도구인 '디자인씽킹(Design Thinking)'이다. AI는 데이터로 패턴을 탐지하고 그 안에서 규칙을 발견해서 효율적으로 자동화할 수 있는 알고리즘을 제시하는 반면, 디자인씽킹은 사람을 위한 혁신을 만들어 내기 위해 인사이트에 기반한 문제 해결의 프레임을 제시한다.

이전에는 신제품을 개발할 때, 제품의 기능과 품질을 어떻게 혁신할 것인지를 고민하며 제품력과 기술력에 매달렸다. 하지만, 제품을 디자인한다는 의미가 '사용자를 중심으로 제품을 설계'해야 하는 것으로 재정의되면서, 제품이 고객의 삶에 어떤 경험을 줄 것인지를 고민하게 되었다. 디자인씽킹은 소비자에게 유용한 새로운 가치를 창조하기 위해 사물이 아닌 인간을 사고의 중심에 둔다. 그리고, '어떻게 만드는가(How to make)'에 앞서, '왜 만드는가(Why to make)'를 심도 있게 고민한다. 이런 사고는 고정관념에서 벗어나 새로운 해결책을 모색하도록 자극하는 역할을 한다. 디자인씽킹이 혁신적 솔루션을 만드는 데 유용한 프레임이 되는 이유는 통합적 사고에 기초하여 주어진 문제를 다르게 볼 수 있는 능력을 키워 주기 때문이다.

디자인씽킹은 어떤 방법으로 이를 가능하게 하는 것일까? 이 방법론은 사람에 대한 공감을 통해 숨어 있는 진짜 문제를 찾고, 사람의 욕망에 비추어 문제를 해석하고, 이것이 새로운 솔루션이 되도록 사고를 전환시키는 스킬들로 이루어져 있다. 이 과정은 모든 가능성을 펼친 '열린 사고(발산적 사고)'처럼 진행되거나, 논리에 근거하여 문제에 대한 답을 추려 내는 '좁아 든 사고(수렴적 사고)'처럼 진행되기도 한다. 아래 그림처럼 디자인씽킹은 연역식 추리와 귀납식 추리를 반복적으로 수행하는 상호 보완적인 방법으로 진행된다. 기존의 해결책을 뛰어넘는 혁신을 만드는 일은 상반된 두 개의 방식에 기대어야 하는 것이다.

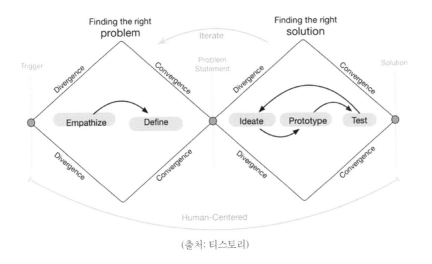

[디자인씽킹 더블 다이아몬드 모델]
확산과 수렴을 통한 혁신 아이디어 발굴 과정

(출처: 티스토리)

디자인씽킹은 현재 상태의 문제를 정의하고, 더 나은 상태로 변화시키는 과정을 실험과 반복으로 발전시켜 가는 것을 기본 컨셉으로 한다. 가장 대중적으로 사용되는 미국 스탠퍼드 대학 d.school의 디자인씽킹 모델은 '공감하기(Empathize) → 정의하기(Define) → 아이데이션(Ideate) → 시제품 생산(Prototype) → 테스트(Test)'의 5단계 프로세스를 제안한다. 기업이 추진하는 전략 모델 중에 소비자 마음에 '공감하는' 모듈이 포함되어 있는 것은 디자인씽킹이 유일하다.

데이터 활용에도 디자인씽킹과 마찬가지로 '공감하기' 영역이 포함되어야 한다. 우리가 아는 데이터 활용 프로세스의 어디에 공감의 영역을 배치할 수 있을까? 데이터 활용은 '목적에 맞게 분석 기획하고 → 데이터를 수집한 뒤 → 분석 과정을 거치고 → 데이터에 숨은 의미를 통찰해서 → 결론에 도달'하는 과정이다. 소비자를 위한 가치 창출을 위해서는 통찰의 단계에서 사람에 대한 공감력을 최대한 발휘해야 한다. 데이터 문해력이 중요한 이유도 이것 때문이다. 이제 데이터 분석을 시도하는 것 이상으로 데이터에서 가치를 도출하고 싶다면, 사고의 전환을 돕는 디자인씽킹이라는 사고법을 활용해 보자.

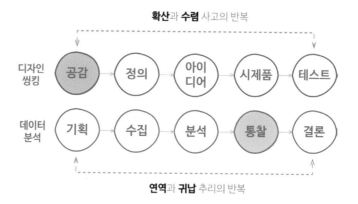

디자인씽킹은 모든 문제를 고객 중심으로 바라본다는 것에서 데이터 활용의 본질과 정확하게 닮아 있다. 데이터를 잘 활용하기 위해서도 사용자 중심의 사고는 매우 중요하다. 데이터 자체가 사용자의 흔적이기 때문이다. 사용자의 마음과 행동을 공감하는 마인드로 데이터를 해석해야 제품 위주의 해석이 아닌, 진정한 고객 중심의 솔루션을 만들어 낼 수 있다. 디자인씽킹은 데이터 마케팅이라는 기나긴 여정에서 길을 잃지 않도록 비춰주는 북극성의 역할을 한다. 제품 중심으로 문제를 정의하고 해결하려는 관성을 다시 소비자로 돌리도록 해 주니까 말이다.

🔷 분석 목적을 달성하기 위한 질문법

사람의 능력을 바꾸는 질문의 힘

분석 기획이 어려운 이유는 아무것도 없는 데서 뭔가를 시작해야 하기 때문이다. 무엇부터 해야 할지 알려면, 즉 무엇을 목적으로 분석을 시작해야 할지 알려면 먼저 질문부터 해 보라고 권하고 싶다. 뭐라도 손에 잡고 시작하려면 질문만 한 출발점이 없다. 문답법은 '너 자신을 알라'고 진정한 지혜를 일깨워 준 소크라테스가 주로 사용하던 진리 탐구법이다. 내가 무엇을 얼마나 아는지를 확인하려면 질문을 던져보면 된다. 소크라테스의 산파술(Maieutics: 질문을 통해 스스로 깨닫게 하는 철학적 대화 기법)처럼 질문을 던지면서 우리 브랜드와 우리 소비자에 대해 더 깊이 탐구를 시작해 보자.

질문에는 처음과 끝이 있다. 처음이 '궁금증'이라면, 끝은 '답'이다.

궁금증이 연속적으로 해결되지 않으면 피상적인 답에 그치고 만다. 지금을 '질문의 시대'라고 부르는 데는 다 이유가 있다. 피상적인 답은 더 이상 솔루션이 되지 못하기 때문이다. 질문의 퀄리티가 성과의 퀄리티를 결정하는 시대이다. 이제 마케터들도 질문을 던지며 데이터로 솔루션을 찾는 방법을 터득해야 한다. 마케팅에서 질문이 중요한 이유는 질문이 전략적 아이디어를 도출하게 하는 촉진제 역할을 하기 때문이다. 혁신의 아이콘 다이슨이 '날개 없는 선풍기'를 개발할 수 있었던 것도 '왜 선풍기에 꼭 날개를 달아야 하지?'라는 질문에서 출발했다. 아인슈타인 역시 '올바른 질문을 찾고 나면 정답을 찾는 데는 5분도 걸리지 않을 것'이라고 질문의 중요성을 역설했다.

질문을 잘하기 위해 유용한 프레임의 도움을 받을 수도 있다. 『컨셉수업』의 저자 호소다 다카히로는 '좋은 질문이 좋은 컨셉을 만든다'고 말하면서, 좋은 질문을 던지는 몇 가지 스킬을 소개한다. 그가 말하는 좋은 질문은 '자유도가 높고 임팩트가 큰 질문'이다. 그가 말하는 '자유도'는 생각을 펼칠 수 있는 공간이고, '임팩트'는 솔루션에 다가가는 영향력을 뜻한다. 만일 질문에 답이 다양하게 생각난다면 자유도가 높다고 할 수 있고, 사용자에게 도움이 되고 현실화하기 좋은 솔루션을 유도한다면 임팩트가 높다고 볼 수 있다. 예를 들어, '엘리베이터 속도가 느리다'는 입주자들의 불만을 해결해야 한다고 보자. 보통 던지는 질문은 "어떻게 하면 엘리베이터 속도를 올려야 하지?"이다. 엘리베이터 속도를 높이려면 돈과 기술이 필요하다. 이때 임팩트 있는 질문을 던지려면 어떻게 물어야 할까? "기다리는 시간이 짧다고 느껴지게 하려면 어떻게 해야 하지?"일 것이다. 엘리베이터 안에 거울을 설치해서 문제를 해결할 수 있었던 것은 임팩트 있는 질문 덕분이었다.

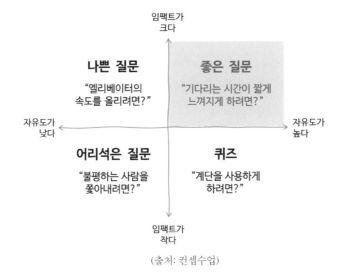

[엘리베이터 문제 재구성하기]

임팩트가
크다

나쁜 질문
"엘리베이터의
속도를 올리려면?"

좋은 질문
"기다리는 시간이 짧게
느껴지게 하려면?"

자유도가
낮다

자유도가
높다

어리석은 질문
"불평하는 사람을
쫓아내려면?"

퀴즈
"계단을 사용하게
하려면?"

임팩트가
작다

(출처: 컨셉수업)

이처럼 좋은 질문은 사고의 프레임을 확장시킨다. 호소다 다카히로가 제시한 좋은 질문을 던질 수 있는 팁을 몇 가지 남겨 놓겠다. 모두 고정된 사고를 깨우고, 다른 관점으로 시선을 돌리며, 사고를 확장하는 데 도움이 되는 좋은 질문 기법들이다.

• 부분보다 '전체'를 보게 하는 질문
  - 부분을 보며 던지는 질문: 레이스에서 이길 수 있도록 더 빠른 엔진을 만들려면? (X)
  - 전체를 보며 던지는 질문: 레이스 전체에서 이길 수 있는 차를 만들려면? (O)

• 제품이 아닌 '사용자' 입장을 고려한 질문
  - 제품 입장에서 던지는 질문: 흰 티셔츠가 많이 팔리도록 마케팅

을 기획한다면?

    – **사용자 입장에서 던지는 질문:** 흰 티셔츠를 모든 사람이 입는 정장으로 만들려면?

• 대상이 아닌 '행위'로 전환한 질문

    – **대상에 대한 질문:** 통학을 위해 새로운 스쿨버스를 만든다면 어떻게 설계해야 할까?

    – **행위에 대한 질문:** 학교에 가는 새로운 방법에는 뭐가 있을까?

• 수단이 아닌 '목적'을 묻는 질문

    – **수단을 묻는 질문:** 이 게임을 어떻게 개선할 것인가?

    – **목적을 묻는 질문:** 이 게임이 수단이라면, 소비자가 진짜 원하는 목적은 무엇일까?

부분에서 전체로, 제품에서 사용자로, 대상에서 행위로, 수단에서 목적으로 시선을 돌리는 질문법들은 데이터 분석 기획에도 꼭 필요한 시선이다. 다양한 관점에서 질문을 던지며 가설을 찾아가는 훈련을 거듭할 때, 비즈니스를 살리는 데이터의 가치에 눈을 뜨게 될 것이다.

변수 개발을 위해 던져야 할 질문들

새 학기가 되어서 낯선 학생들과 한 반이 되었다고 하자. 아는 사람이 없으니 당장 친구부터 사귀어야 한다. 친구가 되려면 일단 이것저것 물어보면서 상대의 의중을 파악해야 한다. 집은 어디인지, 수업 끝나고 뭘 할 건지, 과제는 집에서 할 건지, 집은 어떻게 갈 건지, 언제 갈 건지, 같이 갈 생각은 있는지, 가다가 떡볶이라도 먹으면서 과제 이야기를 해 보는 건 어떤지 등등 상대와 뭔가를 하려면 그에게 다가가 질문을 하면서 대화를 시도해야 한다. 데이터 분석도 이와 다를 바가 없다.

데이터 분석은 소비자를 파악하고 그를 움직이기 위한 전략을 짜기 위해 활용하는 방법론이다. 마치 소비자와 사귀고 싶은 사람처럼 대시보드 앞에서 그들을 알고 싶은 마음을 담아 꼬리에 꼬리를 물고 질문을 던지는 일이다. 대시보드에 '텀블러' 또는 '스탠리(텀블러 브랜드)'를 치고 말 것이 아니라면, 누가 텀블러를 들고 다니는지, 어떤 텀블러가 인기 있는지, 어떤 상황에서 텀블러가 활용되는지, 텀블러 안에는 뭘 넣어 먹는지, 텀블러 세척은 어려움이 없는지, 텀블러를 살 때 무엇을 중요하게 보는지 등으로 고객의 텀블러 라이프에 대해 궁금증을 던져야 의미 있는 데이터 분석을 진행할 수 있다.

이처럼 대시보드를 활용해서 데이터 분석을 하려면 '대화의 스킬'을 이용해야 한다. 이때 내가 제안하는 상품이나 서비스를 무턱대고 들이대지 말고, 상대의 입장에서 그의 상태를 확인하는 방식으로 질문을 이어가야 한다. 지금까지 마케터가 던졌던 질문들은 대체로 제품 중심적이었다. 우리가 풀어야 할 과제가 보통 '경쟁 우위를 점하는 법'이었기 때문이다. 이를 위해 주로 브랜드 인지도, 브랜드 선호도, 브랜드 포지셔닝, 제품 만족도, 매출 현황, 시장점유율, 광고효과 등의 지표들을 측정하고 관리했다. 하지만, 앞으로는 타깃에서 출발하는 것으로 질문 방식을 바꾸어야 한다. 우리의 타깃은 누구인지, 그들은 주로 어디를 방문하는지, 그들이 관심 있게 보는 정보나 콘텐츠는 무엇인지, 그들이 구매를 결심한 이유는 무엇인지, 다른 제품으로 이탈할 우려는 없는지, 그들은 우리의 마케팅 활동에 어떤 반응

분석 목적을 달성하기 위한 질문법

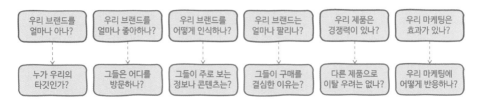

제품 아닌 소비자로 질문 바꿔 보기

우리 브랜드를 얼마나 아나?	우리 브랜드를 얼마나 좋아하나?	우리 브랜드를 어떻게 인식하나?	우리 브랜드는 얼마나 팔리나?	우리 제품은 경쟁력이 있나?	우리 마케팅은 효과가 있나?
누가 우리의 타깃인가?	그들은 어디를 방문하나?	그들이 주로 보는 정보나 콘텐츠는?	그들이 구매를 결심한 이유는?	다른 제품으로 이탈 우려는 없나?	우리 마케팅에 어떻게 반응하나?

을 보이는지 등으로 말이다.

소비자를 주인공으로 두고 질문을 던질 때, 놓치지 말아야 할 것이 있다. 마케터에게 제품은 최종 목표이지만, 소비자에게 제품은 그들의 목표를 달성시켜 주는 수단일 뿐이다. 만일 시중에 있는 브랜드가 그들의 욕구를 충족시켜 주지 못하고 있다면, 이 부분은 피상적인 데이터 분석에서는 잘 파악되지 않을 수 있다. 소비자의 행동 데이터는 보통 기업의 마케팅 활동에 대한 1차 반응일 뿐이기 때문이다. 따라서 제품 카테고리와 소비자의 일상을 넓게 살피면서 충족되지 못한 그들의 욕구와 갈망이 존재하는지 파악할 수 있도록 질문을 넓게 던져야 한다. 잊지 말자. 행위 밑면에 있는 숨겨진 욕망을 찾는 것이 진짜 문제를 풀 수 있는 데이터 분석의 지향점이라는 것을.

질문을 쪼개면 가설이 보인다

가설 설정의 원칙

질문을 모았으면 다음은 질문을 쪼갤 차례이다. 원래 질문은 현상을 뭉뚱그려 놓은 것이기 때문에, 데이터를 통해 질문에 대한 답을 찾으려면 이를 측정 가능한 단위로 잘게 쪼개서 접근해야 한다. 하나의 데이터는 현상을 분해한 파편과도 같다. 따라서, 뭉뚱 그려진 질문을 쪼개서 가설의 형태로 만들고 이를 데이터로 검증해야 질문에 대한 답을 정확히 찾을 수가 있다. 그렇다면, 질문을 어떻게 가설로 바꿀 수 있을까?

먼저 가설의 의미부터 살펴보자. 가설의 사전적 정의는 '어떤 현상이나 문제를 설명하거나 예측하기 위해 세운 잠정적인 설명 또는 추측'을 말한다. 가설의 용도는 문제의 원인이라고 보는 의심을 실험이나 측정을 통해 검증하는 데 있다. 따라서, 가설은 수치화할 수 있는 변수로 쓰여야 한다. 또한 가설은 정확한 원인을 숫자로 밝혀 이를 해결하기 위한 것이므로, 가설에는 비즈니스적 가치가 담겨 있어야 한다. 힘들게 데이터 분석을 했는데, 시간과 노력만 들이고 크게 결정적인 단서를 찾지 못했다면 분석하지 않는 것만 못하지 않는가. 따라서, 가설을 세울 때는 우리 목표에 맞게 설정한 KPI와 연관이 되는지도 반드시 살펴야 한다.

KPI를 반영하여 가설을 설정하려면 다음의 절차를 고려하는 것이 좋다. 일단, 비즈니스의 목표를 명확하게 설정하여 분석의 방향을 결정한다. 그리고 목표를 달성하기 위해 측정 가능한 변수를 KPI 지표로 선정한다. '매출 상승'이 목표라면 '매출액'이 KPI가 될 것이고, '앱 활성화'가 목표라면 '활성 고객(Active User)의 수'를 KPI로 잡아야 할 것이다. KPI가 결정되었다면, 이를 검증할 수 있도록 가설을 설정해야 한다. 가설은 보통 KPI에 영향을 주는 원인을 찾기 위해 설정되므로, 영향을 주는 변수를 독립변수(원인변수)로, KPI를 종속변수(결과변수)로 두고 두 변수 간의 관계를 나타내는 문장으로 기술한다. 예를 들어, 매출을 올리기 위해 최근 뜨는 숏폼 마케팅을 도입하는 것이 좋을지 고민하고 있다면, "숏폼 마케팅을 실시하면 매출이 증가할 것이다"라는 가설을 작성하면 된다. 가설이 설정되면 이를 검증할 데이터를 수집해서 분석에 필요한 형태로 준비한다. 그리고 수집한 데이터를 사용하여 가설을 검증하는 분석을 진행한다. 분석 결과, 가설이 지지되었으면 KPI에 영향을 주는 독립변수의 존재가 확인된 것이고, 가설이 기각되면 다른 영향 변수를 찾아 나서야 한다.

다시 돌아와 질문과 가설과의 차이를 살펴보자. 숏폼 마케팅을 도입할지 고민하고 있는 마케터를 다시 소환해 보자. 그가 처음에 던진 질문은 뭐였을까? 그의 주된 고민은 '숏폼 마케팅을 실시하면 어떤 효과가 있을까?' '숏폼은 광고보다 콘텐츠처럼 만들어야 하지 않을까?' '숏폼 마케팅의 콘텐츠는 어떻게 만들어야 할까?' '숏폼 마케팅으로 우리 제품을 어떻게 알릴 수 있을까?' '숏폼 마케팅으로도 판매를 유도할 수 있을까?' 대충 이런 질문들이지 않을까 싶다. 숏폼 마케팅의 도입을 고려할 때 드는 여러 가지 고민이 바로 이런 것들이다. 이런 질문들은 가설로 바뀌어야 측정과 검증이 가능하다. 일

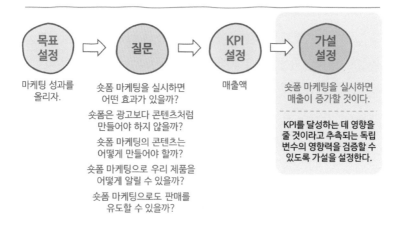

질문과 가설의 차이
(숏폼 마케팅의 도입을 고민하는 마케터의 사례)

목표 설정
마케팅 성과를 올리자.

질문
숏폼 마케팅을 실시하면 어떤 효과가 있을까?
숏폼은 광고보다 콘텐츠처럼 만들어야 하지 않을까?
숏폼 마케팅의 콘텐츠는 어떻게 만들어야 할까?
숏폼 마케팅으로 우리 제품을 어떻게 알릴 수 있을까?
숏폼 마케팅으로도 판매를 유도할 수 있을까?

KPI 설정
매출액

가설 설정
숏폼 마케팅을 실시하면 매출이 증가할 것이다.
KPI를 달성하는 데 영향을 줄 것이라고 추측되는 독립 변수의 영향력을 검증할 수 있도록 가설을 설정한다.

단, 숏폼 마케팅의 효과에 대해 고민하고 있다고 하자(위의 질문 중 "숏폼 마케팅을 실시하면 어떤 효과가 있을까?"에 해당). 이를 측정하기 위해서는 효과가 규정되어 있어야 한다. 마케터가 매출을 목표로 하고 싶다면 매출액을 종속변수로 두고 KPI를 설정하면 된다. 이때, 이를 검증할 가설은 다음과 같다. "숏폼 마케팅을 실시하면 매출이 증가할 것이다."

이제, 질문과 가설의 차이가 이해되는가. 질문은 뭉뚱그려져 있고, 가설은 측정 가능하고 검증 가능한 형태로 이루어져 있다. 그리고 가설은 데이터를 통해서 검증되어야 한다. 이렇게 가설 검증은 우리의 비즈니스 질문을 확인 가능한 수준으로 쪼개서 세부적인 의혹을 하나씩 클리어 해 나가는 과정과 같다.

변수를 찾는 문장 쪼개기 기법

가설은 검증되어야 한다. 가설을 검증하기 위해서는 독립변수와 종속변수를 측정하여 데이터 분석을 통해 관련성을 밝혀야 한다. 변수를 측정하기 위해 과거에는 '조작적 정의'라는 방식을 활용했다. 조작적 정의는 우리가 알고 있는 추상적인 개념을 측정 가능한 변수로 구체화시킨 정의를 말한다.

예를 들어, '숏폼 마케팅을 실시하면 제품에 대한 흥미가 올라갈 것이다' 라는 가설을 세웠다고 하자. 이때 독립변수는 '숏폼 마케팅의 실시'이고, 종속 변수는 '제품에 대한 흥미'이다. 숏폼 마케팅을 실시한다는 것은 무엇을 의미할까? 숏폼은 짧은 영상이라고 하지만 몇 초의 영상까지 숏폼으로 봐야 할 것인가? 그리고, 단순히 짧은 영상만 숏폼으로 규정할 것인가, 인터랙션이 있는 영상을 숏폼으로 규정해야 하지는 않을까? 숏폼 마케팅을 실시한다는 의미를 구체화하려니 여러 가지 제약들이 떠오른다. 제품에 대한 흥미는 어떠한가? 무엇을 제품에 흥미가 생겼다고 봐야 하는가? 영상을 보고 제품에 긍정적인 코멘트를 한 사람의 수를 세야 할 것인가? 사람들을 모아 놓고 숏폼 영상을 보여 준 뒤, 제품에 얼마나 흥미가 생겼는지를 설문지로 물어볼 것인가? 이처럼 측정은 현상을 자(Scale)로 재어서 숫자(Data)로 바꾸는 일이다.

조작적 정의는 분석을 기획할 때 미리 염두에 두어야 하는 작업이다. 그래야 설문지를 통해 변수를 측정하든, 실험을 통해 데이터를 확보하든, 가설을 검증할 데이터 소스를 얻을 수 있다. 그렇다면 빅데이터에서는 어떠한가? 빅데이터에는 측정 자체가 없다. 이미 양산된 데이터를 모아 잘 정제해서 쓸 뿐이다. 따라서 빅데이터는 가설을 검증하기 위한 변수를 얻기 위해 '조작적 정의'가 아닌 '문장 쪼개기'의 방식을 활용한다. 뭉뚱그려져 있는 질문을 쪼개야 숫자화 할 수 있는 구체적인 변수가 나오기 때문이다. 문장을 쪼갠다는 것은 머릿속에 떠오른 질문을 측정 가능한 데이터 단위로 분해하는 것이

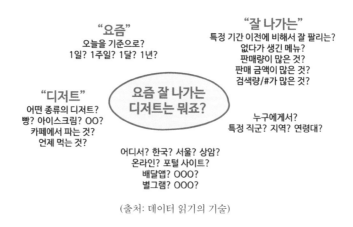

(출처: 데이터 읽기의 기술)

다. 문장 쪼개기 기술을 소개한 『데이터 읽기의 기술』의 저자 차현
나 박사는 문장 쪼개기의 사례를 위의 그림과 같이 언급하며(디저트
사례), 빅데이터 분석에 추론적 상상이 많이 필요함을 다시 한번 언
급했다.

우리는 이를 숏폼 마케팅의 사례로 살펴보자. 앞서 '숏폼 마케팅
을 실시하면 매출이 증가한다'는 가설을 검증하기 위해 어떤 변수들
을 살펴봐야 할까? 지금은 '숏폼 마케팅'이라고 하는 것의 정의도 모
호하고, '실시한다'고 하는 것도 마찬가지이다. 물론 '매출'도 어떤 아
이템을, 어떤 기간에, 어디서 발생한 것까지 매출로 볼 것이냐에 따

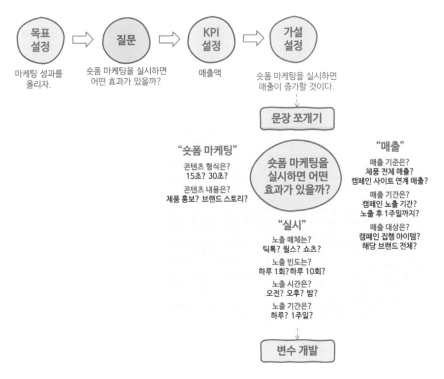

문장을 쪼개서 변수를 만들어라
(숏폼 마케팅의 도입을 고민하는 마케터의 사례)

목표
설정
마케팅 성과를
올리자.

질문
숏폼 마케팅을 실시하면
어떤 효과가 있을까?

KPI
설정
매출액

가설
설정
숏폼 마케팅을 실시하면
매출이 증가할 것이다.

문장 쪼개기

"숏폼 마케팅"
콘텐츠 형식은?
15초? 30초?
콘텐츠 내용은?
제품 홍보? 브랜드 스토리?

숏폼 마케팅을
실시하면 어떤
효과가 있을까?

"매출"
매출 기준은?
제품 전체 매출?
캠페인 사이트 연계 매출?
매출 기간은?
캠페인 노출 기간?
노출 후 1주일까지?
매출 대상은?
캠페인 집행 아이템?
해당 브랜드 전체?

"실시"
노출 매체는?
틱톡? 릴스? 쇼츠?
노출 빈도는?
하루 1회? 하루 10회?
노출 시간은?
오전? 오후? 밤?
노출 기간은?
하루? 1주일?

변수 개발

라 개념이 모호해진다. 다음의 그림에서 다양한 측정 단위들을 확인할 수 있을 것이다. 이것을 정확한 수치로 만들기 위해 문장 쪼개기를 통해 가설을 측정 가능한 단위, 즉 변수로 바꿔 나가는 것이다.

변수에 데이터를 매칭해 보자

질문의 문장을 구체적인 형태로 쪼개고 나면, 이제 각 변수에 해당하는 데이터를 찾을 차례이다. 위의 디저트 사례에서 "요즘 잘 나가는 디저트"를 찾는다고 해 보자. "요즘"을 최근 '6개월'이라고 했을 때, 데이터 수집 기간을 6개월로 한정해서 수집하는 것을 말한다. 또, "잘 나가는"의 의미를 판매로 잡았을 때는 '판매량'을, 검색 비중으로 잡았으면 '검색량'을, 소셜에서 바이럴 되는 양상을 담고 싶으면 '버즈량' 데이터로 준비하면 된다. "디저트"의 의미도 '프랜차이즈 커피숍에서 파는 디저트'를 의미하는 것인지, 베이커리나 떡 등으로 한식 양식 가리지 않고 '모든 디저트'를 말하는 것인지에 따라 수집되어야 하는 데이터가 달라진다. 이는 기업이 타깃하고 있는 시장이 어디까지인지, 가용할 수 있는 데이터 분석 예산이 얼마까지인지를 고려해서 적정 수준을 잡아야 하는 문제이다.

호모 데이터쿠스의 제2 능력: 데이터 선별력

제11장

> "소설가들은 말할 수 없는 것을 '말로써' 다룬다.
> 말은 내적인 느낌을 문자로 나타내는 기호일 뿐, 그 느낌의 본질은 아니다."
>
> 소설가 어슐러 K. 르 귄(Ursula K. Le Guin)

🔷 데이터는 어떻게 생겨나는가?

빅데이터의 출현이 뜻하는 바

일상의 모든 것이 데이터로 쌓이는 시대이다. 우리가 하는 행동이나 말이 모두 숫자나 문자의 코드로 전환되고 있으니, 무궁무진하게 쌓이는 데이터를 활용하지 않을 이유가 없다. 산업 전반에서 데이터를 기반으로 비즈니스 구조를 바꾸려는 움직임이 지속되고 있다. 놀고, 먹고, 만나고, 소통하고, 생활하는 거의 모든 일상의 행적들이 휴대폰을 통해 데이터로 축적되고 있기 때문이다.

이제 데이터는 그 양이나 종류가 엄청나게 많아져서 기존의 방법

다양한 산업들이 디지털 방식으로 전환되면서
결과적으로 많은 다양한 데이터들이 축적되게 되었다.

으로는 도저히 수집하고, 저장하고, 분석하기가 어려워졌다. 우리는 이런 데이터들을 통칭해서 '빅데이터(Bigdata)'라고 부른다. 끊임없이 생산되고 있는 엄청난 양의 빅데이터가 소비자의 생각과 행동의 변화를 보여 줄 것이라는 기대로 인해, 빅데이터는 '21세기의 원유'로 칭해질 정도이다.

빅데이터의 성질을 알아볼까요?

빅데이터는 지금까지 마케터들이 다루어 왔던 데이터들과는 사뭇 다르다. 데이터로 뭔가를 만들어 내려면, 일단 마케터 앞에 새롭게 등장한 빅데이터의 속성을 알아야 한다. 빅데이터는 그 이름에 걸맞게 '크기(Volume)'가 어마어마하다. 온라인에서 물건을 살 때마다, 인스타그램 이미지에 '좋아요'를 누르고, 유튜브에서 영상을 시청할 때마다 쌓이는 정형 데이터 외에, 문자, 이미지, 음성, 동영상 등 일정한 포맷이 정해지지 않은 비정형 데이터까지, 그 양은 기하급수적으로 늘어나고 있다. 여기에 사물인터넷까지 더해진다면 디지털 데이터의 양은 점점 폭증할 것으로 예상된다. 데이터의 크기가 커질수록 이를 저장하는 서버를 관리하는 것도 보통 일이 아니다.

또 다른 속성은 '속도(Velocity)'이다. 데이터가 쌓이는 속도가 거의 실시간에 가깝다. 사람들이 움직이고 있는 속도에 맞춰 새로운 데이터가 계속 생겨나니, 빅데이터 시스템도 실시간 대응이 가능할 정도로 신속한 관리와 빠른 업데이트로 활용되어야 한다.

빅데이터가 다루기 까다로운 또 다른 이유는 종류가 '다양(Variety)'하기 때문이다. 숫자로 이루어진 정형 데이터 외에, 텍스트, 이미지, 영상, 오디오로 이루어진 비정형 데이터, IT 시스템을 중심으로 기록되는 반정형의 로그 데이터 등 다양한 빅데이터는 그 유형에 따라 관리하고 분석하는 방법이 각기 다르다. 데이터가 가진 성질조차 다르기 때문에 제대로 된 분석을 하기 위해서는 데이터들을 다뤄보며 스스로 감을 익히는 시간이 필요하다.

마지막으로 빅데이터는 그 자체가 목적이기보다 기업의 '가치(Value)'를 높이는 방향으로 쓰여야 한다. 빅데이터 분석을 통해 얻은 정보는 반드시 비즈니스의 목표를 달성하고 매출을 향상시키는데 도움이 되어야 한다. 빅데이터가 21세기의 원유라고 하는 것도 빅데이터가 유용한 쓰임이 되어야 한다는 기대가 있기 때문이다.

📦 얼마나 다양한 데이터가 있을까?

데이터를 나누는 세 가지 분류 기준

① 빅데이터와 스몰 데이터: 전수 vs. 표본

우리는 그동안 브랜드의 현황이나 소비자의 반응을 살피기 위해 데이터를 활용해 왔다. 주로 매출 데이터를 살피거나 서베이나 인터뷰 같은 조사가 동원되었다. 기존에는 모두 '데이터'였던 것이 빅데이터의 등장으로 '스몰 데이터'가 되었다.

스몰 데이터는 보통 서베이나 인터뷰처럼 전수가 아닌 표본(Sample)을 대상으로 수집된 데이터를 말한다. 스몰 데이터를 제대로 활용하려면 분석 설계를 통해 변수를 규정하고, 이를 측정하여 데이터를 수집한 뒤에, 목적에 맞는 통계를 활용하여 가설을 검증하는 방식으로 진행해야 한다. 또한, 샘플링 자체가 오류를 내포하고 있으므로, 전체 중 얼마의 오류를 가지고 의사결정을 할 수 있을지 신뢰도와 타당도를 확보하는 것도 필요하다. 스몰 데이터의 가장 큰 특징은 분석가의 지식이나 이론에 근거에서 분석 변수를 고안하고, 이를 의도적으로 측정하여 데이터를 수집한다는 데 있다. 탑다운 방식(Top-down Approach)의 접근이다. 서베이를 생각해 보라. 응답자의 자연스러운 반응을 수집하기보다 분석가가 묻고 싶은 질문에 답하도록 설문이 짜여지지 않는가.

반면에 빅데이터는 전수 자체를 확인할 수 없기 때문에 가급적 수집할 수 있는 모든 데이터를 모아 분석한다는 특징을 갖는다. 분석 설계를 사전에 할 수도 없어, 파편화된 데이터를 모아 이들을 분석해 가면서 패턴을 발굴하는 방식을 취한다. 지정된 변수를 측정하는 것이 아닌 이미 축적된 행동 데이터를 활용해야 하므로, 분석가의 의도보다 소비자의 의도가 많이 담겨 있는 편이다. 전형적인 바텀업 방식(Bttom-up Approach)이다.

"스몰 데이터는 건축 설계와 같지만, 빅데이터는 범인 찾기에 가깝다."

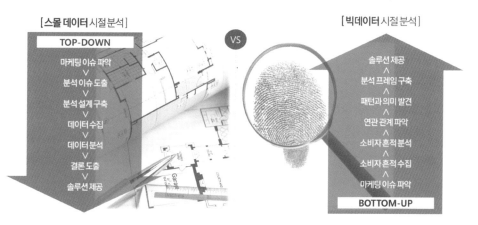

또한, 스몰 데이터는 이미 분석 설계가 된 상태에서 데이터를 모으기 때문에 일단 설계가 잘 되어 있으면 분석과 결과 도출까지 큰 이변 없이 진행되는 편이다. 이때, 분석 설계가 어설프거나 상식적이면 누구나 아는 사실을 재차 확인하는 것 외에 큰 효과를 얻기 어렵다. 반면, 빅데이터는 분석 기획을 한 이후 데이터를 수집·분석하면서 실체를 파악해 가므로, 장님이 코끼리 더듬듯이 전체 그림을 맞출 수 있는 감각과 통찰이 많이 요구된다. 이런 낯선 접근법 때문에, 초반에 빅데이터에서 의미 있는 결과를 산출해 내기까지는 반드시 적응의 시간이 필요하다.

물론 지금은 빅데이터로 스몰 데이터를 대체하려는 움직임이 커지고 있지만, 빅데이터 시대가 왔다고 해서 스몰 데이터가 무용해진 건 아니다. 관점이 다른 만큼 세상을 읽어내는 능력도 다르기 때문에, 양쪽 데이터를 잘 병행해서 쓰는 것이 중요하다. 스몰 데이터는 샘플 크기가 작더라도 소비자에게 직접 묻기 때문에 '왜'에 대한 대답을 직접적으로 얻을 수 있다는 장점이 있다. 따라서, 빅데이터로 전체 경향성을 살피고, 패턴을 발굴하고, 트렌드를 예측하는 동시에, 특정 주제에 대한 심도 있는 탐구를 위해 스몰 데이터를 병행해서 소비자 인사이트를 보완하는 융통성을 발휘해야 한다.

② 정형 데이터와 비정형 데이터: 사람 vs. 키워드

빅데이터를 형태적으로 구분하는 것은 데이터의 특징을 이해하고 활용하는 데 실질적인 도움이 된다. 정형 데이터는 말 그대로 특정 형태에 데이터를 담은 것으로, 데이터베이스의 규칙에 맞춰 숫자로 저장된 것이다. 보통 회원 정보, 구매 정보 등 기업이 보유하고 있는 CRM 데이터가 이에 해당한다. 정형 데이터는 데이터 스킴(Scheme)에 따라 숫자가 저장되어 있어 통계분석이 가능해지므로 분석 활용도가 높은 편이다.

또 다른 형태는 반정형 데이터이다. 반정형 데이터는 구조화된 데이터와 비정형 데이터의 중간 형태로, 일정한 구조를 가지기는 하지만 고정된 형식이 아니라서 속성을 나타내는 메타 데이터의 형태를 띤다. html, 웹로그, 센서 데이터 등이 대표적이다. 그 구조가 정형 데이터처럼 고정적이지 않기 때문에 통계분석을 하려면 먼저 데이터를 구조화된 형식으로 변환하는 과정을 거쳐야 한다.

나머지 형태는 비정형 데이터로 텍스트, 음성, 이미지, 동영상과 같이 정해진 규칙 없이 형성된 데이터를 말한다. 보통 SNS에 쌓이는 대부분의 소비자 흔적들은 비정형 데이터로 형성되어 있다. 우리가 검색창에 입력하는 키워드, SNS 계정에 남기는 글과 그림, 영상이 모두 비정형 데이터인 만큼, 세상에 존재하는 데이터의 70%는 기업이 아닌 개인에 의해 생성되는 비정형 데이터에 해당한다.

이 3가지 데이터는 데이터의 성질에 따라 이렇게 나눠 볼 수도 있다. 크게 정형, 반정형 데이터는 '사람 중심의 데이터(Person-based data)'로 분류하고, 비정형 데이터는 '키워드 중심의 데이터(Keyword-based data)'로 분류하는 것이다. 모든 정형 데이터가 그렇진 않지만, 성별, 나이 등 개인정보에 연결된 데이터들은 개인을 식별하는 데 좀 더 유리하다. 반면, 비정형 데이터는 개인을 특정하기 어렵기 때문에 키워드의 흐름이나 관계성을 살피는 데 유리하다. 따라서 사람 중심의 정형 데이터는 타기팅, 매체 최적화, 개인화 서비스, 예산 최적화, 수요 예측 등 마케팅 효율을 높이는 데 활용되나, 키워드 중심의 비정형 데이터는 키워드를 중심으로 관심 트렌드를 추적하고 그 안에 숨은 소비자의 욕망과 필요를 탐색하는 데 주로 활용되는 경향이 있다.

정형 데이터만으로는 행동 패턴 이면의 소비자 심리를 파악하기 어려워서, Why를 찾아 차별화된 솔루션을 내기 위해서는 구매 의도와 소비 욕망을 담고 있는 비정형 데이터가 반드시 필요하다. 비정형 데이터가

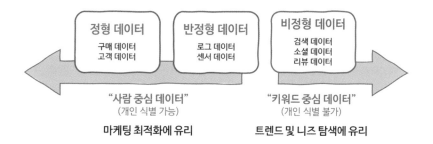

얼마나 다양한 데이터가 있을까?

중요한 이유는 파편화된 데이터의 연결을 통해 관심의 흐름을 파악하고, 그 안에 잠재된 욕망을 찾고 해석할 수 있는 단초를 제공하기 때문이다. 비정형 데이터를 잘 분석하려면 기본적으로 사람에 대한 이해와 성찰이 깔려 있어야 한다.

정형 데이터와 비정형 데이터 모두 각기 특장점과 한계를 가지고 있기 때문에, 양쪽 데이터의 융합적 사용은 필수 불가결한 일이다. 모든 것을 한 번에 설명할 수 있는 완벽한 데이터는 없다. 데이터는 각 특성을 고려해서 우리 비즈니스에 맞는 의사결정과 전략 수립의 방향에 따라 적절하게 활용하면 된다.

③ 내부 데이터와 외부 데이터: 효율 vs. 탐지

다양한 플랫폼과 콘텐츠에 따라 데이터가 급증할수록 기업들도 데이터 활용에 관심이 커지고 있다. 일단 그들의 첫 번째 관심은 '우리 회사에는 어떤 데이터가 있는가'와 '이것을 어떻게 모으고 관리하고 활용할 것인가'이다. 그리고 두 번째 관심은 '회사 밖에 있는 데이터에는 뭐가 있고, 어떻게 이걸 우리 비즈니스에 도움이 되도록 활용할 것인가'로 확장된다. 그런 차원에서 다양한 데이터들을 내부 데이터와 외부 데이터로 분류해서 데이터 가용성을 따져 보는 것이 도움이 된다.

내부 데이터는 기업이 가지고 있는 것으로, 고객의 개인정보, 가입 현황, 구매 이력, 멤버십 같은 행태 데이터가 주를 이룬다. 또한 쿠폰 사용 이력, 이벤트 반응 행태, 제품 평점 같은 마케팅 활동에 대한 고객 반응들도 정형 데이터로 내부에 수집해 둘 수 있다. 그 밖에 자사 사이트에서 나타나는 검색 행태나 페이지 이동 경로, 제품 후기나 이미지 데이터, 더 나아가 센서 데이터 등의 반정형 및 비정형 데이터도 자사 브랜드를 중심으로 모을 수 있다. 외부 데이터는 최근 많은 관심을 보이는 검색 데이터와 소셜 데이터가 대표적이다. 구글이나 네이버 같은 플랫폼 기업들이 가진 로그 데이터나 날씨, 교통 등의 공공 데이터도 유용하게 쓰이는 외부 데이터이다. 최근에는 이커머스가 보유하고 있는 리뷰 데이터도 제품 구입에 대한 확신을 유도한다는 차원에서 활용도가 높은 데이터로 인식된다.

데이터의 원천이 어디에 있는지를 따져 내부 데이터와 외부 데이터를 나누는 이유는 하나이다. 기업의 비즈니스를 잘 하기 위해 일단 가용할 수 있는 모든 데이터를 활용하려는 목적 때문이다. 이때 내부에 가지고 있는 데이터는 대부분 정형화되어 있으나(이것도 데이터 정리가 되어 있어야 활용이 가능하지만), 텍스트나 이미지, 동영상으로 되어 있는 비정형 데이터는 자체 전문가가 없어 활용하는 데

데이터 출처나 형태에 따른 다양한 데이터들

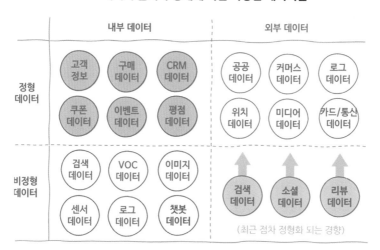

사내에는 비정형 데이터를 다룰 수 있는 인력이 부족하므로 주로 정형 데이터를 중심으로 마케팅 효율을 높이는 용도로 활용하는 편이다.

외부에 존재하는 정형 데이터는 내부 데이터와 결합이 어려우므로 주로 비정형 데이터를 중심으로 트렌드 탐지나 니즈 발굴에 활용하는 편이다.

얼마나 다양한 데이터가 있을까?

어려움이 크다. 보통 기업이 가진 정형 데이터는 현황을 파악하는 데 쓰이므로, 좀 더 의미 있는 분석을 원하는 기업들은 외부의 비정형 데이터를 구입해서 문제의 실체를 탐색하는 데 힘을 쓰기도 한다. 이때 주로 활용되는 외부의 비정형 데이터는 소비자 일상의 맥락과 욕망이 담겨 있는 소셜 데이터나 관심 트렌드를 알 수 있는 검색 데이터이다. 외부 데이터 중에서도 이커머스가 가지고 있는 쇼핑 데이터나, 포털 플랫폼이 가지고 있는 로그 데이터, 지도 앱을 통해 얻을 수 있는 위치 데이터, 미디어 기업이 가지고 있는 콘텐츠 시청 데이터, 그리고 날씨, 인구, 교통, 상권 등의 공공 데이터 같은 정형 데이터가 있긴 하지만, 내부에 있는 정형 데이터와 연결해서 쓰기가 어려워 생각보다 데이터 활용이 제한적인 편이다.

앞의 그림을 보면 생각보다 기업들이 활용할 수 있는 데이터가 많음을 알 수 있다. 초기에는 가급적 가용할 수 있는 모든 데이터를 자사 데이터와 결합하는 데 치중했다. 하지만 이런 식의 데이터 활용은 시간과 비용이 너무 많이 들고 그에 비해 얻을 수 있는 효과가 미미하다는 한계가 있다. 따라서 최근에는 내부 데이터를 통해 자사 고객의 행동 반응을 파악하고, 외부 데이터를 통해 잠재 고객의 니즈와 시장 트렌드를 확인하며 비즈니스 문제를 풀려는 효율적인 방향으로 진화하는 중이다.

접점의 종류만큼 생겨나는 데이터들

'만물은 수(數)다'라고 이야기했던 피타고라스의 말이 현실이 되고 있다. 디지털 기기 덕분에 우리의 모든 행동이 숫자로 변환되고 있기 때문이다. 마케팅 활동의 대부분이 디지털에 쌓이는 것도 모두 다양한 매체 덕분이다. 디지털 매체의 종류가 다양해지면서 우리가 수집할 수 있는 데이터도 함께 증가하고 있다. 디지털 매체를 잘 유형화해 놓은 것이 바로 '트리플 미디어(Triple Media)'이다. 트리플 미디어는 3가지 유형의 미디어를 말한다. 매체 지면을 구입해서 메시지를 전달하는 페이드 미디어(Paid media), 기업이 보유한 자사 사이트를 통해 고객과 소통하는 온드 미디어(Owned media), 기업과 상관없이 소비자가 자체적으로 메시지를 발신하는 언드 미디어(Earned media)가 그것이다.

과거와 달리 기업이 고객을 만날 수 있는 접점이 많아지면서 마케팅의 지형도 크게 변했다. TV 광고와 오프라인 유통점을 중심으로 관리했던 마케팅 전략도 다양한 디지털 플랫폼들을 대상으로 고객 접점 관리에 힘쓰는 것으로 바뀌고 있다. '옴니채널(Omni-channel)'이란 개념까지 등장하면서 이제 기업은 고객을 중심으로 접점들을 통합해서 관리할 생각을 한다. 그래야 고객이 구매까지 가는 경로의

(출처: Chat GPT 제공)

어느 지점에서, 어떤 고민을 하고, 무엇을 필요로 하는지 알 수 있기 때문이다. 고객의 구매 여정 관리가 중요한 마케팅 전략 프레임으로 등장한 것도 이때쯤이다. 소비자가 기업을 만날 수 있는 접점이 많아질수록 제품 홍보에서 구매로 가는 경로를 더 효율적으로 관리하겠다는 것은 당연한 심산이다. 광고부터 구매까지의 여정에서 중간에 이탈되는 고객이 없길 바라는 마음은 새로운 마케팅의 전략을 고안하게 만들었다. 이는 기업 중심의 미디어 전략이 아닌, 고객 중심의 접점 전략으로 패러다임을 바꾸는 마케팅 혁신이자 데이터 활용의 청사진이 되고 있다.

고객 여정별로 데이터 유형이 다르다

이제 마케터는 고객의 구매 여정 안에서 접점별 채널의 목적을 명확히 세우고, 이에 적합한 콘텐츠를 기획하여 고객을 유인하는 데 데이터를 활용할 수 있어야 한다. 즉, 각 접점에서 확보할 수 있는 데이터를 활용하여 고객의 구매 여정을 보다 깊이 이해하고 마케팅을 진행해야 한다.

데이터 종류가 다양한 만큼, 각 여정에 따라 주로 활용하는 데이터 역시 다르다. 따라서 고객의 구매 여정별로 유효한 데이터를 눈여겨볼 필요가 있다. 그럼, 구매 여정에 따라 어떤 데이터가 주로 쓰이고(주로 쓰인다는 것이지 절대적이라는 말은 아니다. 데이터 활용에 따라 다양하게 쓸 수 있기 때문이다. 마케팅에 '절대'란 말은 존재하지 않는다), 데이터의 특징은 어떠하며, 어떻게 여정 관리에 활용할 수 있을지 살펴보기로 하자.

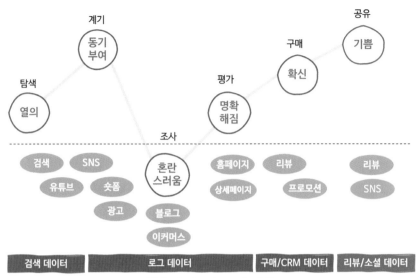

계기
동기
부여

탐색
열의

공유
기쁨

구매
확신

평가
명확
해짐

조사

검색　　SNS　　　　혼란
스러움

홈페이지　　리뷰　　　　　리뷰

유튜브　　숏폼　　　　　　　　상세페이지　　프로모션　　　　SNS

광고　　블로그

이커머스

| 검색 데이터 | 로그 데이터 | 구매/CRM 데이터 | 리뷰/소셜 데이터 |

(출처 : think with google 편집)

① 검색 데이터

대부분의 사람들은 매일 구글이나 네이버 창에 무언가를 입력한다. 궁금한 것이 있으면 검색창에 키워드를 넣으며 질문을 던지고 답을 찾는다. 대한민국 국민의 90%(23년 9월 기준)가 검색을 사용할 정도로 대부분의 사람들은 수시로 검색 포털에 마음을 털어 놓는다. 검색 데이터가 중요한 이유는 데이터가 많아서만이 아니다. 바로, 솔직한 그들의 마음을 키워드가 대변하고 있기 때문이다. SNS에 글을 남길 때는 사회적인 나를 의식해서 콘텐츠를 올리지만, 검색창에는 내밀한 속내도 거리낌 없이 입력하기 때문이다. 만일 마케터가 사람들의 검색 행태를 안다면 좀 더 쉽게 소비자 마음으로 들어갈 수 있게 된다.

당신이 검색 데이터를 활용한다면, 주요 검색어, 검색 볼륨, 검색 패턴 등의 정보를 통해 소비자들이 어떤 키워드를 중심으로 검색 행위를 하는지 이해할 수 있게 된다. 소비자의 검색 정보는 최근 뜨는 관심사가 무엇인지, 어떤 제품이나 서비스가 관심을 받고 있는지, 어떤 제품끼리 비교하는지 등을 파악할 수 있게 해준다.

검색 데이터가 강력한 이유는 검색만큼 구매 의도를 바로 보여 주는 데이터가 없기 때문이다. 검색 데이터에는 소비자의 관심, 기대, 욕구, 바램, 추구 등의 '욕망'과 걱정, 의문, 우려, 불안과 같은 '고민'이 주로 담겨 있다. 따라서 검색 데이터를 분석하다 보면 소비자의 구체적인 니즈나 동기 등이 키워드에 비춰진다. 특히 검색 경로를 알 수 있으면 소비자의 의도 뿐만 아니라 의도가 작동되는 맥락까지 파악할 수 있어, 마케터가 어떻게 소비자의 맥락을 뚫고 들어가야 하는지에 대한 힌트를 얻을 수 있다. 검색 데이터는 소비자의 관심과 욕구를 세밀하게 보여 주므로, 신제품 기획부터 고객 여정의 흐름, 콘텐츠 기획, 고객 경험의 설계 등 다양한 마케팅 전략을 수립하는 데 큰 도움이 된다.

최근 검색 마케팅 전문가들은 오가닉 검색 데이터를 기반으로 '검색 점유율(share of search)'을 도출하는 것이 유용하다고 말한다. 검색 총량을 대한민국 국민 전체의 관심이라고 했을 때, 우리 브랜드가 얼마의 검색량을 점유하고 있는지를 알게 되면 관심 경쟁력이 어느 정도인지 확인할 수 있기 때문이다. 검색 점유율은 자신의 브랜드 검색량을 전체 검색량으로 나눴을 때 나오는 검색 쿼리의 점유율을 뜻한다. 이 지표는 브랜드에 대한 상대적 관심 수준을 추적하는 유용한 측정 방법이며, 시장 점유율을 예측하는 데도 효과적이라고 입증되어 있다. 구매 의도가 반영된 검색 데이터는 이미 구매의 선행 지표임이 밝혀진 바 있다. 이처럼 최근 검색 데이터의 활용이 증가하면서, 브랜드 효과를 추적하는 강력한 도구로서 검색 데이터의 위상이 재조명되는 중이다.

② 로그 데이터

로그 데이터는 컴퓨터, 스마트폰, 또는 애플리케이션 등 다양한 IT 시스템에서 발생하는 이벤트, 상태 변경, 트랜잭션 등을 기록해 둔 것이다. 마치 우리의 일상을 기록하기 위해 일기를 쓰는 것처럼, 이는 컴퓨터나 앱이 언제 무엇을 했는지 적어 놓은 기록이라고 할 수 있다. 원래 로그 데이터는 시스템의 동작을 추적하고, 성능을 모니터링하고, 발생한 문제를 해결하는 데 사용하기 위해 저장되었다. 최근에는 이런 데이터가 마케팅에 활용되어 웹사이트 방문자들의 관심사를 파악하는 데 유용하게 쓰이고 있다.

웹사이트 방문자들의 행동을 분석하면 이들이 어디서 왔다가 어디로 가는지 알게 된다. 로그 데이터는 어떤 페이지를 많이 보는지, 어떤 경로로 그 사이트에 들어오게 되었는지, 사이트에 게재된 어떤 제품이나 콘텐츠에 관심이 많은지 등 고객 행동의 흐름을 추적할 수 있게 해 준다. 로그 데이터로 방문자 수, 페이지 뷰, 방문 시간, 이동 경로, 구매 전환, 행동 패턴 등을 분석할 수 있으므로, 온라인 고객의 트래픽 분석에 유용하게 활용된다. 이런 특장점으로 인해, 디지털 광고 업계에서는 로그 데이터를 활용하여 타기팅을 고도화하는 데 힘쓰고 있다. 하지만 최근 「개인정보 보호법」이 강화되면서 써드파티 데이터(3rd-party data: 제3의 사업자에 의해 수집·제공되는 비식별 데이터) 공급에 제약이 가해지자, 이를 대체할 제로파티(0-party data: 고객의 동의를 얻어 활용하는 개인정보 데이터), 또는 퍼스트파티(1st-party data: 기업이 직접 수집하는 고객 데이터) 데이터를 활용하는 것으로 기업의 관심이 옮겨 가는 중이다.

그렇다면, 로그 데이터는 언제, 어떻게 활용될까? 로그 데이터를 분석하면 사람들이 우리 웹사이트나 앱에서 가장 많이 보는 페이지나 콘텐츠가 무엇인지 알 수 있다. 만약 이번에 출시한 신제품에 트래픽이 많이 몰린다면, 그 제품에 대한 다양한 정보를 담은 광고를 내보내는 것이 효과적일 것이다. 또 사람들이 어떤 제품의 정보를 세부적으로 살펴보는지 알게 된다면, 그 제품의 구입과 관련된 프로모션을 기획해 볼 수도 있다. 또한 트래픽이 많이 몰리는 시간대를 안다면 광고를 내보낼 적절한 타이밍도 쉽게 정할 수 있다. 그 외에 로그 데이터를 통해 사람들이 어떤 광고나 콘텐츠를 많이 클릭하는지 파악하여, 우리의 마케팅 활동의 효과도 쉽게 측정할 수 있다. 사람들이 우리 광고를 많이 클릭하지 않는다면 빨리 광고 소재를 바꾸는 의사결정을 해야 할지도 모른다. 이처럼 트래픽은 곧 사람들의 관심사이기 때문에, 트래픽의 흐름을 보면서 새로운 제품이나 캠페인 아이디어를 기획하는 것은 상당히 효과적이다.

이뿐 아니라, 로그 데이터는 고객 참여를 높이고 사용자 경험(User Experience: UX)을 개선하는 데도 유용하게 활용된다. 로그 데이터를 활용하여 자사 사이트를 효과적으로 운영하는 대표적인 사례를 살펴보자. 먼저 구글은 검색 로그를 분석하여 검색 알고리즘을 최적화하고, 사용자에게 더 정확하고 관련성 높은 검색 결과를 제공한다. 페이스북 역시 사용자 활동 로그를 분석하여 뉴스 피드 알고리즘을 최적화시킨다. 또한 이를 통해 사용자에게 더 맞춤화된 콘텐츠를 제공하여 사용자 참여도를 높이는 데도 힘쓴다. 넷플릭스도 시청 로그를 분석하여, 사용자에게 맞춤형 추천 콘텐츠를 제공하는 방식으로 사용자 만족도를 높이고 있다. 스포티파이는 사용자의 음악 스트리밍 로그를 분석하여, 맞춤형 플레이리스트를 생성하고 사용자 취향에 맞는 음악을 추천한다. 아마존과 같은 이커머스는 구매 로그를 분석하여, 구매 트렌드를 반영한 추천 시스템으로 쇼핑 기능을 강화한다. 이처럼 디지털 기반의 IT 기업들에게 로그 데이터의 활용도는 무궁무진하다.

③ 구매 데이터

구매는 모든 마케터의 시선이 도달하는 곳이다. 마케팅은 종국에 구매로 연결되어야 하기 때문이다. 그래서 대부분의 데이터 분석은 구매 데이터와의 연결을 꿈꾼다. 구매 데이터에는 구매자, 구매 상품, 구매 단위, 구매 가격, 구매 시점, 구매 장소 등 시장 수요를 대변하는 정보들로 채워져 있다. 구매 데이터는 보통 영수증에 담겨 있는데, 기업은 영수증에 기재해야 하는 항목들을 중심으로 구매 데이터를 수집한다. 영수증에는 누가, 언제, 무엇을, 어떻게 구매했는지가 모두 기재되어 있어서 구매자의 행태를 분석하는 데 매우 유용하다.

구매 데이터를 가장 잘 활용하는 기업이 바로 카드사이다. 우리가 생활하는 일상의 소비는 모두 카드 한 장에 담겨 있다(BC카드의 경우, 1초당 150건의 결제 데이터가 실시간 쌓인다고 한다). 더군다나 카드사 데이터는 모든 제품 카테고리를 커버하고 있어서, 카드사 데이터를 살펴보면 고객 한 명의 소비 라이프스타일을 한눈에 확인할 수 있다. 나아가 카드사 전체 고객의 결제 현황을 살펴보면, 품목별로 어떤 카테고리가 뜨고 어떤 카테고리가 지는지를 통해 시장 수요도 가늠해 볼 수 있다.

카드사에서는 고객 데이터를 활용해서 실제 마케팅에 활용할 수 있는 고객 맞춤형 분석 기법들을 발전시켜 왔다. 보통 인구통계 변수, 소비 성향, 다양한 TPO를 조합하여 카드사 고객들을 프로파일별로 군집화하고 세그먼트를 나눠 시장을 대응하는 방식이다. 이런 분석법은 그들이 원하는 마케팅 목표를 달성하는 데 도움이 될 만한 집단을 찾는 게 관건이다. 이들은 유사한 행동 패턴을 보이는 그룹을 세그먼트로 분류하여 마케팅에 활용한다. 개개인이 소비한 내역을 TPO별로 세분한 뒤, 소비 행태를 설명할 수 있는 변수들을 뽑아서 고객별 소비 성향을 정의하고 지속적으로 업데이트한다. 이렇게 구축한 소비자 유형 클러스터링 알고리즘을 기반으로 개인화된 추천 시스템을 개발하고, 이를 마케팅 시나리오를 기획하는 데 활용한다. 실제로 BC카드사는 2019년 4월부터 6월까지의 카드 승인 데이터를 분석하여 약 12억 건의 거래 데이터를 토대로, 총 14개의 소비 유형(동네 생활 소비형, 종합 소비형, 오프라인 올빼미형, 외식 집중형, 온라인 온리형, 헤비 드라이버형, BMW형, 일상 소확행형, 워라밸 웰빙형, 레저 활동형 등)을 정의한 바 있다. 이런 분석 결과를 통해 그들이 그린 것은 한국인의 소비 지도이다.

카드 데이터 활용 개인 프로파일링 개념도

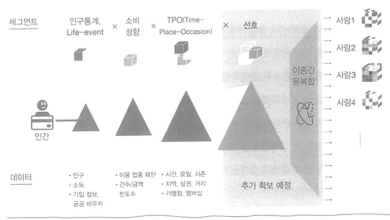

(출처: BC카드 빅데이터센터)

④ CRM 데이터

CRM(Customer Relationship Management, 고객관계관리) 데이터는 구매 데이터와 더불어 대표적으로 활용되는 내부 데이터이다. 구매 데이터가 구매의 순간을 담고 있다면, CRM 데이터는 구매 이후 고객의 행동에 대한 데이터로 이루어져 있다. CRM 데이터는 고객의 이탈 방지와 충성도 강화가 주된 목적이므로, 구매 이후 나타나는 고객 행동을 집중해서 관리해야 쓸 만한 데이터를 모을 수 있다.

기업은 늘 자신이 가지고 있는 데이터를 활용하고 싶어 하지만, 이러한 과정은 생각보다 녹록지 않다. 일단 잡아 놓은 물고기에 떡밥을 주지 않는 것처럼, 자칫하면 고객 관리는 허술하게 방치될 가능성이 많다. 이는 당신이 기업으로부터 어떤 관리를 받고 있는지를 떠올려 보면 금방 알 수 있다. 고작 기업이 밀고 있는(하지만 정작 나에게는 필요 없는) 할인 쿠폰을 받았다든가, 포인트 소멸에 대한 알림 메일을 받은 것이 대부분일 것이다. 만일 당신의 기업도 같은 방식으로 고객 관리를 해 왔다면, 지금 당장 타깃 고객에게 가치를 제공할 방법을 고안해서 이들을 충성 고객으로 전환하는 노력을 기울여야 한다. 기존 고객을 유지하는 것보다 신규 고객을 유치하는 것이 훨씬 더 힘들다는 말도 있지 않은가(Harvard Business Review에 따르면, 신규 고객을 확보하는 비용은 기존 고객을 유지하는 비용의 5~25배가 든다고 한다).

일단 누군가 우리 사이트에 가입했다고, 우리 제품을 한번 구매했다고 만족할 일이 아니다. 제품을 판매하는 데만 힘쓸 것이 아니라, 이미 구매한 고객이 제품 소비 경험에서 어떤 불편을 느끼지는 않는지 현재의 고객 데이터를 살필 필요가 있다. 제품을 앞에 두고 고민하고 갈등하며 머뭇대는 고객, 우리가 아닌 경쟁 브랜드를 살피는 고객, 자신이 가입한 것조차 잊고 있는 고객, 반복 구매가 다가오는 고객까지 수요의 목전에서 언제든 이탈의 기회는 발생한다.

이때 CRM 데이터가 좋은 가이드를 제공한다. 이는 자사 고객의 정보인 만큼 그들이 왜 우리를 선택했는지, 그들이 선호하는 서비스나 경험은 무엇인지, 최근 왜 이들의 방문이 드물었는지, 그들이 가지고 있는 불만은 무엇인지, 그들의 이탈을 방지하기 위해 개선해야 할 점은 무엇인지, 그들이 우리와 더 많은 상호작용을 하게끔 하려면 무엇을 어떻게 해야 하는지에 대한 답을 찾는 데 힌트가 될 수 있다. 즉, CRM 데이터는 기존 고객들로 추가 수요를 만들어 내기 위해, 그들의 구매 패턴이나 주기를 살펴 휴면 상태를 되살릴 방안을 고안해 내는 데 주로 활용된다. 최근 플랫폼 기업들이 증가하면서 CRM 데이터를 활용하는 기업이 많아지고 있는데, 이들 비즈니스의 사활이 액티브 유저(Active User)에 달린 만큼 구매 이후에 펼쳐지는 고객 경험의 개선은 중요한 과제라 할 수 있다.

그럼, CRM 데이터를 활용할 때 유의해야 할 점은 무엇일까? 사람마다 필요와 취향이 모두 다르므로, 자칫 그들의 욕구를 건드리지 못하면 '이건 뭥미?' 하는 불쾌한 결과로 연결될 수 있다. 지금의 시장은 성별, 연령 따위로는 소비자의 눈높이를 맞추지 못할 만큼 상당히 고도화되었기 때문이다. CRM 데이터를 제대로 활용하기 위해서는 그들의 취향을 알 수 있는 데이터와 결합해서 진정한 의미의 개인화 마케팅을 기획할 수 있어야 한다. 보통 CRM 데이터는 기존 고객에 대한 반응만 수집하므로 잠재 시장에 대한 반응을 확인할 수 있는 외부 데이터와의 협업을 필요로 한다. 따라서 CRM 데이터의 활용을 높이기 위해서는 고객 관리 목적에 맞도록 내·외부 데이터를 잘 연계 분석할 수 있는 기획 안목이 필요하다.

⑤ 리뷰 데이터

리뷰가 없는 제품은 구입하기가 꺼려진다. 누구나 이런 경험쯤 가지고 있을 것이다. 이처럼 리뷰는 구매의 당락을 좌우하는 결정적인 데이터이다. 신규 고객을 확보하고 싶은 마케터라면 반드시 리뷰를 모으고 분석해야 한다. 온라인 쇼핑이 대세가 되면서 고객이나 기업 모두 리뷰에 대한 의존도가 높아지고 있다. 하지만, 실제로 제품을 구입한 고객 중에 자발적으로 리뷰를 다는 사람은 많지 않다. 온라인 쇼핑몰의 평균 리뷰 작성률은 10% 미만이다. 생각보다 리뷰가 잘 달리지 않는다. 그렇기에 때로는 고객들이 리뷰를 남기게끔 하는 리뷰 마케팅을 집행하기도 한다. 큰 보상을 걸고 리뷰 이벤트를 개최하거나, 높은 포인트 혹은 추가 선물을 제공하며 리뷰 작성을 독려한다. 하지만 이런 리뷰들에 소비자는 쉽게 설득되지 않는다. '내돈내산'이라는 말이 나올 정도로 찐 리뷰에 대한 정보탐색 욕구는 점점 높아지고 있다.

사람들이 리뷰를 읽는 이유는 무엇일까? 가장 중요한 이유는 온라인에서 제품을 구매할 때 생기는 불안을 감소하고 올바른 제품을 선택했다는 확신을 얻기 위해서이다. 이때 기업의 이야기는 필요 없다. 나와 유사한 소비자의 진짜 목소리가 중요하다. 고객의 목소리가 있는 제품에 구매 확신이 들기 때문에, 마케터에게 좋은 리뷰를 양산하는 것은 중요한 과제이다. 제품을 구입한 고객들이 만족스러운 소비를 리뷰로 공유할 수 있도록 더 쉽고 리얼하게 리뷰를 작성할 수 있는 환경을 만들어야 한다. 일례로 안다르는 '안다르_브이리뷰'라는 이름의 카카오톡 채널을 별도로 운영하며 고객의 리뷰 작성을 유도한다. 안다르 제품을 구입한 사람의 카톡 화면에 리뷰를 쓸 수 있는 메뉴를 띄우는 것이다. 그림에서 보듯이 '이번 상품 리뷰 올리기' 버튼을 누르면, 자신이 구매한 제품들이 나열되면서 자연스럽게 리뷰를 작성할 수 있다.

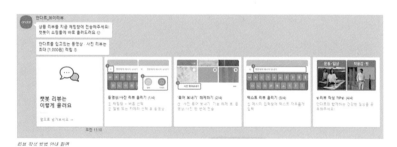

(출처: 브런치스토리)

더불어 사이트를 방문한 잠재 고객들이 필요한 리뷰를 잘 찾을 수 있도록 제시하는 것도 필요하다. 안다르는 자신과 유사한 체형의 사람들이 작성한 리뷰만 모아서 체형별 리뷰를 보여 주는 '내 사이즈 찾기' 기능을 추가하여 고객 여정을 개선하였다. 효과적인 리뷰 작성법이 있을까? 리뷰 마케팅 전문가들은 타깃 프로파일이나 TPO가 드러나도록 생활 속 공감을 일으키는 리뷰를 작성하도록 리뷰 마케팅을 기획하는 것이 중요하다고 말한다. 예를 들어, '30대 임산부가 타기에도 안전한 쉐보르' '프레젠테이션 준비에 최적인 포인터' 이런 식으로 말이다.

그렇다면, 리뷰 창에 쌓인 리뷰 데이터는 어떻게 활용될까? 리뷰는 기본적으로 고객과의 소통이다. 긍정적인 리뷰가 반복된다면 우리 브랜드로 구입을 유도하는 트리거(trigger)가 되겠고, 부정적인 리뷰가 반복된다면 잠재 고객의 유입을 가로막는 배리어(barrier)가 된다. 따라서 제품과 서비스를 개선하고 긍정적인 리뷰를 많이 양산시키는 데 리뷰 데이터를 활용해야 한다. 이를 위해서는 지속적으로 우리 브랜드와 관계를 맺을 수 있는 충성 고객을 발굴하고, 이들이 좋은 리뷰를 남길 수 있는 분위기를 제공해야만 한다.

⑥ 소셜 데이터

우리는 놀고, 먹고, 즐기는 모든 것이 SNS에 기록되는 일상을 살고 있다. 주위에 페이스북, 인스타그램을 이용하지 않는 사람을 찾기 어려울 정도로 SNS는 우리 생활 깊숙이 들어와 있다. 디지털 2022 보고서에 따르면 소비자의 80% 이상이 제품 구매 시 소셜 미디어(특히 인플루언서 콘텐츠)의 영향을 크게 받는다고 한다. 남이 쓰는 좋아 보이는 물건만큼 사고 싶은 것도 없다. 이런 관점에서 소셜 데이터는 잠재 고객을 유입시킬 인사이트 발굴에 유리한 측면이 있다.

소셜 데이터는 크롤링 방식으로 SNS상의 키워드들을 수집한다. 소셜 데이터를 수집할 때는 다소 까다로운 언어의 속성을 고려해야 한다. 동음이의어, 신조어, 조합어, 철자법 오류까지, 사회와 함께 변화하는 언어의 성질을 고려해서 키워드를 모으고 분류해야 한다. 그럼에도 불구하고 소셜 데이터의 활용성은 상당히 높은 편이다. 마케팅 프레임이 고객 중심으로 바뀌는 만큼, 기업은 비즈니스의 타깃이 되는 고객의 라이프스타일과 그들의 욕망으로 시선을 돌려야 한다.

우리는 소셜 데이터를 통해 우리가 타깃하는 소비자가 어디에 모여 있는지, 어떤 활동들로 시간을 보내는지, 그들이 소비에 대한 기쁨을 어떻게 표현하고 공유하는지, 그들이 가진 불만을 어떻게 여론화하는지에 대한 실체를 알 수 있다. 소셜 데이터에는 그들의 일상이 녹아 있는 만큼, 고객의 맥락을 파악하고 구매와 소비 행태 이면에 있는 그들의 욕망의 지도를 비춰 준다. 마케터에게 고객의 일상을 엿볼 수 있는 것만큼 힌트가 되는 것이 또 있을까? 마케터는 소셜 흔적을 분석하여 이 시대를 살아가는 사람들의 세대 특성, 라이프스타일, 욕망의 코드를 찾는 데 힘을 기울여야 한다. 소비자의 욕망을 디깅할 생각이 없으면, 소셜 데이터를 손에 쥐고도 키워드의 추이를 통한 브랜드 인지 여부, 감정 키워드의 분포를 통한 브랜드 이미지 파악, 뜨는 트렌드 키워드 파악, 소셜 여론 정도의 단편적인 분석에만 그치게 된다.

소셜 데이터를 활용하기에 앞서 준비해야 할 것이 있다. 언어는 다른 의미도 같은 단어 안에 담거나, 같은 의미도 다른 단어로 표현하는 경우가 많기 때문에, 동일한 의미를 대표적인 키워드로 한데 묶는 분류 작업부터 해야 한다. 이때 분류 기준[이것을 표준화된 분류 체계인 '택소노미(Taxonomy)'라고 부른다]을 어떻게 잡느냐에 따라서 데이터 해석에 큰 차이가 나타난다. 상식적인 수준으로 분류 체계를 잡다 보면 피상적인 분석 결과에 그치게 되나, 사회 문화적 의미를

숨겨진 고객의 맥락을 알려 주는 2개의 데이터

검색은 개인의 언어이고 소셜은 사회의 언어이다

"사람들은 SNS를 통해 보여 주고 싶은 것만을 노출하지만,
진짜 필요하고 궁금한 것들은 검색을 통해 찾는다"

검색 데이터
• 감춰진 고민
• 행동 의도
• 개인적 자아

궁금 기대 갈망
관심 의문 과제 바램
필요 고민 우려

소비자가 심층적으로 고민하는 질문에 대한 답
개인의 심층적 고민을 담고 있는 '관심 지도'

소색 데이터
• 드러난 욕망
• 삶의 맥락
• 사회적 자아

욕망 감각 체험 인상 소통
선호 느낌 감성 의견 어필

소비자가 드러내고 싶은 일상의 파편을 기록
개인의 사회상을 담고 있는 '욕망 지도'

반영하여 분류 체계를 세우게 되면 좀 더 심층적인 분석이 가능해진
다. 소셜 데이터의 분석 과정은 데이터가 남긴 흔적들을 시장과 소
비자를 통찰하는 기준으로 재편집하고 큐레이션하는 과정과 흡사하
다. 소셜 데이터는 고객의 일상에서 제품의 의미를 파악하고 그들의 잠
재 니즈나 열망의 맥락이 되는 컬처 코드를 발견하게 해 주는 유일한 데
이터이므로, 단편적인 분석에서 끝나지 않도록 고객을 상상하는 인
문학적 감각을 발휘할 수 있어야 한다.

🔹 어떻게 데이터를 수집할 것인가?

필요한 데이터부터 파악해라

데이터란 도구를 잘 쓰기 위해서는 재료 준비부터 신경 써야 한다. 재료가 좋아야 좋은 음식이 나온다. 'Garbage In, Garbage Out(쓰레기를 넣으면 쓰레기가 나온다)'이라는 말이 있을 정도로, 분석에 앞서 중요한 것은 데이터의 수집이다. 보통 많은 기업들은 데이터가 많아야 더 좋은 분석, 더 많은 가치가 창출될 것이라고 착각한다. 하지만 아무리 재료가 많은들 재료 자체가 싱싱하지 않으면 조미료를 들이붓더라도 그 맛이 나지 않는다. 데이터도 품질이 좋아야 좋은 결과가 나온다. 따라서 분석 스킬 못지않게 중요한 것이 데이터의 가치를 알아보는 능력이다. 이 단계에서 할 일은 마케팅 목적에 맞게 가치 있는 데이터를 선택하고 수집하는 것이다.

우리의 문제를 해결하고 목표한 바를 달성하기 위해 어떤 데이터를 사용하면 좋을까? 데이터는 중립적인 성격을 띠므로, 우리의 데이터를 옥석으로 삼을지 말지 판단하는 안목을 가져야 한다. 옥석을 가리는 기준은 간단하다. 확보한 데이터가 우리가 정한 분석 목적과 검증해야 할 가설을 입증해 줄 수 있을지를 살피는 것이다. 데이터 활용의 궁극적인 목적은 고객 확보를 위한 방안 마련이다. 그러므로 모을 수 있는 데이터를 무작정 끌어모으기보다, '우리 고객은 어떤 사람일까?' '그들이 무엇에 관심이 많을까?' '그들이 원하는 바는 무엇일까?' '왜 우리 브랜드를 구입하지 않을까?' '왜 우리 광고를 보지 않을까?'와 같이, 일단 고객에 대한 이해를 바탕으로 가치가 창출될 가능성을 차분히 검토해야 한다. '고객에게 어떤 새로운 가치와 경험을 줄 것인가'라는 물음을 품은 후에, 이에 대한 답을 찾기 위해 필요한 데이터는 무엇인지를 살핀다. 만일, 그 데이터가 없다면 우리가 새롭게 수집하거나 결합해야 하는 데이터를 다시 탐색해야 한다.

이때, 시야를 넓혀 고객 여정의 각 단계에서 고객 확보 방안을 마련하도록 데이터 수집을 설계할 수도 있다. 고객 여정이라는 큰 숲을 보면서 그중에 어떤 지점에서 가치 창출을 할 것인지, 우리 마케팅의 현황과 전략 프레임을 살피는 것도 데이터 수집에 좋은 지침이 된다. 고객 여정을 분석하기 위해서는 구매 이력, 매장 방문 이력, 상담 이력 등의 구매 데이터, CRM 데이터와 함께 디지털 채널에서의 고객 행동 데이터도 수집해야 하기에 고려할 수 있는 데이터가 다양해진다.

데이터 수집 단계에서는 수집해야 하는 데이터가 나의 데이터인지, 남의 데이터인지를 식별하는 것도 중요하다. 아무리 좋은 분석 기획이라도 모두 남이 가지고 있는 데이터라면 마케팅 예산으로 감당하기 어려울 것이기 때문이다. 그렇기 때문에 지나친 분석 욕심으로 가성비 떨어지는 데이터 수집을 기획하고 있진 않은지 살펴야 한다. 남의 떡이 더 커 보이는 것처럼 남의 데이터에만 시선이 뺏기면 제대로 된 결과를 얻기도 전에 돈도 시간도 노력도 모두 소진하는 일이 발생하게 된다. 결국 데이터 수집에도 비즈니스 목적을 그리는 역량과 데이터의 맥락을 이해하는 역량이 모두 필요하다.

깊이, 길이, 폭에 따라 데이터를 확보해라

데이터가 비즈니스의 핫한 도구로 각광받고 있지만, 데이터를 활용하는 데 있어 자유로울 수 없는 부분이 있다. 과연 데이터가 '실체를 얼마나 정확히 담고 있느냐'이다. 특히 빅데이터는 모래알 같은 흔적들을 모으는 것이라, 데이터를 유용하게 쓰기 위해서는 수집부터 방향성을 가지고 진행해야 한다. 자칫하면 실체의 본질은 간과한 채, 일단 손 닿는 대로 무작정 데이터를 모을 수 있기 때문이다. 이러한 우려를 방지하기 위해서는 분석의 목적과 가용 범위에 맞게 데이터의 깊이, 길이, 폭에 따라 데이터 수집을 설계하는 것이 좋다.

반복하지만 데이터는 흩어진 낱개의 점이다. 그리고 데이터 유형에 따라 점의 모양도 다 다르다. 한 개 또는 몇 개의 점으로 현상을 이해하는 것은 가당치 않은 이야기이다. 따라서 데이터로 실체를 파악하기 위해서는 '얼마나 큰'점으로 현상을 설명할 것인지, '얼마나 많은' 점들을 이어 붙여서 설명할 것인지, '얼마나 다양한' 점들로 설명할 것인지를 따져야 한다. 이를 데이터에 접목해 보자. 데이터 분석을 통해 현상을 이해하기 위해서는 수집부터 데이터의 '깊이

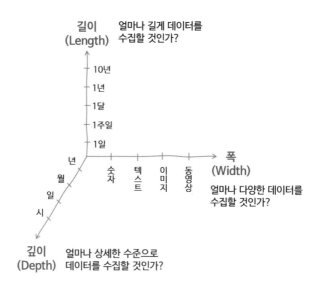

11장 호모 데이터쿠스의 제2 능력: 데이터 선별력

(Depth)' '길이(Length)' '폭(Width)'를 고려해야 한다.

데이터의 깊이란 '얼마나 상세한 수준으로 데이터를 수집할 것인가'를 결정하는 것이다. 이는 '연 단위'로 수집할지 '월 단위'나 '일 단위'로 수집할지 등으로 분석 가능한 단위를 얼마나 작게 할 것인지에 해당한다. 데이터의 길이란 '과거부터 현재까지 얼마나 길게 데이터를 수집할 것인가'의 결정으로, 데이터 축적 기간을 늘리게 되면 변화의 흐름을 예측하는 데 유용하다. 데이터의 폭이란 '얼마나 다양한 데이터를 수집할 것인가'의 결정으로, 숫자, 텍스트, 사진, 동영상 등 다양한 데이터의 유형으로 실체를 설명하려는 목적을 담고 있다.

고객 여정을 중심으로 데이터를 연결해라

지금까지 다양한 내부·외부 데이터를 확보하는 데 애썼다면, 이제는 모아 놓은 데이터를 잘 꿰어서 어떻게 이것을 분석에 활용할지 고민해야 할 타이밍이다. 현업에서 말하는 '서 말의 구슬 꿰기'가 바로 이 일을 가리킨다. 실체는 단면으로 알 수 없으므로 데이터는 결합해서 써야 한다. 현업 분석가가 많은 리소스를 투입하는 부분도 마케팅 접점마다 생기는 흔적들을 어떻게 수집하고 통합할 것인지에 대한 고민과 수행에 있다.

과거에는 데이터 퀄리티를 논할 때 '얼마나 정확하고 오류가 없도록 데이터를 수집했느냐'에 그쳤다. 하지만 지금의 데이터 퀄리티는 '우리 목적에 필요한 데이터를 얼마나 잘 수집했느냐'와 더불어 '얼마나 적절하게 데이터를 연결해서 마케팅 인사이트를 도출했느냐'에 가깝다. 지금은 '다양한 고객 접점들을 연결해서 얼마나 의미있게 개인화된 커뮤니케이션과 경험을 제안하느냐'에서 사활이 결정된다.

마케터는 자사 사이트의 구매 이력과 다양한 채널에서 발생하는 로그 데이터를 연결해서 고객의 여정을 추적할 수 있는 데이터 셋(data set)부터 만들어야 한다. 그래야 개인이 어떤 사이트를 통해 우리 사이트로 유입되고, 어떤 콘텐츠와 정보에 반응을 해서 최종적으로 구매에 이르게 되었는지를 쉽게 파악할 수 있다. 데이터 연결 작업은 생각보다 어렵다. 데이터 생성 기준이 달라 데이터의 연결 코드를 생성하는 추가 작업을 진행해야 한다.

최근에는 데이터 연결 코드로 '개인 ID'가 주목받고 있다. 이러한 화두는 'CDP(Customer Data Platform)'라고 부르는 데이터 통합 플랫폼 구축으로 발전하는 중이다. CDP는 '분산되어 있는 고객 데이터를 통합하여 개인화 마케팅의 기반을 제공하는 플랫폼'이다. 한마디로 CDP는 초개인화 시스템을 구축하는 데 주축이라고 할 수 있다. CDP의 핵심은 파편적으로 흩어져 있는 여러 고객 데이터(인구통계 정보, 거래 정보, 접촉 정보, VOC 정보 등)를 식별된 '개인'을 기준으로 통합하여 고객을 360도로 이해할 수 있는 싱글 뷰(Single Customer View) 체계를 갖추는 것이다. CDP는 온·오프라인을 넘나들어 고

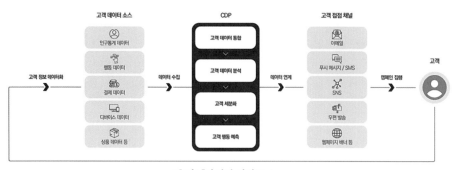

퍼스트파티·제로파티 데이터의 중요성이 높아지면서 CDP를 통한 싱글 뷰 마케팅이 주목받고 있다.

(출처:『마케팅 웨이브』)

11장 호모 데이터쿠스의 제2 능력: 데이터 선별력

객 경험 여정(Customer Experience Journey: CEJ)을 설계하게 하는 데 꼭 필요한 데이터 장치이기도 하다. 앞으로는 '얼마나 시장을 초개인(Hyper Personalization) 단위로 쪼개서 관리하느냐'가 시장 수요의 크기를 결정하게 될 것이기 때문이다.

호모 데이터쿠스의 제3 능력: 데이터 분석력

> "내가 문제를 푸는 과정들을 보면 수학으로 해결하기 전에 어떤 그림 같은 것이 눈앞에 계속 나타나서 시간이 흐를수록 정교해졌다."
>
> 물리학자 리처드 파인먼 (Richard Feynman)

요리를 기획하고 재료 준비까지 마쳤다면 이제 실질적으로 재료를 다듬고, 썰고, 볶을 차례이다. 분석 단계에서는 어떤 일이 벌어질까? 현업에서 일어나고 있는 문제를 정의하고, 변수와 변수 간의 연관성을 살펴 가설을 세우고, 이를 검증할 데이터가 준비되었을 때 본격적인 분석이 시작된다. 이때는 분석 마인드와 리서치 스킬을 모두 장착하고, 실제로 데이터 분석 도구를 동원해서 결과를 도출해야 한다. 고도의 복잡한 분석 기법을 사용해야만 가치 있는 결과가 나오는 것은 아니다. 오히려 복잡한 모델링을 하느라 시간과 비용을 쏟느니, 간단한 크로스 테이블을 돌려 상황을 제대로 파악하는 것이 더 유용한 결과를 산출하는 데 도움이 된다.

모든 데이터 마케터가 통계 전문가일 필요가 없듯이, 데이터 분석의 목적은 어디까지나 비즈니스 문제를 해결하는 것이다. 따라서,

이 장에서는 어려운 개념과 통계 지식이 없이도 다루기 쉬운 분석 툴에 대한 이야기를 하고자 한다. 특히 이 책은 일반 마케터를 위해 쓰여졌으므로, 고도의 통계나 모델링 기법은 제외하고 분석에 앞서 알아 두어야 할 기본 개념을 중심으로 다루도록 하겠다.

💠 데이터를 정보로 변환하는 방법 : 4가지 분석 수준

이제 '데이터'를 '정보'로 바꿔 보자. 데이터에서 어떻게 새로운 가치를 발굴해 낼 수 있을까? 일본 최대 유통회사 세븐&아이홀딩스의 스즈키 도시후미 회장의 말을 빌어보겠다. 그는 40년 세월 동안 한번도 거르지 않았던 단 하나의 경영 습관을 가지고 있다. 그의 오랜 습관은 '세상의 변화를 읽는 것'이다. 그는 세상의 '변화'를 읽어 낼 수 있다면, 그 속에서 다음을 '예측'할 수 있고, 그에 대한 '대응' 방법까지 고안해 '실행'으로 연결시켜, 새로운 비즈니스의 싹을 틔울 수 있다고 믿었다. "물건이 팔리지 않고 장사가 안되는 이유는 딱 한 가지, 시대의 변화와 소비자 니즈의 변화에 대응하며 일해오지 않았기 때문입니다"라고 말하는 그의 깊은 통찰은 데이터 분석의 가치와 놀라울 정도로 유사하다.

스즈키 회장이 비즈니스 의사결정에서 놓지 않았던 원칙처럼, 데이터를 통해 얻을 수 있는 분석에는 크게 4가지 유형이 있다. 첫째는 어떤 상황이 발생하고 있는지 '현상을 제대로 파악하는 것이고(팩트의 발견), 둘째는 '변수들 간의 패턴을 파악해서 실체에 대한 통찰을 얻는 것이고(패턴의 탐지), 셋째는 과거의 데이터를 통해 '미래를 예측하여 시장 트렌드의 변화에 대응하는 것이며(시장의 예측), 넷째는 개별 소비자

158

의 행동 양상을 파악하여 '개인화 마케팅으로 최적화'시키는 것이다(개인화 맞춤). 이처럼 분석이 진화할수록 과거에서 미래로 세상에 대응하고자 하는 인간의 욕망이 고스란히 투영되어 나타난다. 이처럼 지금까지의 마케팅이 이미 지난 '과거'를 분석하는 데 에너지를 썼다면, 앞으로는 방대한 데이터에 분석 알고리즘을 적용해 '미래'를 예측하고, 개인의 취향을 맞추는 방향으로 고도화될 것이다.

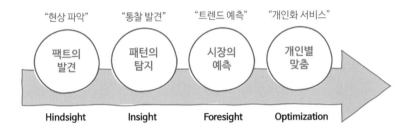

팩트의 발견

데이터를 수집했다면 다음은 무엇을 해야 할까? 요리 재료가 준비되었으면 다음으로 굽고 찔 것에 맞게 재료를 분류하고 다듬어 두어야 한다. 데이터도 일단 복잡한 곁가지들을 날리는 정리 작업부터 해야 한다. 정리란 무엇일까? 사전적인 정의로는 '흐트러지거나 혼란스러운 상태에 있는 것을 한데 모으거나 치워서 질서 있는 상태가 되게 하는 것'이다. 다시 말해, 정리는 '체계적으로 분류하고 종합'하는 것이다. 혼돈에서 질서를 찾아가기 위해서는, 즉 정리를 잘하기 위해서는 우선 분류 기준이 있어야 한다. 그렇다면, 흩어진 데이터에서 질서를 만들기 위해서는 어떤 기준을 따르는 것이 좋을까?

① 데이터를 연결해서 변화를 살핀다

데이터를 요약하는 데 있어서 기본적으로 봐야 할 것은 '변화'와 '추이'이다. 데이터 유형별로 분석법도 해석법도 다르지만, 쉬운 이해를 위해 소셜 데이터로 이야기해 보겠다. 변화와 추이를 본다는 건 무슨 말일까? 이는 '얼마나 담론이 커지고 있는지' '어떤 내용으로 담론이 퍼져나가고 있는지'를 보는 것과 같다. 즉, 이는 데이터를 연결했을 때 어떤 모양으로 선이 그려지는지, 그 선이 어떤 형태로 움직이는지를 살펴보는 것이다. 소셜 리스닝 기업인 바이브 컴퍼니(VAIV Company)는 '2024년 오피니언 마이닝 워크숍(Opinion Mining Workshop: OMW)'에서 "데이터를 모으면 선이 된다"는 주제로 데이터에 대한 그들의 생각을 공유했다. 그들의 지론을 바탕으로 정리한 몇 가지 그래프를 살펴보자.

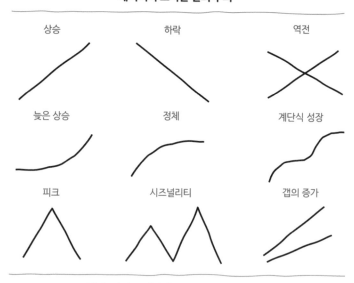

데이터가 그리는 선의 무늬

상승 하락 역전

늦은 상승 정체 계단식 성장

피크 시즈널리티 갭의 증가

(출처: 바이브 컴퍼니 OMW 발표 자료 편집)

12장 호모 데이터쿠스의 제3 능력: 데이터 분석력

인생이 굴곡을 보이며 오르고 내리는 것처럼, 데이터 역시 굴곡을 보인다. 올라가거나(상승), 내려가거나(하락), 경쟁자를 누르거나(역전), 뒤늦게 빛을 보거나(늦은 상승), 성장이 멈추거나(정체), 성장과 정체를 반복하거나(계단식 성장), 특정 시점에만 반짝 승기를 잡거나(피크), 피크가 반복되거나(시즈널리티), 점점 경쟁사와 차이를 보이다가 기억 저편으로 사라지거나(갭의 증가) 등으로 다양하게 나타난다. 데이터를 연결해 그린 선으로 이런 추세만 읽어도 트렌드의 성장이나 브랜드의 현황을 쉽게 감지할 수 있다.

몇 개의 선(변수)들을 모아서 추이를 읽다 보면, 의외의 인사이트를 발견하게 된다. 아래는 OMW에서 발표한 자료 중 일부이다. 이들은 '디카페인' '제로콜라' '오트라떼' '딸기라떼'의 4가지 선을 보고, 사람들이 음료수 한 잔을 마시더라도 '원치 않는 성분을 제외하거나 원하는 성분을 대체 또는 추가하려는 경향'이 있다는 인사이트를 발견했다. 이런 인사이트는 키워드 하나, 변수 하나만 봐서는 절대 보이지 않는다. 흩어진 점들을 모아 가까이 또 멀리 시야를 조정해 가며, 매직아이를 보는 눈으로 시장을 조망해야만 알 수 있는 데이터 분석의 묘미이다. 이처럼 가벼운 추세 분석에서도 시그널을 읽고 대응 방안을 찾을 수만 있다면 좋은 분석이 된다.

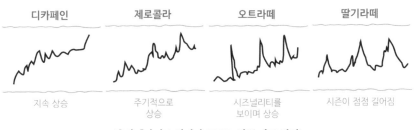

(출처: 「바이브 컴퍼니 OMW」 발표 자료 편집)

데이터를 정보로 변환하는 방법: 4가지 분석 수준

데이터가 보여 주는 선의 무늬를 보면 시장의 움직임이 보인다. 그러니 중요한 건 선을 읽는 안목이다. 갑자기 오르는 수치가 있다면, 그 변화에 어떤 의미가 숨어 있을지 호기심을 발동시킬 수 있어야 한다. 둘을 비교해서 본다면 어떤 차이가 나타나는지, 같이 움직이는 것이 있다면 어떤 트렌드가 영향을 주고 있는지 감지할 수 있어야 한다. 그래야 그 변화 중에 트렌드 씨드의 윤곽이 보인다. 그리고 이것이 어떻게 일상에 자리 잡는지 간파해야 우리 브랜드가 들어갈 기회를 노려볼 수 있다. 그러니 마케터는 변화가 시작되고 트렌드가 움직이는 데이터의 흐름에 주목해야 한다. 단순한 팩트 데이터이지만 이를 잘 읽어 낼 수만 있다면 트렌드에 맞는 제품을 개발하고, 이를 욕망을 채워 주는 콘텐츠로 담아 내며, 소비자가 원하는 이슈와 콜라보레이션 해서 우리 브랜드가 시장을 리드하도록 길을 닦을 수 있다.

정량 데이터도 마찬가지이다. 아주 간단한 분석이지만 여기서도 중요한 구매의 흐름을 읽을 수 있다. 아래는 이유식 브랜드의 매출 데이터 모양이다. 구매 일자별 데이터를 활용해서 첫째 구매에서 둘째 구매까지, 둘째 구매에서 셋째 구매까지 구매 주기가 어떻게 길

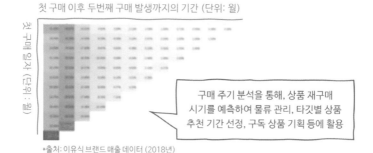

구매 주기 분석

첫 구매 이후 두번째 구매 발생까지의 기간 (단위: 월)

첫 구매 일자 (단위: 월)

구매 주기 분석을 통해, 상품 재구매 시기를 예측하여 물류 관리, 타깃별 상품 추천 기간 선정, 구독 상품 기획 등에 활용

*출처: 이유식 브랜드 매출 데이터 (2018년)

(출처: 한국데이터산업진흥원 자료 편집)

어지고 짧아지는지를 보면 우리 브랜드의 판매 특성을 감지할 수 있다. 단순한 구매 주기만 체크하더라도 재구매 타이밍을 예측하여 수요를 높일 길을 찾을 수 있다.

② 데이터를 비교해서 차이를 살핀다

점심시간에 갈 식당을 고르고 있다고 하자. A 식당으로 가자고 결정할 수 있는 것은 B 식당과의 비교가 있기 때문이다. 이처럼 비교는 차이를 극명하게 보여 주어 판단을 내리게 하는 힘이 있다. 비교는 둘 사이의 유사한 점은 가리고 차이점은 도드라지게 보여 준다. 이렇게 비교는 가장 쉽게 쓰이는 유용한 분석 스킬이다. 우리 브랜드와 경쟁사를 비교하면 무엇이 보일까? 우리가 속한 제품 카테고리와 우리 브랜드를 비교하면 무슨 차이가 느껴질까? 뜨는 트렌드 요소들을 함께 놓고 보면 무엇이 사람들의 삶을 흔들고 있는 게임 체인저일까?

아래 '위스키'와 '하이볼'의 연관어를 비교해 보자. 무엇이 같고, 무엇이 다르게 보이는가? 차이점만 골라 놓으니, 위스키는 '디저트'

[위스키 vs. 하이볼: 소셜 데이터 비교]
위스키는 디저트와 곁들여진 반면, 하이볼은 식사와 함께하는 상황이 보인다.

(출처: 바이브 컴퍼니 OMW 발표 자료 편집)

의 영역에, 하이볼은 '식사'의 영역에 놓이는 것이 보인다. 요즘 뜨는 하이볼의 음용 상황이 어떨지 주변에 묻지 않아도 알 듯하다. 더불어 앞으로 주류 트렌드가 어느 방향으로 갈지도 엿볼 수 있다.

아래 '맛집'과 '집밥'의 검색량을 비교한 수치를 보자. 집밥의 검색량이 맛집의 검색량을 역전하는 지점이 눈에 띈다. 집밥의 선은 올라간 반면, 왜 맛집은 급격히 내려가고 있을까? 이제 원인을 찾아야 한다. 무슨 일이 있었던 것일까? 딱 보니 주 52시간제 이후부터이다. 여기가 트렌드가 바뀌는 지점이다. 아마 여기에 '배달'이란 키워드를 함께 비교했다면 트렌드가 더 명확히 읽혔을 것이다. 숫자는 정황에 따라 움직인다. 그것을 찾아야 한다. 데이터 분석은 이런 것이다. 숫자 이면의 생활의 변화와 사람의 마음을 읽는 그런 것 말이다.

[맛집 vs. 집밥: 검색 데이터 비교]

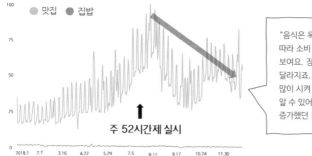

"음식은 독특한 상품이라서 정치, 사회 변화 등에 따라 소비 행태가 예민하게 달라지는 소비 행태를 보여요. 장소나 날씨의 변화에 따라 주문 행태가 달라지죠. 어느 날, 어느 위치에서 어떤 주문을 많이 시켜 먹는지 살펴보면 어떤 이슈가 있었는지 알 수 있어요. 대통령 탄핵 때 치킨 구매가 증가했던 것처럼요."

• '우아한 형제들' 대표 인터뷰 中

▲ 맛집 vs. 집밥 검색량 비교

(출처: 대홍기획 자료 편집)

모든 브랜드는 선을 가지고 있다. 그리고 브랜드들의 선을 그려 놓고 비교해 보니 또 다른 인사이트가 보인다. 다음은 아이 월령에 따라 이유식 브랜드 제품들의 각 판매 수량을 그린 선이다. 몇 개를 같이 그리고 보니, 아이 월령이 늘어날수록 선호하는 제품이 달라지는 것이 보인다. 소비자들이 언제쯤 어떤 제품으로 갈아타고 있는지 전반적으로 파악할 수 있다. 당신이 이 수치를 본 마케터라면 '더블하트'는 어떤 연령대를 가진 엄마를 신규 영입하는 게 좋을지, 아이가 몇 살이 될 때 팬츠로 갈아타게 해야 할지 등으로, 타깃 연령에 따라 적정 제품을 추천하며 제품 포트폴리오를 관리하려고 들 것이다. 이런 수치조차 없다면 그냥 주변 지인들에게 물어보고 있을지도 모를 노릇이다.

[아이 월령별 제품 판매수량 추이 비교: 판매 데이터]

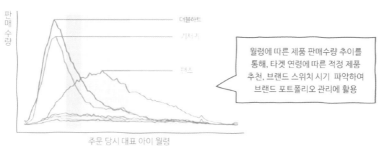

(출처: 한국데이터산업진흥원 자료 편집)

패턴의 탐지

'패턴'을 파악하는 것은 상당히 효율적인 인지 능력이다. 눈앞에 보이는 것이 개인지, 늑대인지 빨리 구분할 수 있어야 내가 보호받을 것인지, 공격받을 것인지 알 수 있게 된다. 우리가 MBTI로 사람의 유형을 구분하는 것도 비슷한 논리이다. 굳이 상대를 겪지 않고도 빠르게 어떤 성향의 사람인지 파악하고 대응하기 위해서이다. 패턴 인식과 범주화는 환경을 예측하고 통제하는 데 유용한 방법이다. 현상이 어떤 요소들로 구성되고 서로가 어떻게 묶여있는지 살펴보면 본질을 파악하는 데 꾀나 도움이 된다. 이런 종류의 데이터 분석이 연관 관계를 통한 '패턴'의 발견이다.

그럼, 어떻게 데이터 사이에 숨겨진 패턴을 발굴할 수 있을까? 이러한 작업을 돕는 통계 기법이 '군집화(Clustering)'이다. 이는 전체가 한 덩어리가 아니라 어떻게 이질적인 집단으로 나눠져 있는지 유사한 것들끼리 묶어 주는 분석 기술이다. 여행자 집단을 보더라도 호캉스를 좋아하는 사람, 비치가 있는 리조트를 선호하는 사람, 현지 맛집 탐방을 원하는 사람, 오지의 액티비티를 즐기는 사람 등 다른 취향의 사람들로 분류가 생긴다. 이처럼 군집화는 취향이 유사한 고객을 발굴해 내는 데 유용하다. 취향이 유사한 여행자들을 묶어서 그 크기를 살펴보면 현재 여행 시장에 어떤 수요가 늘어나고 줄어들고 있는지, 기존에 없던 집단이 등장해서 여행 트렌드를 어떻게 바꾸고 있는지 알 수 있다.

군집화 기법은 일반적으로 많은 데이터 속에 숨어 있는 실질적인 타깃 세그먼트를 밝히는 데 사용된다. 군집화 알고리즘은 수백 가

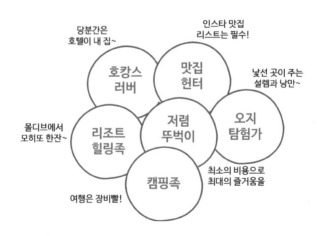

군집화 분석 예시: 여행 타깃 세그먼트

당분간은 호텔이 내 집~
인스타 맛집 리스트는 필수!
호캉스 러버
맛집 헌터
낯선 곳이 주는 설렘과 낭만~
몰디브에서 모히또 한잔~
리조트 힐링족
저렴 뚜벅이
오지 탐험가
캠핑족
최소의 비용으로 최대의 즐거움을
여행은 장비빨!

지의 고객 속성(연령, 지역, 구매 상품, 구매 시기, 구매 가격, 브랜드 선호, 할인 선호, 광고 반응 등)을 유사성에 따라 자동으로 분류한다. 보통 하나의 세그먼트는 약 10여 개 안팎의 속성으로 설명된다. 세그먼트를 이루는 속성은 타깃 페르소나를 기술하는 소스가 되기 때문에, 세그먼트의 속성을 살피면 타깃별로 유리한 마케팅 방향을 통찰해 낼 수 있다.

패턴의 발굴을 위해 활용하는 또 다른 분석 기법에 '**연관분석**'이 있다. 연관분석 중에 유통사에서 기본적으로 활용하는 것이 '장바구니 분석(Market Basket Analysis: MBA)'이다. 장바구니 분석은 어떤 상품과 어떤 상품이 함께 장바구니에 담기는지로, 구매자의 구매 패턴, 소비 패턴, 더 나아가서 그의 라이프스타일에 맞는 제품 아이템을 파악하는 데 유용하게 활용된다. 어떤 잠재 고객이 장바구니에 물건을 저장했다고 치자. 이때 연관분석을 활용하면 그에게 추가로 구매할 가능성이 높은 상품을 추천해서 구매로 이어지도록 유

(출처: 네이버 블로그)

도할 수 있다. 보통 연관분석은 크로스셀링(Cross-Selling)에 많이 활용된다.

패턴을 발굴하기 위해서 꼭 통계분석을 써야 할까? 그렇지 않다. 어려운 통계분석 없이도 현장에 대한 인사이트를 가지고 분석 기획만 잘하고, 데이터를 잘 읽어 내기만 해도 현실 속에 숨어 있는 패턴을 발견해 낼 수 있다. 다음은 영화 관객 수를 기준으로 영화를 '대박 영화' '중박 영화' '쪽박 영화'의 세 분류로 나눈 뒤, 세 가지 유형의 영화가 시사회 전후로 어떤 검색 추이를 보이는지 비교 분석하여 천만 영화와 그렇지 못한 영화 간의 차이를 발견해 낸 것이다. 먼저, 영화의 성공 기준을 관객 수라고 정의하고, 천만, 5백만, 3백만, 백만 관객 수로 기존 영화들을 분류하였다. 그런 후, 각 영화에 따라 시사회 전후로 어떤 검색 패턴을 보였는지 살펴보았다. 천만 관객은 시사 전부터 관심이 형성되다가 시사회가 시작하고 1주일간 검색량이 급증하였다. 그리고 1주일이 지난 이후도 검색량의 증가세는 어느 정도 유지되었다. 500백만 영화 역시 사전 관심을 기반으로 시사 1주일간 천만 영화보다는 낮은 수치지만 검색량이 크게 증가하였다. 그리고 1주일 이후부터 검색량의 증가세는 잦아들었다. 300만 영화는 사전 관심도 낮지만, 시사하고 1주일간 검색량이 크게 증가하지 않았다. 이렇듯 영화가 성공할지 말지를 판단하기 위해서는 '시사 1주일' 간의 검색 패턴을 살펴보는 것이 유용하다는 판단을 내릴 수 있다. 더 나아가, 시사 1주일 간 소비자의 관심을 높이는 마케팅 활동이 영화의 사활에 중요한 토대가 된다는 결론도 도출해 낼 수 있다. 이렇게 검색량 추이로 군집 간 패턴을 비교해 보거나, 추가로 리뷰나 후기 키워드가 어떻게 차이가 나는지 살피게 되면 어려운 분석을 진행하지 않고도 영화 소비에 숨겨진 패턴을 발견할 수 있다.

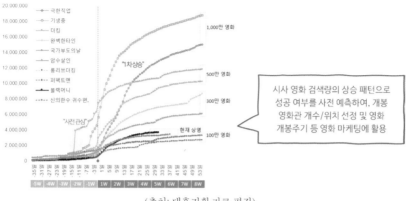

[영화 시사 기간에 따른 누적 검색량 추이]

(출처: 대홍기획 자료 편집)

시장의 예측

시장은 움직인다. 환경이 바뀌고, 시대가 변하고, 새로운 세대가 출현함에 따라 시장도 변화한다. 뜨는 비즈니스가 생기면 지는 비즈니스도 생기기 마련이다. 기업은 시장보다 먼저 움직여, 트렌드를 타고 떠오르는 수요를 잡기 위해 예측을 시도한다. 빅데이터 덕분에 예측에 대한 기대감이 높아지면서, 기업들은 이런 질문들을 던지기 시작했다. 내년에는 어떤 제품이 뜰까? 신제품은 얼마나 팔릴까? 어떤 고객이 이탈할까? 어떤 상품이 환불될 가능성이 높을까? 재고는 얼마나 쌓일까? 등등. 미래를 알고자 기업이 던지는 질문은 끝도 없다.

예측이 어려운 이유가 있다. 인간의 능력으로 감히 미래를 넘겨보겠다는 오만 따위의 이야기가 아니다. 마케팅에서의 예측은 한 발짝이 아닌 딱 '반 발짝만' 앞서가야 하기 때문이다. 너무 앞서나가면 소비자들이 쫓아오질 못한다. 반 발짝의 지점을 찾아 액션하기가 어려운 것이다. 예측 분석으로 얻은 신호가 계속 커질 것인지, 얼마나 많은 수요로 연결될 것인지, 트렌드(Trend)가 아닌 패드(Fad)에 그쳐 금세 사라질 것인지 알 수 없기 때문이다. 그렇기에 예측 분석에 의한 의사결정은 기술의 정교함을 넘어 산업 카테고리에 대한 혜안을 가지고 미래를 대비하는 안목으로 진행되어야 한다. 누군가 어제 오후 3시에 편의점에 들러 커피 우유를 사고, 내일도 동일한 시간에 동일한 제품을 샀다고 해서, 모레 같은 일이 일어난다는 보장은 그 누구도 할 수 없다. 예측은 아무도 장담할 수 없는 것이므로, 트렌드의 맥락을 파악해서 시장의 움직임을 감지하는 감각적 사고와 해답을 찾는 결단력이 합체되어야 한다.

그럼에도 예측 분석은 감행된다. 다음은 과거 광고대행사에서 일할 때의 사례이다. 당시 광고주였던 한 아웃도어 회사가 '2019년 하반기에 뜰 상품 품목을 예측해 달라'는 요청을 해 왔다. 그들은 하반기 광고 소재를 어떤 아이템으로 삼아야 할지 고민하고 있었다. 당시 고려하고 있던 아이템은 롱패딩, 숏패딩, 플리스, 사파리였다. 당시는 롱패딩이 인기를 구가하고 있었지만, 이 인기가 계속될지 아닐지를 판단하기가 어려운 상황이었다. 우리가 점쟁이도 아니고, 혹여라도 광고 소재를 잘못 예측하면 실력 운운하며 광고주가 떠날지도 모를 일이었다. 하지만, 예나 지금이나 데이터만큼 강력한 광고주 설득 수단도 없다. 이때도 데이터가 우리를 구했다.

우리는 회사에 구축해 놓은 소셜 데이터 분석 플랫폼을 활용해서 최근 몇 년 간의 소셜 담론들을 수집했다. 그리고 이 겨울 아이템들의 추이와 연관어 내용을 살폈다. 단순히 눈으로만 추이를 판단하기 어려워 트렌드 지수가 될 수 있는 '히트 스코어(Hit Score)'를 개발하고, 이 지수로 시계열 분석을 진행하여 성장 가능성을 예측했다. 또한, 이를 바탕으로 트렌드 매트릭스를 그려 성장 사이클(Growth

2019 F/W HIT ITEM

LONG PADING   SHORT PADING   FLEECE   SAFARI

HIT SCORE	GROWTH TREND	GROWTH CYCLE
[트렌드 지수]	[시계열 분석]	[트렌드 매트릭스]

(출처: 대홍기획 자료 편집)

Cycle)을 분석했다.

분석 결과는 다음과 같다. 롱패딩의 버즈량은 12월에 잠시 정체가 있었으나, 전년 동분기 대비 100% 증가하였고 시계열 분석 결과도 성장세로 예측되었다. 플리스 역시 최근 시장에서 주목받는 신흥 아이템으로 성장세를 보이고 있었다. 시계열 분석만으로는 판단이 어려워 성장률의 비중을 높인 히트스코어 지수를 비교해 보니 플리스가 1위로 나타났다. 급격한 성장이 일어나고 있다는 신호였다. 또한 성장 사이클에서도 롱패딩은 메가 트렌드(Mega Trend) 영역에, 플리스는 이머징(Emerging Trend) 트렌드 영역에 배치되어 확실히 플리스가 뜨고 있는 양상임을 확인할 수 있었다.

이것만으로는 명확히 올 하반기에는 플리스가 강세일 것이라고 제안하기는 불안했다. 그래서 추가로 최근 히트 패션 아이템들의 트렌드 진화 양상을 살펴보았다. 히트텍, 와이드 팬츠, 무스탕, 오프숄더, 바람막이, 져지의 6가지 상품의 10년 치 버즈량 추이를 살펴보니, 히트 아이템의 트렌드 주기가 2년에 이상을 넘기지 못한다는 인사이트를 발견했다. 이를 바탕으로, 우리는 현재 롱패딩이 트렌드 정점에 놓여 있음을 확인했다. 확실히 롱패딩은 트렌드의 끝물을 타고 있었고, 플리스로 시장이 옮겨 가는 중이었다.

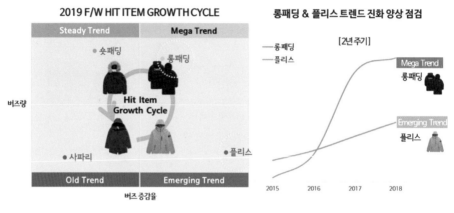

(출처: 대홍기획 자료 편집)

더 확실한 제안을 위해 롱패딩과 플리스가 어떤 방향으로 진화할지, 2016년과 2018년 연관어 추이를 비교해 보았다. 롱패딩은 '좋다' '따뜻하다' '가볍다' '예쁘다' '구매하다' '사고 싶다' '블랙' '화이트' '그레이' '카키' 등의 키워드가 공통되게 나타나고 있었고, 연관어 상의 변화는 크게 보이지 않았다. 시장이 진화하면 스타일이나 디자인에서 분화가 일어나는데, 혜택이나 디자인에서 크게 세분화되는 양상은 아니었다. 롱패딩 특성상 균일한 디자인에 가격이나 브랜드 네이밍 정도 차이가 있다 보니, 디자인보다 오히려 고가 라인과 저가 라인으로 분리되는 형국이었다.

반면, 플리스의 연관어는 '겨울' '춥다' '좋다' '따뜻하다' '사이즈' '가격' '다양하다' 등의 공통 키워드 외에, 최근 다양한 컬러에 대한 언급, 아동·베이비 등 키즈 아이템의 등장, 마켓·배송 등 온라인을 중심한 구입처 탐색 등으로 다채로운 언급이 나타나기 시작했다. 소비자의 생생한 소셜 반응들을 살펴보니, 플리스 시장이 고객 취향별로 활발하게 움직이고 있음이 느껴졌다. 확실히 장사가 되는 곳은 사람들이 모여든다. 우리는 플리스의 성장세를 여기서 확신했다.

결론은 플리스의 '승(勝)'이었다. 우리는 2019 F/W 히트 아이템으로 플리스를 추천하되, 대중화되어 있는 롱패딩 시장도 놓치지 않도록 이분화 전략으로 시장 대응할 것을 제안했다. 플리스는 다양한 소재를 중심으로 인기 상품으로 포지셔닝하여 소비 트렌드를 주도하게 하였으며, 롱패딩은 경쟁력을 강화하기 위해 프리미엄 라인으로 고급화를 시도하여 새로운 성장 동력으로 작동하게 했다. 이렇게 제안을 마치고 얼마 지나지 않아, 언론에서 내년 하반기 히트 상품에 대한 기사가 올라왔다. 패션 전문가들의 견해로 구성된 기사였는데, 제목이 "롱패딩이 얼어붙었다"였다. 이때 적중을 떠나, 우리의 제안이 어줍잖은 것이 아니었음에 안도의 한숨을 내쉬었던 기억이 난다. 잘 기획된 데이터 분석의 힘을 느낄 수 있었던 좋은 사례였다.

이처럼 예측 분석은 다양한 관점에서 진행되어야 한다. 우리는 데이터를 통해서 시그널을 찾고 그걸 해석해서 흐름을 예견해야 한다. 예측은 시그널을 읽는 것이다. 데이터 분석가는 점쟁이가 아니다. 일단 뜰 것인지 질 것인지 방향성을 잡고, 이후의 세부 수요 예측과 재고 관리는 정확한 현황 분석을 통해 우리에게 적합한 규격을 찾으면 된다.

개인화 맞춤

고객은 항상 묶음으로 관리된다. 몇 명 안 되는 마케팅팀에서 수천수만 명이 넘는 개별 고객의 요구를 일일이 맞춘다는 것 자체가 불가능하기 때문이다. 하지만 최근에는 빅데이터와 인공지능이 이를 가능하게 할 것 같은 기대감을 준다. 지금의 개인화 맞춤은 AI 시대에 걸맞는 마케팅 솔루션으로 진화하는 중이다. AI는 고객의 과거 이력 데이터를 가지고 개인화된 상품을 추천하는 최적화 마케팅에 필수이다. AI 기반의 개인화 추천은 개인의 상황에 따라 계속해서 달라지는 관심과 행동, 감정과 욕망을 데이터로 분석해 이들이 원하는 경험을 제공해 주는 것을 지향한다.

개인화 맞춤 분석은 어떻게 작동하는 걸까? 기술적인 이야기를 생략하더라도 언급하지 않을 수 없는 것은 '알고리즘(Algorithm)'이다. 인공지능이 개인의 욕구에 맞춰 적절한 제안을 할 수 있게 작동하는 대표적인 알고리즘은 크게 3가지로 분류된다.

첫 번째는 '**협업 필터링**(Collaborative Filtering)'이다. 이 알고리즘은 '협업'이라는 이름대로 두 사람 이상이 있어야 가능한 추천 방식이다. 협업 필터링은 무엇을 유사하다고 보고 추천할 것인지에 따라 다시 2가지로 나뉜다. 하나의 방식은 사람을 유사성의 근거로 삼는 '사용자 기반 필터링(User-Based Filtering)'이다. 이는 유사한 취향을 가진 두 사용자를 찾아서, 한 사람이 좋아하는 아이템을 다른 사람에게 추천하는 식이다. 사용자 A와 B가 비슷한 영화를 좋아하는 그룹으로 묶여 있다고 하자. 두 사람은 유사한 취향을 보이고 있으므로, A가 좋아하는 영화 X(B가 아직 보지 못했을 경우)를 B에게 추천하면 시청 가능성이 높아질 것을 기대하는 방식이다. 다른 하나의 방식은 품목을 유사성의 근거로 삼는 '아이템 기반 필터링(Item-Based Filtering)'이다. 이는 사용자가 좋아하는 아이템을 같이 좋아하는 사람이 있다면, 그에게 나머지 아이템도 추천하는 방식이다. 사용자 A가 영화 X와 Y를 좋아한다면, X를 좋아하는 B에게도 영화 Y를 추천하는 식이다.

두 번째는 '콘텐츠 기반 필터링(Content-Based Filtering)'이다. 이 방법은 기본적으로 한 사람의 행동 패턴을 기반으로 제안하는 추천이다. 여기서는 사용자가 이전에 선호했던 아이템의 특성을 분석하여, 유사한 특성을 가진 새로운 아이템을 추천한다. 예를 들어, 특정 장르의 영화를 자주 보는 사용자에게 같은 장르의 다른 영화를 추천하는 식이다.

세 번째는 '하이브리드 필터링(Hybrid Filtering)'으로 협업 필터링과 콘텐츠 기반 필터링을 결합한 방법이다. 두 방법의 장점을 모두 활용하여 추천의 다양성과 정확도를 높이기 위해 사용된다. 예를 들어, 협업 필터링으로 후보군을 좁히고, 콘텐츠 기반 필터링으로 최종 추천을 결정하는 식으로 알고리즘을 짜는 것이다. 넷플릭스, 아마존, 스포티파이, 페이스북, 인스타그램, 트위터 같은 대형 플랫폼

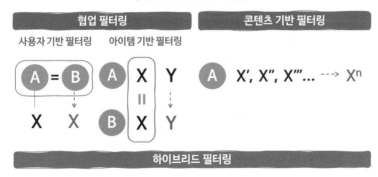

[개인화 추천 알고리즘]

데이터를 정보로 변환하는 방법: 4가지 분석 수준

에서는 하이브리드 접근법을 사용하여 사용자에게 개인화된 추천을 제공하는 것으로 알려져 있다.

이러한 알고리즘들은 각기 다른 특성과 장점을 가지고 있기 때문에, 실제로는 이들 중 여러 방식을 조합하여 최적의 추천 시스템을 구축하는 경우가 많다. 또한 딥러닝(Deep Learning Model) 모델을 적용하거나 강화 학습(Reinforcement Learning) 모델을 접목하여 알고리즘을 개선하기도 한다. 딥러닝 모델은 사용자의 프로필, 선호도, 과거 행동 등에서 보이는 복잡한 패턴을 학습하여 보다 정교한 개인화 추천을 제공하기 위해 최근 많이 활용된다. 강화 학습 모델은 반복 학습을 거치는 동안 나타나는 사용자와의 상호작용을 반영하여 추천 알고리즘의 적중률을 개선시키는 방식이다. 예를 들어, 추천된 콘텐츠를 사용자가 클릭하거나 구매하면 그 행동은 긍정적인 보상으로 작용하게 되고, 추천 알고리즘은 이러한 보상을 극대화하기 위해 더 나은 추천을 학습하게 된다.

'추천'이란 도구는 마케터가 좀 더 적극적으로 소비자를 유입시키기 위한 것이긴 하나, 추천이 효과적이려면 고객이 처한 맥락에서 이들 마음의 미묘한 변화의 순간을 맞춰 줄 수 있어야 한다. 잘못된 추천, 맥락을 벗어난 추천, 타이밍을 놓친 추천은 콘텐츠의 이용을 간섭하거나 나에게 부적합한 것으로 간주되어 불쾌함만 유발시키기 때문이다. 따라서 소비자에게도 좋은 추천이려면 '정확하고 관련성 있는 정보'를 타깃에게 제공할 수 있어야 한다. 이때 정확성은 '개인의 관심과 취향을 읽어 내는 능력'이고, 관련성은 '개인의 상황에 적합한 커뮤니케이션 능력'을 말한다. 점점 더 '타깃 소비자가 필요한 시간(Right time)에, 필요한 곳(Right place)에서 필요한 것(Right thing)을, 그들이 원하는 스타일(Right style)로 제공하는' 타깃 관련성을 높이는 방식으로 추천 알고리즘이 정교화되는 중이다.

　그래서 더욱 맥락 정보가 중요해진다. 모든 기술의 활용이 그렇지만 개인화 추천 역시 모든 것을 AI에 맡겨서는 안 된다. 맥락에 대한 이해는 해석의 깊이를 요구하므로 아직까지 사람의 손길이 필요한 영역이다. 추천을 활용하는 목적이 '우리가 이 정도의 기술을 구현하고 있음'을 어필하는 것이 아니라면, 추천은 궁극적으로 소비자의 불편을 줄이고, 그들의 마음을 움직여, 브랜드 충성도와 인게이지먼트를 높이는 것으로 구현되어야 한다. 추천 마케팅의 좋은 사례로 '스티치픽스(Stitch Fix)'를 들 수 있다. AI를 뛰어넘어 고객의 만족을 끌어올렸던 스티치픽스의 개인화 마케팅 사례를 살펴보자.

　스티치픽스는 고객 데이터로 취향을 제안하는 패션 큐레이션 스타트업이다. 이 기업은 소비자들이 다양한 종류의 상품 목록에 압도되어 원하는 옷을 찾기 어려워한다는 고객의 문제에 주목했다. 그리고, 여기서 새로운 시장을 창출할 수 있는 기회를 찾았다. 이들이 고안한 솔루션은 '큐레이션 쇼핑'이었다. 스티치픽스에 들어가면 모든 고객들은 신체 정보와 패션 스타일에 관한 시시콜콜한 질문들을 받는다. 그리고 스타일링 비용 20달러를 지불하면, 스티치픽스가 분석한 개인의 체형과 취향에 부합하는 옷들을 매달 새로운 상품 구성으로 받게 된다. 스티치픽스가 상품 추천으로 고안한 방식은 '큐레이션 콜렉션 박스'이다. 고객은 이 박스에 담긴 5개의 추천 의상을 입어본 후 마음에 드는 옷은 구매하고, 그렇지 않은 옷은 반송 이유를 적어서 무료 반송용 봉투에 넣어 보낸다. 그리고 이것은 아주 중요한 고객 취향의 정보로 쓰인다. 고객은 자신의 정보를 제공하면서 개인에게 맞는 혜택을 받는 것이고, 기업은 고객의 세밀한 취향 정보를 얻는 기회를 얻는 것이다.

이들의 추천 서비스는 좀 더 섬세하게 설계되었는데, 이들은 AI에만 의존해서 고객의 맥락 정보를 정교화하지 않는다. 신체 정보와 선호 스타일 등의 데이터를 분석해서 AI가 추천을 하면, 스타일리스트가 이를 한 번 더 점검하여 최종 맞춤 의류 컬렉션을 제안한다. 이렇게 제안된 스티치픽스의 큐레이션 서비스는 오롯이 소비자의 개인화된 구매 경험에 집중하여 작동된다. 데이터가 계속 쌓일수록 추천은 더 정확해진다. 하지만 데이터 사이언스만큼 스티치픽스 고객을 더욱 만족시키는 것은 기술 위에 올라간 감성이다. 단순히 기술 지향적으로만 접근하는 것은 아니다. 스티치픽스의 성공 사례에서 추천 역시 마케터의 섬세한 기획이 필요하다는 것을 알 수 있다.

[스티치픽스의 개인화 맞춤 서비스 제공 방식]

다양한 상품 목록에서 원하는 취향을 고르기 어렵다는 Unmet needs에 집중 ▶ 신체 정보와 선호 스타일로 AI와 스타일리스트가 협업하여 맞춤 의류 컬렉션을 제안 ▶ 큐레이션 콜렉션 박스에 이를 담아 고객의 선호를 충족시키는 동시에 고객 취향 데이터를 수집

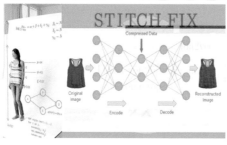

◆ 누구나 쉽게 쓸 수 있는 데이터 분석 툴

'데이터 민주화(Data Democratization)'라는 말이 있다. 데이터가 이제는 전문가의 도구가 아닌 누구나 사용할 수 있는 보편화된 서비

스가 되고 있다는 뜻이다. 기업들도 전사용으로 쓸 수 있는 데이터 기반의 의사결정 시스템을 적극 도입하고 있다. 기계가 사람의 의사결정을 돕는 방향으로 사람의 일에 들어오고 있으므로, 사람도 데이터를 가지고 의사결정할 수 있도록 준비해야 한다.

이 장에서는 기업 내부에 데이터 시스템을 구축하지 않더라도 누구나 쉽게 쓸 수 있고, 마케팅 인사이트를 찾는 데 실질적인 도움이 되는 대표적인 데이터 분석 툴을 소개하고자 한다. 데이터 유형에 따라 활용 목적이나 분석 기술이 다른 만큼, 정형 데이터와 비정형 데이터를 다루는 분석 툴도 방법상으로 다르다. 정량 데이터는 변수의 의미와 변수 간의 관계성을 고도의 통계 기법으로 밝히는 데 적합하므로, 인공지능 기술을 접목해 점점 마케팅 자동화의 초석이 되는 방향으로 간다. 그렇기에 정형 데이터를 사용하려면 기본적으로 대량의 고객 데이터를 수집, 분석, 실행하기 위한 시스템이 있어야 한다. 그리고 이를 다룰 수 있는 다양한 스펙트럼의 전문가들을 영입해야 한다. 기술과 인력에 투자하는 것은 비용과 시간이 많이 드는 일이기에 기업이 쉽게 투자하기 어려운 영역이기도 하다.

반면, 내부에 데이터 시스템을 구축하지 않더라도 외부의 분석 대시보드를 활용하는 좀 더 효율적인 방법도 있다. 대표적으로 활용되는 데이터는 소비자들이 일상적으로 쓰는 검색엔진이나 SNS를 기반으로 수집되는 키워드 데이터이다. 이 분석 대시보드들은 키워드를 통해 누구나 쉽게 트렌드를 파악할 수 있게 해 주는데, 검색 데이터로는 네이버나 구글 검색 키워드가 주로 활용되고, 소셜 데이터로는 SNS와 카페, 블로그, 기사 내용이 크롤링 되어 쓰인다.

대시보드는 보통 무료 버전과 유료 버전이 있다. 무료 버전은 온라인 사이트에 접속해서 사용하면 되므로 누구나 이용할 수 있지만,

분석 결과가 약식으로 제공되어 깊이 있는 분석에는 제한이 따른다. 유료 버전은 많은 양의 데이터를 제공하므로 데이터 추이도 길게 볼 수 있을 뿐 아니라, 추가 옵션들을 잘 쓰면 섬세한 결과를 뽑아 낼 수 있어 분석자의 역량에 따라 원하는 결과까지 얻는 데 어려움이 적은 편이다. 유료 버전으로 대표적인 대시보드는 소셜 데이터의 '썸트렌드(바이브 컴퍼니)'와 검색 데이터의 '리스닝마인드(어센트코리아)'가 있다. 여기서는 마케터들이 주로 활용하는 무료 버전에 대해 간단히 언급하고, 다음 장에 인텐트 마케팅에 대한 설명과 함께 최근 관심이 높아지고 있는 검색 대시보드인 '리스닝마인드'에 대해 소개하겠다.

키워드 분석 사이트 및 대시보드 소개

키워드 분석은 키워드의 검색량 또는 언급량과 함께 연관 키워드를 수집해, 고객 중심의 시장 트렌드를 분석하거나 다양한 마케팅 이슈를 해결하기 위한 리서치 도구로 사용된다. 최근에는 네이버 데이터랩이나 썸트렌드 외에 블랙키위, 판다랭크, 네이버키워드검색광고, 마피아넷, 키워드마스터 등 다양한 국내 키워드 분석 사이트들이 디지털 마케터들을 중심으로 널리 알려지는 중이다. 여기에서는 가장 유용하게 사용되는 무료 키워드 분석 사이트들을 간단히 소개하겠다. 실제적인 활용을 위해서는 제시된 링크로 사이트에 접속해 키워드를 입력해 보며 세부 기능들을 살펴볼 것을 권한다.

① 네이버 데이터랩 (Naver DataLab)

네이버 데이터랩은 네이버가 제공하는 무료 검색 데이터 분석 툴이다. 이 도구는 네이버에서 발생하는 방대한 양의 검색 데이터를 기반으로 사용자들이 주로 검색하는 키워드 순위를 제공하며, 특정 키워드에 대한 관심이 어떻게 변화했는지 분석할 수 있게 해 준다. 주요 기능에는 특정 키워드 검색량의 변화를 기간별·연령별·성별 단위로 분석할 수 있는 '검색어 트렌드', 네이버 쇼핑 데이터를 바탕으로 다양한 품목의 클릭량을 통해 쇼핑 트렌드를 분석해 주는 '쇼핑 인사이트', 시·군·구 단위로 지역별 관심 업종 순위 및 업종별 인기 지역을 분석해 주는 '지역 통계', 뉴스 서비스에 작성된 댓글 현황을 데이터로 제공하는 '댓글 통계'가 있다. 네이버 데이터랩은 무료로 제공되기 때문에, 비용 부담 없이 데이터를 활용한 마케팅 전략을 세우고 싶은 개인이나 기업에게 적합하다. 네이버 데이터랩을 활용하면 특정 검색어의 동향을 통해 소비자들의 관심사가 어떻게 움직이는지, 우리 브랜드의 키워드 경쟁 현황은 어떻게 바뀌고 있는지 등을 파악하여 시류에 적합한 콘텐츠와 광고를 기획하는 데 도움을 받을 수 있다.

https://datalab.naver.com/

누구나 쉽게 쓸 수 있는 데이터 분석 툴

② 썸트렌드 (Sometrend)

썸트렌드는 바이브 컴퍼니에서 제공하는 무·유료 소셜 데이터 분석 툴로, 2008년부터 16년 이상 누적된 소셜 빅데이터 풀을 가지고 있는 국내 최대 커버리지의 소셜 리스닝 툴이다. 주로 개인적인 이슈나 사회적인 담론을 나누는 인스타그램, X(구 트위터), 블로그, 커뮤니티, 뉴스 등에서 언급되는 모든 키워드를 수집하여 누구나 보기 쉬운 대시보드 형태로 제공한다. 썸트렌드가 널리 사용되는 이유는 사회적 담론을 통해 트렌드가 어떻게 생겨나고 진화되고 이동되는지를 직관적으로 보여 주어 데이터 활용에 대한 문턱을 낮춰 주었기 때문이다.

썸트렌드는 크게 소셜 분석, 비교 분석, 유튜브 분석의 3가지 기능을 제공한다. 먼저, '소셜 분석'은 다시 3가지 세부 분석으로 나뉘는데, 이는 특정 키워드가 소셜미디어에서 얼마나 언급되고 있는지를 실시간으로 분석하여 키워드의 화제성이나 이슈성을 빠르게 파악하게 해주는 '언급량 분석', 특정 키워드와 함께 많이 언급되는 연관 키워드를 분석하여 주제와 관련된 다른 인기 키워드나 이슈를 보여 주는 '연관어 분석', 특정 키워드에 대해 어떻게 긍정·부정 평판이 형성되고 있는지 대중적 감정을 보여 주는 '긍부정 분석'이다. 다음으로, '비교 분석'은 2개의 이슈 키워드를 함께 놓고 언급량, 연관어, 긍부정 키워드 양상을 비교해 주어, 좀 더 극명하게 차별화된 이슈의 양상을 알 수 있게 해 준다. 마지막으로, '유튜브 분석'은 최근 사람들의 검색 행태가 영상으로 옮겨가는 현상을 반영하여, 유튜브 제목에 포함된 주요 키워드들을 크롤링하여 어떤 콘텐츠들이 많이 생성되고 영향력이 큰지 판단할 수 있는 검색 트렌드 데이터를 제공한다. 특정 주제 키워드만 입력하면 해당 주제와 관련된 상위 유튜브 채널, 동영상 수, 조회수, 좋아요 수, 댓글 수 등의 콘텐츠 반응 지표를 분석할 수 있고, 최대 1년간의 콘텐츠 키워드 언급량 추이, 연관어, 평판, 감성 분석 등의 데이터를 제공하여 트렌드에 맞춘 콘텐츠 전략을 세우는 데 유용하게 쓸 수도 있다.

https://some.co.kr/

③ 블랙키위 (BlackKiwi)

블랙키위는 유·무료로 사용할 수 있는 검색 키워드 분석 툴로, 단순히 키워드의 검색량이나 트렌드 추이를 분석하는 것 외에 검색엔진최적화(SEO)를 위해 필요한 키워드 전략을 세우고 콘텐츠를 최적화하는 데 도움을 주기 위해 고안되었다.

기본적으로 '월간 검색량' '예상 검색량' '연관 키워드' '검색 트렌드'를 제공하는 것 외에, 콘텐츠 제작에 도움을 주기 위한 지표들을 함께 제공한다. 해당 키워드로 콘텐츠가 얼마나 많이 생성되었는지를 알려 주는 '월간 콘텐츠 발행량' '콘텐츠 포화지수' 들이 그것이다. 그외에 키워드의 '섹션 배치 순서'와 '작성자(인플루언서) 영향력 순위'까지 제공하며 키워드의 콘텐츠 경쟁력을 판단할 수 있게 해 준다.

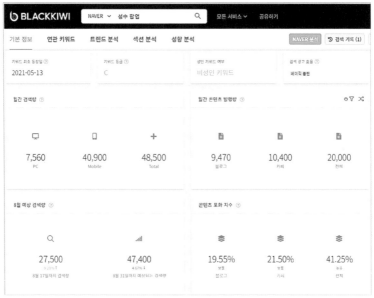

https://blackkiwi.net/

④ 판다랭크 (PandaRank)

판다랭크는 온라인 상품 판매에 최적화된 키워드 분석 플랫폼이다. 상품 구매도 검색을 거쳐 이루어지는 만큼, 지금은 오프라인 쇼핑보다 온라인 쇼핑의 비중이 더 커진 상황이다. 따라서 판다랭크에서는 온라인상에서 내 상품이 어떻게 검색되고 판매되고 있는지, 쇼핑몰 상에서 검색되는 키워드를 모아서 한눈에 볼 수 있도록 분석 결과를 제공해 준다. 즉, 어떤 상품 키워드가 검색량이 높은지, 어떤 연관 키워드를 가지고 있는지 실시간으로 확인할 수 있게 해 줄 뿐만 아니라, 해당 제품의 시장 규모, 경쟁 강도, 매출, 상품량, 판매량, 상품 평균가, 상품 소싱 현황, 시즌성, 로켓 상품 비율, 키워드 광고비용, 리뷰수 등의 온라인 판매에 도움이 되는 온갖 정보를 추가로 제공한다. 제품을 판매하는 셀러 외에 인플루언서를 위한 대시보드도 따로 제공하고 있으며, 인기 콘텐츠, 채널 영향력, 블로그 순위 같이 실질적으로 콘텐츠 마케팅을 하는 데 도움이 되는 정보도 함께 볼 수 있다.

https://pandarank.net/

⑤ 네이버키워드검색광고 (Naver Keyword Search Ads)

네이버키워드검색광고는 네이버 검색 광고를 집행하는 단계에서 제공되는 무료 키워드 분석 도구로, 쉽게 키워드 전략을 세우는 데 유용하여 널리 사용된다. 제공하는 화면은 단순하지만 특정 키워드의 월간 검색수, 월평균 클릭수, 월평균 클릭률, 경쟁 정도 등 키워드의 검색 파워를 알 수 있는 수치를 제공하므로, 어떤 키워드가 광고나 콘텐츠에 적합할지 판단할 수 있게 돕는다. 이 도구는 네이버 검색 환경에서 특정 키워드의 광고 경쟁도를 확인할 수 있게 해 주므로, 이를 바탕으로 광고 예산을 효율적으로 관리하는 데 유용하게 활용될 수 있다. 또한 입력한 키워드 외에 다양한 연관 키워드를 함께 제시해 주므로 더욱 다양한 콘텐츠 기획 및 광고의 기회를 탐색할 수 있게 해 준다.

https://manage.searchad.naver.com/customers/2215368/tool/keyword-planner

지금까지 언급했던 5개의 키워드 분석 툴은 직관적이고 사용하기 쉬운 인터페이스로 구성되어 있어, 초보자도 쉽게 쓸 수 있다는 것이 가장 큰 장점이다. 최근에는 디지털 콘텐츠의 위상이 높아지면서, 디지털 마케터, 중소기업 마케터, 블로거·인플루언서들이 SEO 전략을 강화하는 데 무료 키워드 분석 툴을 많이 활용하는 추세이

12장 호모 데이터쿠스의 제3 능력: 데이터 분석력

다. 특히, 이런 무료 툴들은 SEO에 대한 전문 지식이 부족한 사용자들도 쉽게 접근할 수 있기 때문에, 개인적인 노력을 기울인다면 특별한 비용 없이도 콘텐츠를 최적화하여 검색엔진의 상위에 노출될 수 있는 기회로 연결시킬 수 있다.

"데이터 마케터가 되기 위해서는 SQL를 꼭 배워야 할까요?" 이런 질문 앞에서 여전히 갈등하는 마케터들이 있다. 분석 시스템이 정비되지 않았고, 분석 툴도 고도화되지 못했던 과거에는 SQL이 필요했을지 모른다. 하지만 지금은 아니다. 몇 년 전 코딩에 대한 열풍이 불다 가라앉았던 것처럼 분석에 대한 기술적 담론은 이제 수면 아래로 내려보낼 때가 되었다. 물론 기술을 알고 있으면 모르는 것보다야 낫겠지만, 문제는 기술이 아닌 활용이다. 지금 우리는 휴대폰의 작동 원리를 몰라도 휴대폰으로 소통할 뿐만 아니라, 사진도 찍고, 영상도 보고, 길도 찾고, 택시도 부르고, 쇼핑도 하고, 그야말로 다양한 생활을 영위하는 데 어떤 어려움도 느끼지 못한다. 기술이란 그런 것이다. 분석도 마찬가지이다.

지금은 대시보드의 시대이다. SQL을 배우는 데 힘쓰기보다 나에게 적합한 대시보드를 찾고 활용하는 감각을 길러야 한다. 그럼, 유용한 대시보드란 어떤 것일까? 빅데이터에 거품이 끼었던 초기에는 분석도 거창하게 해야 그럴싸하게 보였으므로, 각자 회사에 맞는 분석 시스템을 정밀하게 구축하는 데 돈을 많이 들였다. 하지만 도구가 섬세하면 섬세할수록 범용성이 떨어지는 상충(Trade-off)이 발생한다. 특히 비정형 데이터는 활용 범위가 무궁무진하므로 특정한 목적대로 분석 틀을 정형화해서 대시보드를 복잡하게 구축해 놓기 보다, 데이터 의미를 1차적으로 분류해 두고 추가 옵션을 제공하여 마케팅 인사이트를 찾을 수 있게만 설계해 두면 그걸로 대시보드의 역할은 충분하다고 본다. 나머지는 대시보드를 통해 키워드를 입력하고 데이터를 산출해 보면서, 숫자를 통해 트렌드에 대한 감각을 익히고 시장에 대한 전략적 인사이트를 찾아가는 경험의 안목에 의지해야 한다.

인텐트 분석의 중요성: 검색 데이터는 어떻게 마케팅을 살리는가?

인텐트 마케팅의 등장

공주를 구하러 떠난 세 명의 기사가 있다. 험한 산지를 넘어 괴물을 무찌르고 드디어 만난 공주에게 각자 매력을 어필하기 위해 이렇게 말했다. 첫째 기사가 "저는 이 나라에서 제일 힘이 쎈 남자입니다"라고 의기양양하게 말했다. 그러니, 둘째 기사가 "당신을 구하기 위해 죽을 고비를 넘겨 여기까지 왔습니다"라고 숨을 헐떡거리며 말했다. 그러자, 마지막 기사는 "그동안 혼자 얼마나 무섭고 힘드셨습니까, 이제 제가 당신을 안전히 왕궁으로 모시겠습니다"라고 굳건한 자세로 이야기했다. 과연 공주는 어떤 기사를 선택했을까. 안 봐도 뻔하다. 공주의 마음에 공감하며 그녀의 거취를 염려한 세 번째 기사일 것이다(공주가 정상적인 여자라면 말이다). 이처럼 누군가의 선택을 원한다면 상대방의 입장에 공감하는 자세가 무엇보다 중요하다.

이는 마케팅에서도 마찬가지이다. 요즘 마케팅은 특히 공감을 빼놓고는 이야기할 수가 없다. 마케팅에서 공감이란 무엇인가? 마케터는 소비자가 원하는 가치를 우리가 가진 상품과 서비스로 제공해 주는 사람이므로, 마케팅에서의 공감은 소비자의 필요와 욕망을 그대로 느끼는 자세이다. 소비자를 공감하기 위해서는 일단 그들이 무엇을 원하는지부터 알아야 한다.

소비자의 마음이 어디에 있는지 어떻게 알 수 있을까? 과거에는 그 마음을 알기 위해 소비자에게 직접 물어 봤다. 하지만 지금은 굳이 그럴 필요가 없어졌다. 소비자는 자신의 필요와 고민과 욕망에 대한 모든 것을 검색창에 남기고 그 답을 얻는다. 검색 데이터 분석 회사 어센트코리아의 발표에 따르면, "인터넷 사용자의 90%가 검색 결과를 신뢰하고, 95%는 검색을 통해 제품과 브랜드를 발견하고, 94%는 구매 전 검색을 통해 제품과 브랜드를 비교하고, 93%는 구매 이후 제품의 활용법이나 부가적인 편익에 대해 검색을 이용한다"고 한다. 검색에 대한 의존도가 높아질수록 사람들의 마음은 검색 데이터에 쌓이기 시작했다. '검색하면 다 나와' 같은 믿음이 생기면서, 소비자들은 더 이상 많은 브랜드를 머리에 지고 다닐 필요가 없어졌기 때문이다.

사람들은 검색창에서 어떤 답을 찾을까? 사람들은 검색 결과 맨위에 노출되는 것들이 광고라는 사실을 이제는 안다. 그래서 광고를 피해 그 아래 노출되는 진짜 콘텐츠를 찾는다. 사람들이 원하는 것은 제품에 대한 '홍보'가 아니라 내 삶에 필요한 진짜 '정보'이기 때문이다. 굳이 많은 디지털 채널들에 광고를 노출시키지 않더라도 그들의 마음을 알아주는 콘텐츠만 있으면 고객이 자연스럽게 유입된다. 이에 마케터들도 오가닉 트래픽(Organic Traffic)을 높이기 위해 고객의 마음을 파고드는 콘텐츠 제작에 집중하게 되었다. 제품을 구입할 목적이든, 정보를 탐색할 목적이든, 그냥 재미있는 볼거리를 찾아 돌아다니는 목적이든, 이제는 고객이 디지털 여정 중에 보이는 의도를 파악하고 이에 부합하는 콘텐츠를 제공해서 고객이 우리의 마케팅 활동을 타고 구매로 연결되게 해야 한다. 마케터에게 지금 필요한 것은 고객들이 무엇을 원하는지 그들의 마음속 정보를 탐색해 자연스럽게 그들의 삶에 들어갈 수 있는 그들의 '인텐트(Intent: 의도)'이다.

검색 데이터를 활용할 때도 마케터가 주목해야 할 것은 소비자의 의도이다. 그동안 마케팅에서는 소비자의 행동을 예측하는 데 '태도'를 중요한 변수로 다뤘다. 태도(Attitude)는 라틴어 'Aptitude(자세, 신체적 포즈)'에서 기원된 말인데, 이는 어떤 사람이 특정 대상에 취하는 자세를 말한다. 정확히 태도의 의미는 '그 사람이 다음에 취할 행동이 무엇인지 암시하는 대상에 대한 성향'이다. 태도를 보면 그 사람의 다음 행동이 예측된다. 따라서 소비자의 행동을 알려면 그의 태도를 보면 된다. 과거에는 태도를 파악하기 위해 서베이로 그들의 성향을 직접 물었지만, 최근에는 소비자의 검색 의도를 담고 있는 검색 데이터가 그 자리를 대체하고 있다.

서베이와 검색 데이터의 결정적인 차이는 '소비자를 얼마나 실제적으로 비춰 줄 수 있느냐'에 있다. 서베이는 응답자의 기억에 기인한 데이터를 만들지만, 검색은 검색자의 적나라한 정보 탐색 의도를 그대로 담은 데이터를 산출한다. 검색 데이터가 떠오르는 이유는 마케팅 전략의 진화와 궤를 같이 한다. 전통 마케팅에서는 제품과 브랜드에 대한 고민이 상당히 두루뭉술했다. 그때는 차별적 메시지 하나로도 충분히 경쟁 우위를 점해 매출을 올릴 수 있었다. 일단 광고로 알리면 나머지는 유통이 해결하는 식이었다. 하지만 지금은 무수한 디지털 접점에서 홍보와 판매가 동시에 이루어지므로 고객의 다양한 TPO에 맞는 세밀한 전략으로 접근해야 한다. 디지털에서는 메시지를 뾰족하게 던져야 소비자들도 자신의 필요와 취향을 저격한다고 생각하고 반응한다. 따라서 디지털에서는 누구나 해당될 수 있는 뭉뚱그려진 메시지가 아닌 개인의 상황에 딱 들어맞는 뾰족한 메시지로 자연스러운 유입을 유도해 내야 한다. 이렇게 검색 데이터로 소비자의 필요와 관심을 공략하고자 하는 의지는 '인텐트 마케팅(Intent Marketing)'으로 연결되었다.

검색 데이터는 고객의 '인텐트(Intent)'를 확인하는 데 매우 유용하다. 하지만 단순히 키워드 하나만으로 마음속 지도를 얻을 수는 없다. 대부분의 검색은 한 번에 끝나지 않기 때문이다. 키워드들은 나름의 의미와 의도를 가지고 검색 행위 어딘가에 놓인다. 따라서 이런 키워드들을 연결해서 마음의 흐름을 파악하는 분석이 필요하다. 이런 마음의 흐름은 검색하는 사람과 상황에 따라 달라지기 때문에, 키워드의 의미를 제대로 파악하기 위해서는 그들의 검색 맥락을 이해하는 것이 무엇보다 중요하다.

예를 들어 보자. 누군가가 검색창에 '김치 요리'를 입력했다고 치자. '김치 요리'라는 키워드에 대해서도 다양한 상황이 존재할 수 있다. 냉장고에 있는 재료가 김치밖에 없어서 '김치로 만든 요리 종류'를 알고 싶었던 것인지, '김치 요리 레시피'를 구체적으로 알고 싶었던 것인지, 묵은지, 파김치, 열무김치, 백김치 등 '김치 종류에 따른 요리법'을 구체적으로 알고 싶은 것인지, '김치 요리를 파는 간편식 브랜드'를 찾고 있었던 것인지 등 상황도 가지각색이다. 이처럼 검색 키워드는 다양한 상황 속에 놓인다. 동일한 키워드를 입력하는 사람들이 있다고 하더라도 나이, 성별, 상황에 따라 다른 의도를 가지고 검색창에 접근하기 때문이다. 키워드가 놓은 맥락을 봐야 키워드에 숨겨진 고객 의도를 읽어 낼 수 있다. 그래야 우리 목적에 맞는 콘텐츠도 기획하고 마케팅 플랜도 짤 수 있게 된다. 우리에게 필요한 것은 단순히 어떤 키워드가 많이 검색되었는가를 넘어, 어떤 검색의 과정 속에 키워드가 놓여 있는지, 그 맥락이 의미하는 바는 무엇인지를 파악하는 것이다.

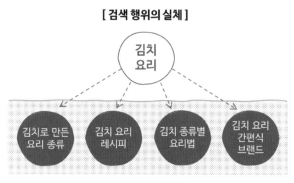

[검색 행위의 실체]

김치
요리

김치로 만든
요리 종류

김치 요리
레시피

김치 종류별
요리법

김치 요리
간편식
브랜드

검색자의 맥락에 따라 다르게 자리잡고 있는
"소비자의 숨겨진 의도"

고객이 어떤 키워드를 검색하고 있는지, 어떤 목적을 가지고 그 키워드를 검색하는지, 그 키워드를 검색한 이후에 어떤 액션을 하려는지 그 의도를 이해한다면, 고객 여정을 그리는 데 한 발짝 다가갈 수 있다. 우리가 알아야 할 것은 그들 마음의 맥락이자, 행동의 맥락이다. 마음의 맥락을 읽다 보면 '고객 페르소나'가 보이고, 행동의 맥락을 읽다 보면 '고객 여정'이 그려진다. 따라서 고객 여정 전반에서 소비자가 검색창에 던지는 질문들(키워드들)로 그들의 인텐트를 찾아낸다면, 이들을 만족시킬 수 있는 마케팅 콘텐츠로 그들의 질문에 답할 수 있다.

인텐트 마케팅이 강력한 이유는 마케터의 질문이 고객에게 향해 있기 때문이다. "고객의 관심사는 무엇일까?" "고객은 무엇을 찾고 있을까?" "고객이 해결하고자 하는 문제는 무엇일까?" "고객이 알고

**인텐트 마케팅은 고객이 구매여정 중에 던지는 질문에 답을 하기 위해서
검색 데이터에서 추출한 인텐트를 고객 구매여정에 매칭하여 고객 반응을 높이는 콘텐츠를 기획합니다**

검색 데이터로부터	소비자 인텐트를	소비자 인텐트 기반 콘텐츠
소비자 인텐트 추출	고객 퍼널에 매핑	제작 및 미디어 선정 활용

(출처: 어센트코리아)

싶어하는 것은 무엇일까?" "고객이 최종적으로 구매하고 싶은 것은 무엇일까?" "고객은 무엇을 비교하고 있을까?" "그들의 구매를 막는 장애요인은 무엇일까?"와 같은 질문은 인텐트 마케터가 가져야 할 기본적인 질문이다. 인텐트 마케팅의 필요성을 강조하는 어센트코리아는 이런 질문들에 집중해서 검색 키워드를 도구로 삼아 고객의 마음속을 탐험하는 방법들을 개발하고 있다.

마케팅의 본질은 고객 가치의 창출이니 마케팅은 고객의 마음 밭에서 출발하는 것이 맞다. 그렇기에 인텐트 마케팅은 고객의 마음을 듣는(Listening Mind) 데서부터 시작한다. 마케팅에서 검색의 위상이 높아짐에 따라 마케팅 성과에 대한 지표 역시 '마켓 쉐어(Market Share)'에서 '마인드 쉐어(Mind Share)'를 거쳐 '인텐트 쉐어(Intent Share)'로 진화해 가야 한다. 이에, 데이터 분석의 방향도 마켓 쉐어를 높이기 위해 진행되었던 방식에서 인텐트 쉐어를 높이는 방식으로 진화시킬 필요가 있다.

리스닝마인드 소개

고객의 머릿속에 있는 고민들을 지도로 볼 수 있다면 얼마나 좋을까? 이런 바램이 현실이 되도록 서치 리스닝(Search Listening)을 제공하는 툴이 바로 '리스닝마인드(ListensingMind™)'이다. 어센트코리아는 고객의 의도까지 선명하게 볼 수 있는 해상도 높은 검색 데이터 분석 툴을 제공하여 고도의 마케팅 인사이트를 쉽게 발견할 수 있도록 돕는다.

어센트코리아가 제시하는 분석 툴은 다른 검색 툴에 비해 무엇이 다를까? 리스닝마인드는 전세계적으로 유일무이하게 구글과 네이버를 통합해서 인텐트 리서치가 가능하게 해 주는 툴이다. 이 툴은 소비자들이 검색엔진에 입력하는 키워드의 패턴과 시퀀스, 그리고 그 의도를 분석함으로써, 고객이 특정 제품, 서비스, 브랜드에 대해 갖고 있는 관심과 구매의 맥락들을 투시할 수 있게 해 준다(썸트렌드는 소셜 콘텐츠에서 언급되는 키워드를 크롤링해서 키워드의 패턴을 보여 주는 것이 강점인 반면, 리스닝마인드는 검색창에 입력하는 소비자의 인텐트 키워드를 크롤링하고 그것들의 검색 경로를 보여 준다는 것이 차별화된 강점이다).

리스닝마인드가 강력한 이유는 대부분의 검색 행동을 커버한다는 것 외에, 소비자 마음의 맥락을 읽을 수 있도록 도와주기 때문이다. 우리가 알아야 하는 것은 '키워드'의 오르고 내림이 아니라, 키워드를 단서로 한 사람들 '마음'의 오르고 내림이다. 키워드는 낱개의 단어 또는 단어 조합으로 이루어져 있기 때문에, 키워드 하나의 등락으로 소비자의 마음을 파악하기는 어렵다. 따라서 키워드가 놓인 맥락 속에서 그 의미를 분석하는 것이 중요하다. 리스닝마인드는 특정 검색 키워드의 전후 키워드들의 모음과 그 흐름을 보여 줌으로써 키워드 안에 숨어 있는 고객 마음의 맥락을 보여 준다. 이런 분석이 가능한 것은 낱개의 데이터를 의미의 덩어리로 묶어 내는 어센트코리아의 분석 역량 덕분이다.

그들의 개발 작업이 쉽사리 이루어진 것은 아니다. 그들은 일찌감치 고객의 의도를 담은 키워드들 중 유사한 단어들이 모여 일종의 그룹을 이룬다는 것을 발견했다. 검색어 군집들을 토픽 단위로 분류하고 나니, 검색 키워드 속에 가려진 소비자들의 필요(needs)와 욕구(wants)가 보이기 시작했다. 데이터 속에 숨어 있던 고객의 인텐트가 수면 위로 올라오는 순간이었다. 처음에는 이 모든 과정이 수작업(API를 통해 1억 7천 만개의 키워드의 검색량을 받고, 각 키워드의 검색 결과 페이지를 코드 단위로 분석하는 전처리 작업이 요구되었다)으로 이루어졌으나, 수년의 시간과 노력을 쏟은 끝에 이 과정을 자동화하는 데 성공했다. 이것이 리스닝마인드가 어떤 검색 데이터 분석 툴에 비할 수 없이 값진 이유이다. 그 덕분에 이 도구를 이용해서 우리는 쉽게 소비자 마음을 들여다볼 수 있게 되었다. 이 가치를 알아 본 많은 마케터들에 의해 인텐트 리서치(Intent Research)는 새로운 기대를 품고 기존의 리서치 방식을 대체하고 있다.

인텐트 리서치를 통해 얻을 수 있는 분석 인사이트를 조금 더 살펴보자. 어센트코리아는 자신들이 검색 키워드에서 맥락을 찾아 나가는 방식을 '점-선-면'에 빗대어 설명한다. 먼저 '점'은 개별 키워드와 그 키워드를 둘러싼 연계 키워드들을 의미한다. 유사한 의미를 기준으로 키워드들이 토픽으로 묶이게 되면 시장이 어떻게 구성되어 있는지 현황을 파악할 수 있다. 다음으로 '선'은 토픽들의 연결 플로우(Flow)이다. 이는 소비자가 어떤 경로로 검색하는지를 나타내

주므로, 어떻게 우리 브랜드로 유입되는지 고객의 검색 여정을 그리는 데 활용된다. 그리고 '면'은 검색 목적이 유사한 키워드를 그룹화한 클러스터를 의미하는 것으로, 특정 그룹으로 묶인 키워드들을 통해 이들 클러스터가 원하는 욕구나 필요로 하는 내용들의 맥락을 구체적으로 들여다볼 수 있다.

마케터의 궁극의 목적은 고객의 마음을 읽어 시장 수요를 만들어 내는 것이다. 인텐트 마케팅을 추구하는 어센트코리아는 앞으로 몇 년 내 인텐트 마케팅이 모든 마케터의 기본 소양이 될 것을 확신한다. 어센트코리아가 '리스닝마인드'의 개발에 힘쓰는 이유는 소비자들의 마음에 공감하는 자세가 마케터의 제1 역량이라고 생각하기 때문이다. 그들은 자신들의 사명을 이렇게 전한다. "우리는 마케터가 소비자들의 'Why'에 집요하게 매달릴 수 있도록 돕는다. 고객을 바라보는 순간, 모든 것이 달라지기 때문이다."

자, 이제 본격적으로 리스닝마인드의 주요 기능을 살펴보자. 이 도구는 소비자가 특정 키워드를 검색하기까지 어떤 검색 과정을 거쳤는지, 그 안에 담긴 검색 의도가 무엇인지 파악하기 위해 '인텐트파인더' '패스파인더' '클러스터파인더' '페르소나뷰' '로드뷰'의 기능을 제공한다. 앞에서 언급한 점의 개념은 인텐트파인더에서, 선의 개념은 패스파인더와 로드뷰에서, 면의 개념은 클러스터파인더와 페르소나뷰에서 구현된다. 그리고 각 기능들은 소비자의 진정한 검색 의도를 보다 쉽게 파악하여, 고객 여정 안에서 마케팅 콘텐츠를 최적화할 수 있도록 돕는다.

먼저, '인텐트파인더(Intent Finder)'를 보자. 인텐트파인더는 소비자의 인텐트를 손쉽게 발굴하도록 모든 연관 검색어를 다양한 필터로 분류해서 제시해 준다. 분석할 검색 키워드를 입력하면 연관 키워드들이 리스트업 되는데, 전체적으로 이 키워드를 둘러싼 주변 인텐트가 어떻게 변화하고 있는지를 파악할 수 있다. 특정 키워드와 연관 키워드들에 대한 월평균 검색량, 연간 총검색량, 3개월 전 검색량 대비 증감률, 광고 경쟁도 등의 데이터와 연관 키워드를 토픽별, 검색 인텐트별, 검색 연령별 등으로 데이터를 구분해서 볼 수 있는 다양한 필터 기능이 제공된다.

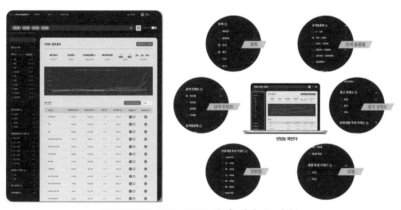

리스닝마인드–인텐트파인더 (출처: 어센트코리아)

'패스파인더(Path Finder)'는 소비자의 검색 경로를 그래프로 표현하여, 입력 키워드에 관련된 소비자의 생각의 흐름을 한눈에 보여준다. 소비자는 하나의 키워드만 검색하지 않고, 보통 키워드를 연속적으로 입력해서 궁금한 질문에 답을 찾아 나간다. 따라서 검색 경로를 분석하게 되면 잠재 고객이 우리 브랜드를 검색하기 이전에 어떤 키워드를 찾고 있는지, 우리 브랜드와 비교하고 있는 곳은 어디인지, 우리 브랜드의 구매까지 가는 데 어떤 생각의 흐름이 있었는지 등을 알 수 있다. 패스파인더는 입력 키워드에 연결된 많은 검

인텐트 분석의 중요성: 검색 데이터는 어떻게 마케팅을 살리는가?

색 경로 중에서 강한 시그널을 보이는 경로의 키워드들을 중심으로 해당 키워드의 검색 경로 앞뒤로 최대 10개까지의 키워드 경로를 보여 준다. 이는 검색 행태를 깊이있게(Depth) 들여다 보는 현미경과 같은 기능이라고 볼 수 있다. 이렇게 검색의 선후관계를 분석하게 되면, 초기 탐색 단계부터 구매 직전이나 구매 이후까지 소비자의 마음속 관심의 흐름을 따라 고객 여정의 단계별로 마케팅 전략을 수립하는 데 도움을 받을 수 있다.

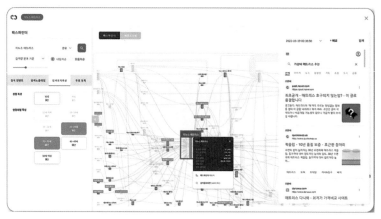

리스닝마인드 ― 패스파인더 (출처: 어센트코리아)

하나의 검색어 속에는 사람들의 여러 가지 욕망과 의도가 담겨 있다. '클러스터파인더(Cluster Finder)'는 소비자들이 궁금증을 해결하기 위해 검색창에 입력한 다양한 키워드의 경로들을 추출한 뒤, 여기에 포함된 키워드들을 알고리즘으로 그룹화해서 입력 키워드에 담긴 잠재 고객들의 인텐트를 보여 주는 기능이다. 이 기능은 특정 검색어의 이전-이후 키워드를 앞뒤로 2~3개씩 최대 2만 개까지 한 번에 가져온 뒤, 이를 동일한 인텐트끼리 그룹핑(클러스터링)해서 보여줌으로써 관심 토픽들을 손쉽게 발굴할 수 있게 해 준다. 이는 입력 키워드를 중심으로 연결된 소비자들의 검색 행태를 폭넓게(Width) 보여 주는 망원경과 같은 기능이라고 할 수 있다. 마케터는 입력한 제품 키워드에 관련된 특정 상황, 이유, 장소, 시간, 대상, 감정 등을 바탕으로 유사한 토픽 키워드들을 손쉽게 클러스터링 할 수 있고 클러스터의 세부 키워드 리스트를 살펴봄으로써 실제 소비자의 롱테일 키워드를 확인할 수 있다. 따라서 이렇게 얻은 각 클러스터 내 세부 키워드들은 해당 제품 카테고리로 진입할 수 있는 카테고리 엔트리 포인트(CEPs)로 활용될 수 있어, 이를 통해 소비자의 맥락에 들어갈 수 있는 새로운 기회를 발견할 수 있다. 이 분석 기능은 브랜딩에 활용할 수 있는 CEPs를 발굴하거나, 우리 브랜드에 적합한 타깃 페르소나를 정의하거나, 고객 니즈에 기반한 신제품 아이디어를 도출하거나, 타깃의 관심사에 근거한 콘텐츠 개발에 유용하게 쓰일 수 있다. 더불어 클러스터파인더에는 GPT 기능이 접목되어 있어, 데이

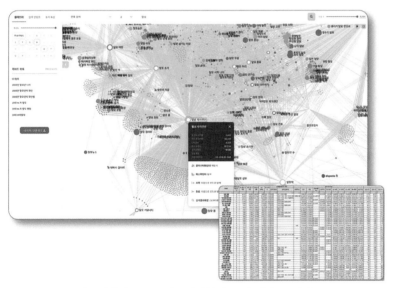

리스닝마인드 - 클러스터파인더 (출처: 어센트코리아)

인텐트 분석의 중요성: 검색 데이터는 어떻게 마케팅을 살리는가?

터 리터러시가 낮은 사용자도 쉽게 이해할 수 있도록 클러스터에 대한 인사이트를 요약해 주기도 한다. 또한 상위 URL 분석을 통해 해당 클러스터에 대한 인텐트를 담고 있는 상위 채널을 보여 주며 실질적인 미디어 플래닝에 유용한 팁도 제공한다.

리스닝마인드는 타깃 페르소나를 구체화하는 데도 실질적인 정보를 제공한다. 일반적으로 타깃 페르소나는 고객을 좀 더 구체적으로 이해하기 위해 사용자 정보를 바탕으로 만든 가상의 캐릭터를 말한다. 이는 소비자 중심의 마케팅을 구현하기 위해 고안된 최신의 마케팅 기법이다. 기업은 고객을 더 잘 이해해서 그들의 욕구에 맞는 제품과 서비스를 개발하고 마케팅 전략을 수립하기 위해 페르소나를 활용한다. 지금까지는 페르소나를 선정하기 위해 가상의 고객을 마케터의 추정과 상상에 의지해서 그렸다. 그러다 보니 이를 액션 플랜으로 옮겼을 때 실제 성과로 연결될지 늘 의구심이 따랐다. 이러한 문제를 해결하고자, 어센트코리아는 고객이 구매를 통해 그들의 문제를 해결하려고 한다는 'JTBD(Jobs to be Done) 이론'(크리스텐슨 교수의 책『일의 언어』에 소개되었다)을 접목하여, 소비자의 검색 의도에 기반한 뉴페르소나를 제안한다. 뉴페르소나는 인텐트 맥락으로 페르소나를 구체화하기 때문에 고객의 문제를 그들의 입장에서 이해할 수 있게 해줄 뿐 아니라, 고객 의도를 반영한 실효성 높은 마케팅 전략으로 성과를 만들어 내는 데도 큰 도움을 준다.

리스닝마인드에서는 검색 데이터에 기반한 실질적인 타깃 페르소나를 그리기 위해서 '페르소나뷰(Persona View)'를 활용한다. 페르소나뷰는 패스파인더 안에서 실행되는데, 페르소나뷰가 패스파인더 안에 위치하는 이유는 하나의 검색 키워드나 검색 토픽은 맥락에 따라 다른 경로를 보인다는 검색 행태에 기반을 두고 있기 때문이다.

따라서 패스파인더가 보여 주는 카테고리 전체의 검색 경로에는 다양한 페르소나들의 족적들(경로들)이 포함되어 있다. 그렇기에 페르소나뷰는 특정 검색 경로를 보이는 소비자의 인텐트들을 따로 묶어서 이들의 관심과 필요를 한눈에 보여 주게 된다. 각 페르소나 그룹은 특정 목적과 의도를 중심으로 묶이므로, 이 기능을 활용하면 고객의 실제 고민과 욕구에 따라 상품을 기획할 수도 있고, 마케팅 콘텐츠를 개발할 수도 있다. 페르소나뷰에도 GPT 기능이 접목되어 있어 누구나 손쉽게 페르소나에 대한 인사이트를 얻을 수 있다.

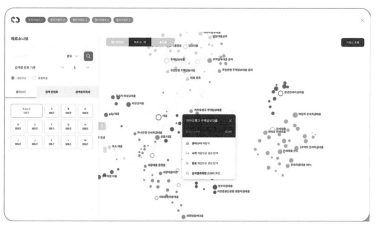

리스닝마인드 – 페르소나뷰 (출처: 어센트코리아)

'로드뷰(Road View)'는 고객이 키워드 검색을 통해 자신의 욕구를 어떻게 해결해서 구매까지 가는지의 여정을 시각화해서 보여 준다. 패스파인더가 특정 검색어의 경로를 최대 10단계까지 볼 수 있는 기능이라면, 로드뷰는 검색 경로의 첫 지점과 마지막 지점을 정해서 특정 검색 경로를 자세히 보는 기능이다(로드뷰도 패스파인더 안에서 실행된다). 이 기능을 활용하면 마케터는 고객이 어떤 검색 경로를 거처 우리 브랜드에 도달하게 되는지 이동 경로를 구체적으로 확인할 수 있게 된다. 시작점에 제품 카테고리 키워드를 넣고 종료 지점에 브랜드 키워드를 넣게 되면, 제품 카테고리 안에서 우리 브랜드가 언제, 어떤 상황에서 인지되고 구매 고려군에 들어오는지 탐색할 수 있다. 혹은 시작점에 우리 브랜드를 넣고 종료 지점에 경쟁 브랜드를 넣으면, 어떤 지점에서 경쟁사로 이탈하는지도 파악할 수 있다.

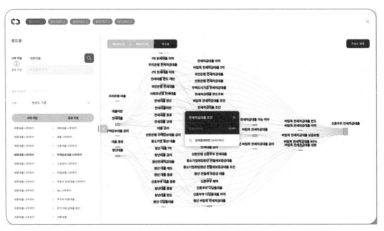

리스닝마인드 – 로드뷰 (출처: 어센트코리아)

검색 키워드에 담긴 인텐트를 제대로 이해하고 활용한다면 대부분의 마케팅 이슈들을 해결하는 데 큰 도움을 받을 수 있다. 인텐트 분석이 제공하는 주요 인사이트는 다음과 같다.

첫째, **시장 현황 및 트렌드**를 파악할 수 있다. 리스닝마인드를 사용하면 소비자들이 어떤 정보를 어떤 맥락에서 찾고 있는지 알 수 있고, 다양한 관심 토픽을 쉽게 뽑아볼 수 있다. 따라서 관심 트렌드의 움직임을 살펴 잠재 시장에 대비할 수 있을 뿐 아니라, 자사와 경쟁사 브랜드에 대한 잠재 니즈의 규모를 파악하여 경쟁 우위를 확보하는 데도 도움을 받을 수 있다.

둘째, 신제품 개발이나 제품 개선에도 유용하게 쓰일 수 있다. 검색어 시퀀스와 검색어 클러스터링을 보면 소비자들의 생각과 의도, 고민의 실체를 파악할 수 있으므로, 이를 해결하는 방향으로 제품과 서비스를 개발하거나 개선하는 아이디어를 얻을 수 있다.

셋째, 타깃 페르소나를 개발하는 데도 유용하다. 고객은 다양한 상황에서 다양한 관심사와 문제들을 안고 있기 때문에, 하나의 고객도 TPO에 따라 다른 구매 행태를 보인다. 따라서 우리는 좀 더 정교한 타깃 페르소나 작업을 통해 섬세한 마케팅을 집행하는 것이 필요하다. 리스닝마인드를 통해 페르소나의 인텐트의 맥락을 파악하게 되면 타깃의 의도를 충족시키는 방향으로 실효성 있는 마케팅을 기획할 수 있다.

넷째, 마케팅 콘텐츠와 크리에이티브 제작을 위한 인사이트를 얻을 수 있다. 리스닝마인드는 고객 여정 지도의 각 단계에서 고객을 유입시킬 수 있는 인텐트 기반의 고객 키워드를 제공한다. 따라서 이러한 인텐트 리서치는 소비자의 필요와 취향에 기반한 공감도 높은 콘텐츠와 크리에이티브를 기획하는 데 좋은 지침이 된다. 고객의 검색 의도를 담은 콘텐츠는 자발적으로 고객의 관심을 끌고 유입을 증대시키는 데 효과적이기 때문이다.

다섯째, 디지털 마케팅을 위한 미디어 플래닝에도 도움이 된다. 리스닝마인드는 검색 상위 URL을 제공하여 가장 영향력이 있는 도메인을 확인할 수 있게 해 준다. 이를 활용하면 타깃이 주로 방문하는 채널을 중심으로 광고 매체를 선정하는 데 도움을 받을 수 있다.

여섯째, 검색엔진최적화(SEO) 전략에 특히 유용하다. 사람들은 더이상 진정성 없고 진부한 광고를 신뢰하지 않는다. 이제 마케터는 광고가 아닌 소비자를 자연 유입시키는 검색엔진최적화(SEO)에 더욱 힘써야 한다. 이때, 고객이 검색엔진에서 사용하는 키워드를 분석하여 그들이 찾고자 하는 의도를 알게 된다면, 검색엔진 상위에 노출되는 콘텐츠나 홈페이지를 설계하는 데 큰 도움을 받을 수 있다. 이러한 검색 키워드 분석은 경쟁이 심하지 않은 롱테일 키워드를 선점하여 우리만의 세분 시장을 구축하는 데도 기여하게 된다.

일곱째, 디지털 전환의 지향점이 되고 있는 '고객 여정 최적화'의 기틀을 마련해 준다. 리스닝마인드는 기본적으로 검색 경로를 제공하므로 고객 여정의 각 단계에서 고객의 의도에 맞는 콘텐츠와 마케팅 솔루션을 개발하는 데 유용하게 쓰일 수 있다. 특히, 여정 초반에 CEPs를 반영하여 콘텐츠를 기획하게 되면 다양한 생활 맥락에 브랜드를 연결시켜 유입을 강화시킬 수 있다. 이를 통해 고객의 구매 결정을 유도할 뿐만 아니라, 타깃 페르소나에 맞춤형 고객 경험을 설계하는 데도 유용하게 활용될 수 있다.

여덟째, 마케팅을 수행하고 난 뒤 성과를 측정하고 개선하는 데도 피드백을 얻을 수 있다. 모든 마케팅의 결과는 고객의 인식과 행동으로 나타난다. 리스닝마인드는 브랜드 키워드의 검색량, 연관 검색어, 브랜드 검색 경로를 살펴, 브랜드가 고객의 삶에 어느 정도 침투되어 있는지를 확인할 수 있게 해준다. 브랜드 검색 키워드는 소비자의 머릿속에 브랜드의 정체성이 어떻게 자리 잡고 있으며, 시장 트렌드의 어떤 영역을 차지하고 있는지 보여 주므로 브랜드의 성장 로드맵을 작성하는 데도 도움을 얻을 수 있다.

고객의 마음을 파고드는 마케팅이 필요한 시대. 지금은 더 쉽고 효과적인 도구들을 통해, 빠르게 소비자의 본질적인 니즈에 다가가 고객 중심의 마케팅 전략을 수립해야 한다. 이제 기업의 사활은 소비자의 의도를 알고 있냐, 모르고 있냐에 달리게 되었다. 옛날처럼 마케터들이 직접 발로 뛰며 고객들을 찾아다닐 필요 없이, 쉬운 대시보드 하나면 세계 곳곳에서 실시간 일어나는 고객의 질문들을 모니터링할 수 있게 되었다. 이제 마케터에게 필요한 것은 고객에게 귀를 열고 그들의 마음을 상상할 수 있는 리스닝마인드이다. 그냥 하지 마라. 데이터로 고객을 상상해라.

리스닝마인드 허블 솔루션

어센트코리아 리스닝마인드 소개 영상 :
https://www.youtube.com/watch?v=5IeqG2IAB7k

어센트 코리아는 글로벌 No 1. 서치 리스닝 기업입니다

검색어에는 지극히 개인적인 고민들이 담겨있다. 오늘날의 소비자는 매일 그들의 내밀한 질문들을 검색창에 묻고 답을 찾는다. 어센트 코리아의 박세용 대표는 소비자의 욕구가 오가닉 검색 정보 속에 숨겨져 있음을 일찌감치 알아보고, 서치 리스닝 기반의 인텐트 마케팅 솔루션 '리스닝마인드'를 개발했다. 리스닝마인드는 한국과 일본에 런칭되어 있으며, 현재 삼성물산, LG생활건강, CJ제일제당, LG전자, KB국민은행 등 기업 뿐만 아니라, 이노션, HS애드, 하쿠호도제일, 메조미디어, 인크로스, The SMC 등 광고대행사에서도 도입하여 사용하고 있다.

어센트코리아는 마케터의 눈을 '제품'에서 '소비자'로 돌려, 그들이 더 나은 고객가치를 소비자에게 제공할 수 있도록 지원을 아끼지 않는다. 이들은 빠르게 변화하는 디지털 마케팅 환경에서 각 기업이 적절한 마케팅 해답을 찾는 데 도움을 주기 위해 주기적으로 리포트를 발간하고 오프라인 모임도 갖는다. 또한, 인텐트 데이터 인사이트 리포트 공개 후 현업 마케터 및 업계 관계자들을 초대해 오프라인 모임인 '리스닝마인드 데이터 인사이트 클럽'을 매달 진행한다. 리스닝마인드 데이터 인사이트 클럽에 참여하면 실제 리스닝마인드를 활용해서 인사이트를 도출하는 과정을 직접 경험해 볼 수 있다.

어센트 코리아는 모든 기업이 고객을 경청하는 마음으로 세상에 꼭 필요한 제품과 서비스를 제공하여 사랑받는 기업이 되길 희망한다. 그리고 그들의 이런 바램은 그들의 비전에 이렇게 담겨있다.

"우리의 비전은 검색 데이터를 통해 보이지 않았던 것을 볼 수 있게 만들어(See the Unseen) 모든 기업들이 '리스닝 마인드'를 가지게 만드는 것입니다."

어센트코리아 사옥에 걸린 글

리스닝마인드 데이터 인사이트 클럽 현장 사진

어센트코리아 리스닝마인드 사이트 :
https://www.ascentkorea.com/listening-mind/hubble/

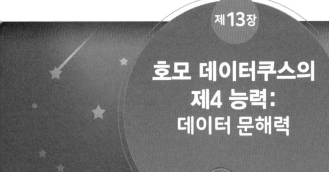

호모 데이터쿠스의
제4 능력:
데이터 문해력

> **"사냥에 성공하려면 사냥감처럼 생각하라.**
> **사냥꾼은 동물처럼 행동하고 생각하는 법을 배워야 한다."**
>
> 미시건 주립대학 생리학과 교수 로버트 루트번스타인(Robert Root Bernstein)

🔷 데이터 해석의 실체

당신은 코끼리를 본 적이 있는가?

보이지 않지만 존재하는 것이 있다. '독수리 눈에 감지되는 10km 밖의 사물', 아니면 '신들만 알 수 있는 인간의 미래'. 이런 것들은 인간의 시야로는 절대 알기 어려운 일이다. 반면, 인간의 능력치 안에 있으면서도 잘 보이지 않는 것이 있다. 바로 현상 이면에 숨겨져 있는 문제의 '원인'이다. 우리 삶에는 문제의 원인을 찾아야 하는 일들이 자주 일어난다. 하지만 문제의 진짜 원인을 아는 사람은 흔치 않다. 그래서 경찰을 찾고, 변호사를 찾고, 심리상담가를 찾아 문제를 해결해달라고 도움을 청한다. 당신이 데이터를 분석하는 전문가라면, 현상 파악 이후에 문제의 원인을 탐색하는 길을 나서야 한다.

지금 당신이 알타미라의 동굴벽화를 보고 있다고 하자. 그 당시 무슨 일이 일어났는지 우리가 알 수 있을까. 그 벽화가 구석기의 누군가가 그렸다는 것도 역사적 고증을 통해 추정할 뿐이다. 누가 이 그림을 그렸을까? 무엇으로 이 그림을 그렸을까? 이 그림을 왜 그렸을까? 이 그림을 그릴 때의 마음은 어땠을까? 우리는 벽화를 보면서 그때의 상황과 그들의 마음을 소환하려고 애쓴다. 이렇게 파편화된 데이터들을 모아서 눈에 보이지 않는 소비자의 윤곽을 그려 내는 능력, 추론과 통합을 통해 지식을 연결해서 인사이트를 찾아내는 능력이 데이터 해석에도 필요하다.

우리에게 데이터 리터러시가 필요한 이유

실제 일어나고 있는 현상
(예: 구석기 시대의 삶)

우리가 찾은 데이터
(예: 알타미라 동굴벽화)

"구석기 시대 사람들은 왜 이런 그림을 그렸을까?"

지금부터는 해석의 단계이다. 해석은 분석과 다르다. 분석이 데이터의 실체를 파악하는 것이라면, 해석은 데이터에 의미를 부여하는 일이다. 데이터 해석에는 추론과 통찰이 필요하다. 위의 그림처럼 데이터는 현상의 극히 일부분에 불과하기 때문이다. 데이터는 파편화되어 있다. 그리고 데이터 사이에는 비어 있는 공간도 많다. 따라서 데이터로 현상을 제대로 읽어내기 위해서는 상상력의 도움이 필요하다. 데이터 해석에 상상력이라니. 한 동물의 예를 들어 보겠다. 생전 코끼리를 본 적이 없는 두 사람이 있다고 하자. 이들에게 각자 다른 시간에 코끼리를 촬영한 사진을 보여 준다. 그리고 이들에게 코끼리를 묘사해 보라고 한다. 한 사람은 길쭉한 선을 그렸고, 다른 사람은 동그란 원을 그렸다. 왜 이런 일이 발생했을까? 두 사람에게 제시한 것은 코끼리의 코였다. 한 사람에게는 코끼리 코가 앞으로 쭉 뻗은 사진을 보여 준 것이고, 다른 사람은 코끼리 코가 동그랗게 말린 사진을 보여 준 것이다. 두 사람은 각자의 사진에 충실하게 코끼리를 묘사했을 것이다. 하지만 누가 코끼리를 정확히 그렸다고 할 수 있을까? 데이터가 어떤 측면을 비추느냐에 따라 현실은 왜곡되고 진실은 다르게 해석된다. 데이터 분석에 이런 일은 비일비재하게 일어난다. 그래서 전체적인 통찰력으로 코끼리를 분별해 내는 통찰의 능력이 필요한 것이다.

코끼리를 묘사해 보세요

다시 한번 강조하지만 숫자는 현상이 아니고, 현상은 실체가 아니다. 데이터는 아주 파편화된 부분만 가리킬 뿐이다. 다양한 파편들을 모아 비즈니스 목적에 맞게 구성하고, 재배치하고, 해석해서 소비자에 대한 진실을 아는 것이 핵심이다. 당신이 마케터라면 데이터를 무조건 신봉하거나 화려한 분석을 무조건 추앙하는 것을 멈춰야 한다. 변수 사이의 관계를 알아차리는 인사이트는 통계 지식에서 나오는 것이 아니다. 이것은 인간의 통찰적 사고에서 나온다. 우리의 목적은 코끼리가 어떤 동물인지를 파악하는 것이지, 코끼리의 코에 주름이 얼마나 많이 새겨져 있는지를 묘사하는 것이 아니다.

데이터가 아니라 데이터 문해력이 관건

인식론의 대가인 철학자 칸트(Kant)가 이런 말을 남겼다. "우리는 사물을 있는 그대로 알 수 없고, 오직 우리의 인식 능력을 통해서만 알 수 있다". 우리의 스승들은 세상을 이해하는 인간의 능력이 사유에서 나온다는 것을 이미 알고 있었다. 세상은 계속 변하고, 시장 역시 계속 움직인다. 따라서 실시간 쌓이는 데이터를 해석할 때도 변화하는 상황을 고려해서 좀 더 넓고 깊게 해석하는 눈을 가져야 한다. 열린 마음으로 세상의 다양한 변화를 관찰하고, 소비자의 반응에서 문제의 원인을 통찰하며, 창의적 아이디어로 새로운 가치를 만들어내는 힘은 '빅 데이터(Big Data)'가 아닌 '빅 씽킹(Big Thinking)'에서 나온다. 『씩 데이터(Thick Data)』의 저자인 백영재 박사는 문화 인류학의 관점으로 데이터 속에 담긴 맥락과 의미를 해석해야 인간의 진짜 얼굴을 볼 수 있다고 조언한다.

빅데이터는 관점에 따라 사용 용도가 천차만별이다. 데이터가 사실을 기반으로 객관적으로 수집되었다고 하더라도, 듣는 사람의 관점에 따라 그 해석은 얼마든지 달라질 수 있다. 그래서 단순한 분석을 넘은 문해력이 데이터 영역에서 빛을 발하는 것이다. 데이터 문해력은 눈에 보이는 철자를 곧이곧대로 받아들이는 것이 아닌, 글자에 숨겨진 의미를 파악해서 내용에 공감하는 능력이다. 문해력이 있어야 상황을 제대로 볼 수 있고, 문해력이 있어야 문제를 해결할 실마리에 가까이 다가갈 수 있다. 결국, 데이터 리터리시란 보이지 않는 소비자를 그려내서 마케팅 인사이트를 얻는 길이고, 곧 가치로 전환될 수 있도록 데이터에 생명을 불어넣는 일이다.

마케터가 데이터로 소비자와 의사 소통하는 법

마케터는 데이터 리터리시 능력을 바탕으로
소비자 심리를 상상하고 고객 가치를 만들어 낼 수 있어야 한다.

사회생활에서도 마찬가지이다. 조직 안에서 문제가 발생했을 때 정황을 파악하는 눈치가 얼마나 중요하던가. 데이터 리터리시는 데이터 수집상의 오류와 인간의 제한된 분석 능력으로 인해 생기는 빈 공간을 메우는 '데이터 눈치'라고도 할 수 있다. 안타깝게도 데이터 분석가들은 눈치를 경시한다. 데이터 사이언티스트의 한계이다. 그리고 이런 자세는 데이터 기반의 의사결정에서 놓치기 쉬운 맹점으로 작용한다. 이것이 우리가 데이터 리터러시를 꼭 인문학의 마음으로 접해야 하는 이유이다.

데이터 문해력을 높이기 위한 디코딩 역량

데이터 분석은 대화의 스킬과 닮았다. 말하는 사람은 자기가 하고 싶은 말을 잘 담아야 하고, 듣는 사람은 상대의 말을 잘 이해해야 한다. 그런 관점에서 데이터는 '인코딩(Encoding)'과 '디코딩(Decoding)'의 학문이다. 대화가 잘 통하려면 서로간에 오해가 없어야 하는 것처럼, 데이터도 잘 쓰려면 소비자와 마케터 간의 오류를 최소화해야 한다. 데이터를 듣는 기술, 즉 문해력을 갖추는 데 가장 중요한 것은 디코딩 역량이다.

듣는 데 무슨 기술이 필요할까 싶지만, 잘 듣는 것만으로도 사랑받는 사람들이 있다. 대표적인 사람이 이금희 아나운서와 유재석 MC다. 이들은 왜 듣는 스킬만으로도 사랑받게 되었을까? 이들과 대화하는 사람들은 편안한 마음으로 자신의 속마음을 자연스럽게 꺼내놓는다. 어떤 능력이 상대로 하여금 속마음을 거리낌 없이 이야기하게 만드는 것일까? 이금희 아나운서는 상대방의 말을 경청하고 진심으로 호응한다. 그녀가 가지고 있는 공감의 힘 때문이다. 유재석 MC는 어떤가? 상대가 하는 몇 마디 안 되는 말에서 요지를 짚고 편하게 더 깊은 속마음을 털어놓도록 대화를 이끈다. 이 역시 핵심을 짚는 논리적 사고와 프로그램의 방향성을 놓치지 않는 통찰적 사고가 함께 작동한 결과이다. 이들의 이야기에서 데이터 문해력의 핵심 역량을 알 수 있다.

데이터는 항상 오류를 품고 있기 때문에 마케터는 이를 잘 걸러낼 수 있는 디코딩 역량을 갖추어야 한다. 디코딩 역량을 잘 발휘하기 위해서는 로지컬 씽킹(Logical Thinking)을 통한 논리적 사고와 더불어, 디자인 씽킹(Design Thinking)을 통한 통찰적 사고가 필요하다.

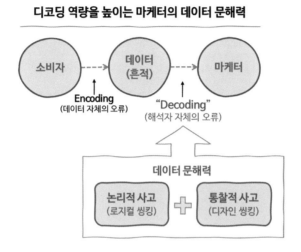

🔷 어떻게 데이터에서 마음을 읽을 것인가?

맥락을 보는 눈, 맥락적 사고를 키워라

많은 기업들이 데이터를 제대로 활용하지 못하는 근본적인 이유는 무엇일까? 한마디로 이들은 고객의 '진짜' 문제에는 관심이 없기 때문이다. 이들의 시선은 '매출'을 올리는 데에 꽂혀 있거나, 빅데이터로 '분석'을 하는 데에 집중되어 있는 경우가 많다. 데이터는 소비자의 흔적이므로, 그들의 고민과 근심, 욕망과 기대가 숫자에 담겨 있기 마련이다. 데이터 분석을 하는 마케터가 숫자에서 그들의 목소리를 들을 수 있어야 가치 있는 결과를 제안할 수 있다. 이런 관점에서 데이터 분석자의 시선은 항상 소비자의 관심에 싱크(synch)되어 있어야 한다.

시 한 구절을 살펴보자. 서정적인 감성으로 많은 사람들의 사랑을 받는 나태주 시인의 「풀꽃」이란 시이다. 짧은 구절이니 한번 읊어 보겠다.

> 자세히 보아야
>
> 예쁘다.
>
> 오래 보아야
>
> 사랑스럽다.
>
> 너도 그렇다.

자세히 보라니, 오래 보라니, 그래야 예쁘고 사랑스러워진다니….

이것이 데이터 마케터가 지녀야 할 자세이다. 데이터를 자세히 보고 있으면, 데이터를 오래 들여다보고 있으면 소비자의 욕망과 고민이 묻어져 나오고 그들의 삶이 느껴진다. 이것이 데이터를 분석의 핀트를 고객의 관심에 싱크시키는 방법이다.

그동안 마케터는 소비자의 삶을 이해하기 위해 많은 노력을 기울여 왔다. 최근 디자인 포럼 핀란드가 발표한 보고서를 보면, 기업이 얼마나 소비자의 생활에 관심이 많은지를 알 수 있다. 보고서의 제목은 '사람들이 원하는 물건(Stuff) - 핀란드 디자인의 새로운 지평'이다. 이 연구 보고서가 다루는 내용은 상당히 인문학적이다. 이 보고서에는 우리가 자신이 소유하고 습득하고 사용하는 물리적인 상품과 어떤 관계를 맺는지에 대한 '사람과 물건의 관계성'을 다룬다. 물건과 관계를 맺는다니, 상당히 심오하다. 이 연구의 목적은 소비자의 구매와 소비 행동이 그들 생활의 변화에 따라 어떻게 달라지고 있는지 그 의미를 재조명해 보는 것이었다.

여기서 '생활의 변화'라는 의미에 주목해야 한다. 보통 우리가 '트렌드'라고 부르는 개념이다. 트렌드는 기업에게 돈을 벌어다 주는 새로운 마케팅 소재가 아니다. 트렌드는 사람들의 삶에 대한 인식, 태도, 행동의 변화이다. 트렌드는 소비자의 라이프스타일을 이끈다. 데이터 문해력에서 되살려야 할 것은 '수단으로서의 트렌드(마케팅 소재)'가 아닌 '목적으로서의 트렌드(생활 양식의 변화)'이다. 그리고 이는 소비자로서 자신을 어떻게 바라고, 어떤 삶을 통해서 자신을 추구하려는 지에 대한 깊은 이해를 말한다.

이때 필요한 스킬이 '맥락적 사고'이다. 데이터 해석에 어떻게 맥락적 사고를 접목해야 할까? 코로나 이후로 집밥 트렌드가 붐을 일면서 밀키트가 지속적으로 인기를 얻게 되었다. 확실히 코로나 이전에는 없었던 트렌드이다. '밀키트 매출이 증가하고 있다'는 현상을 데이터를 확인했으니, 새로운 밀키트 제품을 기획해 보자는 식의 이야기가 아니다. 코로나가 끝난 지금도 밀키트가 뜨는 이유가 무엇일까? 밀키트가 대체하고 있는 제품은 무엇일까? 밀키트를 먹으면서 우리의 식생활은 어떻게 변화하고 있을까? 밀키트가 채워 주는 것은 어떤 욕구일까? 이렇게 꼬리를 물고 질문을 던져보니 밀키트를 둘러싼 소비 맥락과 사람들의 욕구가 수면 위로 떠오르는 느낌이다. 이처럼 맥락적 사고는 행동의 이면을 읽는 데이터 생각법이다.

소셜 데이터로 생활 맥락을 연구하는 기업이 있다. 바이브 컴퍼니의 '생활변화관측연구소'이다. 소셜 데이터는 우리 삶에 가까이 있는 자발적 발화 데이터이다. 그들은 소셜 키워드를 통해서 고객의 삶의 맥락을 탐색한다. 그들이 데이터를 통해 어떻게 맥락을 읽어내는지 살짝 엿보자. 그들은 키워드 분석을 할 때, '명사'보다 '동사'에 집중한다. 동사만큼 라이프스타일을 표현하는 단어가 없기 때문이다. 우리의 많은 생활들은 동사로 되어 있다. '먹다' '자다' '놀다' '타다' '만나다' '일하다' 등 동사를 읽다 보면 변화하는 삶의 윤곽을 어렴풋이 그려볼 수 있다. 그들은 SNS에 올라온 글 중에 백화점과 관련된 키워드에서 '사러 간다'보다 '놀러 간다'는 표현이 많아지는 것에 주목한다. 그들은 '쇼핑'이 '놀이'로 진화하고 있음이 소셜 키워드에 묻어남을 놓치지 않는다. 키워드 하나라도 제대로 조준만 하면 트렌드를 짚어 내는 결정타가 될 수 있다. 더군다나 소비자의 목소리라면 강력한 전략의 키가 되기도 한다. '놀러 간다'의 키워드 추이로 '이제 백화점은 구매 공간이 아닌 휴식이나 여가 공간으로 진화해야 한다'는 결론을 내는 것에 어느 누가 토를 달 수 있으랴.

그들의 기본 전제는 이것이다. 욕구는 바뀌지 않되, 시대가 변하면 원츠가 바뀐다는 것. 사람들의 욕구는 바뀌지 않는다. 바뀌는 것은 욕구를 실현하는 수단일 뿐이다. 과거의 '문방구'는 친구들과 하굣길에 소소한 주전부리를 하기 위해 들르는 참새 방앗간 같은 곳이었다. 친구들과의 소소한 즐길 거리를 과거에는 문방구가 채워 줬지만, 지금은 '다이소'로 바뀌었을 뿐이다. 다이소가 뜨는 이유를 단순히 초저가에서만 찾으면 안 되는 이유이다. 그들은 이렇게 트렌드의 맥락에 숨은 소비자의 욕망을 읽으며 데이터를 해석한다. 그렇기 때문에 바이브 컴퍼니에서는 데이터 분석가로 통계학도가 아닌 인문학도를 선호한다. 삼성전자에서 에스노그래피(Ethnography) 전문가를 고용하는 이유도 고객의 라이프스타일을 리드하기 위해서는 생활 맥락을 이해하며 소비자를 읽어 내는 전문가가 필요하기 때문이다.

새롭게 떠오른 트렌드는 사람들의 경험을 거쳐 습관으로 자리 잡고, 궁극에는 라이프스타일로 발전한다. 그리고 새로운 라이프스타일이 사람들의 가치관에 영향을 미치며 그 시대 문화의 밑거름이 된다. 이처럼 트렌드 현상은 어마어마한 맥락을 가지고 있다. 지금의 구매를 보자. 과거에 우리가 제품을 사고팔았던 것과 얼마나 많이 달라졌는지. 소비의 이유도, 방식도 많이 달라졌다. '필요'에 의한 소비보다 '의미'와 '즐거움'을 찾는 소비로 우리 브랜드가 구매되고 사용되는 맥락 자체가 달라졌다. 따라서 마케터는 데이터가 말해주는 삶의 맥락을 짚어서, 소비자가 어떻게 놀고, 먹고, 관계를 맺으며 사는지에 대한 깊은 공감을 가지고 그들이 우리 브랜드와 연결되도록 마케팅을 실행해야 한다.

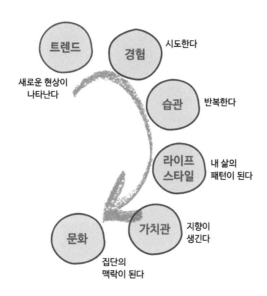

트렌드가 문화로 발전하는 과정

4W1H로 맥락을 파악해라: 누가, 무엇을, 언제, 어디서, 어떻게?

우리가 데이터에서 읽어야 할 것은 맥락에 스며 있는 소비자들의 구매 욕구이다. 소비자는 욕구가 생겨야 제품을 구매하려는 행위를 한다. 따라서 마케터도 행동 데이터를 통해 그 동기를 파악해서 그들을 구매로 이끌 전략을 짜야 한다. 그러기 위해서는 일단 그들의 구매 정황부터 파악해야 한다. 소비자의 정황을 알려면 어떻게 해야 할까? 그야 구체적으로 따져 물으면 된다. 우리는 상황을 빠짐없이 기술하는 방법으로 '6하 원칙 말하기'를 배운 적이 있다. '누가(Who)' '무엇을(What)' '언제(When)' '어디서(Where)' '어떻게(How)' '왜(Why)'의 순서에 따라 말하면 대부분의 상황 파악이 끝난다고 말이다. 여기서 '왜'는 쉽게 측정하기 어려우므로, 일단 Why를 제외한 4W1H에 해당하는 데이터로 정황 파악부터 해야 한다.

4W1H로 정황을 파악한다는 것은 제품 카테고리나 브랜드를 둘러싸고 소비자에게 무슨 일이 일어나고 있는지를 아는 것이다. 따라서 맥락을 파악할 때는 타깃(Who) 데이터를 중심으로 사건의 전말을 연결해서 그들의 상황을 이해하는 것이 좋다. 맥주를 마시는 고객이 어떤 유형의 사람인지를 알아야 그가 어떤 류의 맥주를, 어떤 상황에서, 누구와, 어떻게 마시는지 그려 볼 수 있다. 이때 개인의 고유 ID를 중심으로 데이터를 연결시키면 좀 더 효과적으로 소비자를 추적해 갈 수 있다. 사실 이런 접근은 상당히 이상적이다. 현실적으로는 모든 데이터를 개인 중심으로 수집하기도 어렵고 연결하기는 더더욱 어렵다. 그래서 대부분은 마케터의 통찰과 추론으로 데이터의 맥락을 맞춰보며 정황을 파악하는 것이 일반적이다.

218

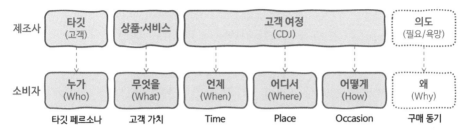

소비자를 중심으로 정황을 분석해 보자

제조사	타깃 (고객)	상품·서비스	고객 여정 (CDJ)			의도 (필요/욕망)
소비자	누가 (Who)	무엇을 (What)	언제 (When)	어디서 (Where)	어떻게 (How)	왜 (Why)
	타깃 페르소나	고객 가치	Time	Place	Occasion	구매 동기

그럼, 4W1H로 정황을 분석할 때 어떤 점에 주안점을 두고 살펴야 할 지 알아보자. 먼저 '누가(Who)'이다. 우리 브랜드를 사용하는 사람들은 누구인지, 우리 제품 카테고리에 유입될 수 있는 잠재 고객은 누구일지, 그들의 인구통계적 특징은 무엇인지, 그들은 어디에 관심이 많으며 어떤 취향을 가지고 있는지, 그들은 어떤 소비 행태를 보이는지 등으로 고객에 대한 이해는 구체적일수록 좋다. 최근에는 가치 소비 경향이 증가하면서 성별이나 연령 외에 그들의 페인 포인트(Pain Point)나 잠재 욕구를 이해할 수 있는 심층 정보가 훨씬 도움이 된다. 좀 더 섬세한 소비자 프로파일링을 위해 타깃 페르소나를 그리는 것이 요즘 마케팅의 흐름임을 앞서 말한 바 있다.

'무엇을(What)'은 제품과 서비스를 넘어 제품에 담겨 있는 의미나 가치까지 포함하는 정보이다. '고객이 어떤 브랜드를 많이 샀는지' '어떤 브랜드를 제일 좋아하는지' '왜 우리 제품이 잘 안 팔리는지'와 같은 제품 분석은 기본이다. 지금은 제품 자체만 보고 구입하는 일이 적기 때문에, 고객이 제품이나 서비스를 이용하는 의미를 파악해서 고객 가치를 발굴할 수 있도록 데이터 분석도 고도화해야 한다.

'언제(When)'는 모바일의 중요성이 높아지면서 점점 더 중요해지는 정보이다. 하루 24시 중에서 언제인지, 평일인지 주말인지, 월초

인지 월말인지, 봄 · 여름 · 가을 · 겨울 중 어떤 시즌인지에 따라 소비자 행동의 의미는 달라진다. 더군다나 마케터가 고객의 접점에 실시간 접근할 수 있게 되면서 시간을 포착하는 마케팅 전략은 더욱 범용적이 되고 있다. 시간에 대한 분석을 위해서는 시즈널리티, 시계열적 변화, 마케팅 시점별 성과 등을 확인하는 것이 좋다.

'어디서(Where)' 역시 모바일 기술 덕분에 활용도가 높아진 정보이다. 소비자가 온라인과 오프라인을 자유롭게 넘나들고 온라인의 접점들도 무수히 증가하니, 이제는 어디서 고객을 만날 것인지가 중요한 전략이 되었다. 따라서 고객이 머물고 있는 곳에서의 구매와 소비 행태에 대한 연구가 필요하다. 팝업스토어의 성지인 '성수'에 있을 때와 '집앞 마트'에 있을 때의 소비자는 다른 사람이다. '쿠팡'에서의 구매 의사결정과 '오늘의집'에서의 구매 의사결정 역시 기준이 달라진다. 고객이 머물고 있는 공간은 장소의 의미 외에 상권으로서의 의미도 함께 분석되어야 한다. '어디서'에 대한 관심은 고객여정 지도를 구축하고 각 접점별 관리에 대한 전략적 이슈로 확장되는 중이다.

'어떻게(How)' 역시 점점 다채롭게 나타나고 있는 정보이다. '어떻게'는 제품을 어떻게 알게 되었는지와 제품을 어떻게 구매하고 사용하는지에 대한 넓은 스펙트럼으로 나타난다. 숏폼, 라이브커머스, 메타버스, 팝업스토어, 인플루언서, 콜라보레이션 등 마케팅 IMC(Integrated Marketing Communication)를 할 수 있는 방법들이 계속 생겨나면서 '어떻게'에 접근하는 길도 다양해졌다. 이제는 고객여정을 그리고 각 여정별로 어떤 방법이 유효한지 점검해 봐야 한다. 제품 구매나 사용에서도 마찬가지이다. 제품은 개인에 따라 다양한 의미를 가지고 삶에 놓이기 때문에, 마케터는 항시 이 부분을 염두에 두고 데이터가 말해 주는 인사이트를 찾기 위해 노력해야 한다. 이렇듯 고객은 시간과 공간과 상황에 따라 달라지는 역할에 충실하게끔 전혀 다른 욕구와 행동을 보인다.

욕망으로 들어가는 Why 질문법: 왜 그랬을까?

고객의 정황 파악에서 아직 다루지 않은 데이터가 있다. 바로 Why이다. 궁극적으로 마케터가 소비자를 움직이게 하려면 그들이 왜 그런 행동을 하는지 알아야 한다. 사실 데이터 분석을 하는 이유도 그들이 왜 우리 브랜드를 사지 않는지, 왜 우리 마케팅에 참여하지 않는지, 왜 경쟁 브랜드에 열광하는지를 알아서 이들을 바꿔 놓을 마케팅 플랜을 짜기 위해서이다. 모든 마케터가 알고 싶어 하는 대부분의 질문은 Why에 해당한다. 그만큼 심층에 자리한 행동의 동기나 의도는 미지의 영역이다.

보통 사람들은 의식적으로 행동하는 것처럼 보인다. 하지만 오직 인간 행동의 5%만 의식의 통제를 받고, 나머지 95%의 행동은 잠재의식의 영역에 존재한다고 한다. 많은 소비자 행동들이 잠재 의식에 의해 유발되는 것이라면, 설문 조사를 통해 Why를 알아내려고 하는 접근은 어불성설(語不成說)일지도 모른다. 더군다나 소비자는 자신이 어떤 문제 상황에 처해 있는지, 왜 기분이 좋아지고 나빠지는지조차 모를 때가 많다. 문제는 복합적으로 존재하기 때문에 행동의 이면을 연구하는 것은 늘 어려운 주제다.

Why는 소비자조차 인식하지 못하는 의식 저 밑으로 들어가게 해주는 마법의 질문이다. 어떻게 '왜?'라는 질문만으로 소비자가 웬만해서 모습을 드러내지 않는 내면의 영역에 들어갈 수 있을까? 문제의 근본 원인을 찾기 위해 연구자들은 '5번의 Why'를 질문하라고 제안한다. 첫 번째 Why는 현상의 실체를 알기 위해 뚜껑을 여는 역할을 한다. 그리고 2번째, 3번째로 계속 이어지는 Why는 양파 껍질처럼 감싸여 있는 진실의 얼굴을 한 꺼풀씩 벗기는 역할을 한다. 이렇게 거듭 '왜 그럴까?'를 묻다 보면, 표면적인 원인이 아닌 문제의 본질에 접근하게 되는 것이다.

사실 5번씩이나 '왜'를 묻는 것은 상당히 귀찮은 일이다. '왜'는 유아기를 거치는 아이들이 늘 입에 붙이고 다니는 단어지만, 엄마에게는 대답하기 난감하고 귀찮은 질문이기 때문이다. Why는 단순한 물음이 아니다. Why는 질문의 화살촉을 나에게 돌려 내면을 들여다보게 하고, 본질을 건드리는 솔루션으로 스스로 나아가게끔 사고를 촉발하는 힘을 지녔기 때문이다.

'왜'라는 질문을 던지는 데도 약간의 스킬이 필요하다. '왜'를 막 물으라는 게 아니라, Why의 꼬리를 잡고 수면 아래로 천천히 내려가야 한다. 언제까지 Why를 물어야 하냐고? 나의 궁금증이 풀리고 해결할 수 있는 진짜 답이 떠오를 때까지. 꼭 5번만 Why를 질문하라는 것이 아니다. 내 시야가 명확해지고 문제에 대한 원인이 밝혀질 때까지 물으면 된다는 말이다. 5번의 Why는 소비자를 둘러싸고 있는 심연의 안개를 걷어내는 작업과 같다. 우리가 Why를 활용하는 이유는 복잡한 문제 상황에서 우리 눈을 가리고 있는 불필요한 찌꺼기들을 걷어내 '진짜 문제에 직면'하기 위해서이다.

Why의 힘은 브랜드 가치 체계를 구축하는 데 유용한 '래더링 (Laddering)' 기법에도 잘 반영되어 있다. 래더링은 소비자가 제품을 선택할 때 기능적 혜택뿐만 아니라 심리적, 정서적 동기에도 깊은 영향을 받는다는 것에 착안하여 조나단 거트만(Jonathan Gutman)이 구조화시킨 기법이다. 래더링은 맨 아래 피상적인 것에서 맨 위 추상적인 것까지 제품을 선택하게 하는 요인들을 사다리처럼 위계적으로 배치한다. 이 기법은 소비자가 제품을 구매하는 이유를 '속성(Attribute) → 혜택(Benefit) → 가치(Value)'의 3단계로 설명한다. 맨 아래에는 제품의 물리적이나 기능적인 특성을 담고 있는 제품 속성을 놓고, 중간에는 그 속성으로 인해 얻는 기능적이거나 정서적인 혜택을 배치한 후에, 맨 위에는 고객이 추구하는 궁극적인 가치로 귀결시키며 마음의 심층 구조를 층위별로 알 수 있게 해 준다. 래더링 기법을 사용하면 브랜드가 선택되는 이유를 속성-혜택-가치의 위계 상에서 확인해 볼 수 있다.

　구체적으로 래더링은 브랜딩에 이렇게 활용된다. 일단 마케터가 소비자에게 "왜 이 제품을 선택했는지"를 묻는다. 그리고 "그것이 왜 중요한지"를 반복해서 물으면서 점점 더 깊은 수준의 구매 이유(가치)를 밝혀낸다. 이를 통해 마케터는 고객이 제품을 선택하는 기능적 · 정서적 동기를 이해하고, 그들이 지향하는 가치를 탐색하여, 이를 충족시켜 줄 수 있는 브랜드 전략을 짜는 것이다.

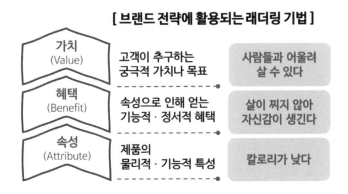

[브랜드 전략에 활용되는 래더링 기법]

가치 (Value)	고객이 추구하는 궁극적 가치나 목표	사람들과 어울려 살 수 있다
혜택 (Benefit)	속성으로 인해 얻는 기능적 · 정서적 혜택	살이 찌지 않아 자신감이 생긴다
속성 (Attribute)	제품의 물리적 · 기능적 특성	칼로리가 낮다

어떻게 데이터에서 마음을 읽을 것인가?

이처럼 Why는 소비자에게는 구매의 이유이자, 기업에게는 선택받는 이유가 된다. Why를 던지면 그들의 문제에 깊이 공감하게 되고, 그들의 힘들어하는 문제의 해결책에 닿을 수 있다. 소비자가 어려워하는 진짜 문제가 무엇인지, 그들이 추구하는 바가 무엇인지 정말로 알고 싶다면 데이터 분석을 하는 동안에 다섯 번 정도는 스스로에게 Why를 던져 보자.

◆ 데이터에 방향을 부여하는 에디토리얼 씽킹

소비자의 관심은 '충족해' 주느냐, 아니냐에 있다

기업이 사업에 실패하는 이유가 뭘까? 미국 벤처캐피털 전문 조사 기관인 CB 인사이트는 미국 스타트업이 실패하는 제1 원인으로 '시장이 원하지 않는 서비스를 만든 것'이라고 밝혔다. 디지털 시대에는 소비자를 충족시키는 일은 점점 더 어렵게 느껴진다. 재화는 이미 넘쳐나고 있고, 소비자는 단순히 제품의 기능만 보고 사지 않기 때문이다. 지금의 소비자들은 의미와 스토리를 담은 브랜드의 경험을 찾아다니고 퍼 나른다. 더 나아가 기업이 일방적으로 제안하는 가치가 아닌, 본인의 삶에 의미 부여가 가능한 가치에 맥이 닿아 있는 브랜드를 탐색한다. 그들은 단순히 소비자의 역할에 그치는 것이 아닌 브랜드의 참여자나 서포터즈로, 스스로 브랜드를 성장시키고 다른 사람들과 함께 하는 것에 더 큰 만족과 동기부여를 느낀다. 마케터 역시 고객들에게 자신의 브랜드에 개입할 기회를 주고 창조의 기회를 부여해야 한다고 여긴다.

이처럼 소비자가 원하는 욕구를 알아내고 충족시켜 주는 것은 마케터의 제1 과업이다. 보통 소비자를 이해하기 위해 데이터의 도움을 받으려고 하지만, 기본적으로 욕구의 모습을 알고 있어야 이를 잘 활용할 수 있다. 아래 소비자 욕구의 구조를 살펴보자.

[소비자 욕구의 구조]

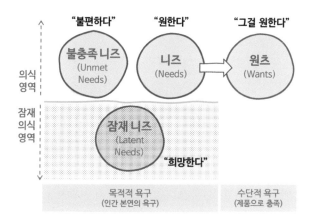

의식 영역에 '불충족 니즈(Unmet Needs)'가 있다. 불충족 니즈는 소비자가 불편함을 느끼는 것으로, 또 다른 말로 '페인 포인트(Pain Point)'라고도 한다. 제품 관점에서는 소비자가 인식하는 취약점이라고 할 수 있다. 불충족 니즈는 고객의 이탈 원인이 되기도 하고 브랜드를 바꾸게 하는 트리거가 되기도 한다. 따라서 마케터는 우리 브랜드가 소비자의 심기를 건드리고 있지는 않은지 다음과 같은 질문을 던지며 항시 살펴야 한다. "우리 고객이 느끼는 불편이 무엇인지 알고 있는가?" "우리 고객이 현재 충족하지 못한 욕구는 무엇인가?" 따라서 고객 페르소나에 맞게 그들의 고객 여정을 그리고 각 단계별로 중요하게 관리해야 할 페인 포인트를 찾는 것이 필요하다.

'니즈(Needs)'와 '잠재 니즈(Latent Needs)'는 둘 다 사람들의 욕구와 관련된 개념이지만, 명확성이나 인식의 수준에서 차이가 난다. 니즈는 사람들이 명확하게 인식하고 있는 현재 충족해야 할 욕구를 뜻한다. 예를 들어, '목이 말라서 물을 먹고 싶다'든가, '스트레스 받아 매운 음식이 땡긴다' 같이 겉으로 드러난 욕구가 이에 해당한다. 반면, 잠재 니즈는 사람들이 인식하지는 못하지만 내면에 존재하는 숨겨진 욕구를 의미한다. 이러한 욕구는 사람들에게 유용하거나 중요하지만 아직 깨닫지 못한 상태로 존재한다. 보통, '무인 자동차'나 '로봇 청소기' 같이 기존에는 상상해 본 적도 없는 혁신 제품들이 소비자의 잠재 니즈를 건드리며 시장을 창출해 나가곤 한다.

불충족 니즈, 니즈, 잠재니즈 외에 중요한 한 가지 개념이 더 있다. 바로 '원츠(Wants)'이다. 원츠는 니즈와 연관되어 있지만 본질적으로 다른 개념이다. 니즈나 원츠가 무언가를 원한다는 것은 같지만, 니즈가 시대나 문화에 관계없이 인류 보편적으로 존재하는 것이라면, 원츠는 개인의 가치관, 문화, 사회 환경에 따라 다양하게 나타난다. 니즈가 '갈증을 채우고 싶다' '자고 싶다' '먹고 싶다' '놀고 싶다' 같은 인간 본연의 욕구를 뜻한다면, 원츠는 니즈를 충족시키기 위해 수단으로 사용하는 욕구를 가리킨다. 갈증을 채우기 위해 물을 마실 수도, 탄산수나 과즙이 많은 과일을 먹을 수도 있다. 시대가 바뀌면 새로운 라이프스타일이 등장하고 다양한 솔루션을 제공하는 많은 브랜드가 나타나기 때문에 욕구를 실현하는 방법(원츠)도 달라질 수밖에 없다. 따라서 데이터 분석을 할 때도 니즈와 원츠를 구분해서 소비자 마음의 충족 상태를 잘 간파하고 있어야 한다.

인사이트는 마음의 충돌에서 탄생한다

　욕망은 항상 파문을 일으킨다. 욕망이 현실과 부딪힐 때 더욱 그렇다. 소비자 마음속의 욕망도 구매와 소비 장면에서 일어나는 모든 문제의 근원이 된다. 따라서 마케터의 과제는 뭉친 욕망의 실체를 파헤쳐 이를 해결하는 일이 될 수밖에 없다. 이제 데이터 분석으로 욕망의 문제를 풀 해결책을 찾아야 한다. 욕망의 뿌리를 파헤치는 데이터 분석은 미로를 빠져나가는 일과 비슷하다. 미로의 시작은 '문제의 방'이고, 미로의 끝은 '해결의 방'이다. 미로가 복잡할수록 바로 해결의 방으로 빠져나가기가 어렵다. 문제가 엉켜 있는 욕망이라면 더더욱 하이 레벨이다. 이때, 해결의 방으로 가려면 반드시 '인사이트의 방'을 거쳐야 한다. 그래서 마케터에게는 소비자 욕망의 실체를 들여다볼 수 있는 인사이트의 눈이 있어야 한다. 마케팅에서 말하는 인사이트란 무엇일까? Insight라는 말의 어원은 '안쪽을 들여다본다'는 의미이고, 한자로는 '통찰력(洞察力)'을 말한다. 이것은 '아직 충족되지 않은 고객의 숨겨진 욕구'와 관련되어 있다.

　눈에 보이지 않는 실체를 보는 일은 여간 어려운 것이 아니다. 따라서 마케터는 논리적 추리와 직관적인 통찰을 모두 지니고 인사이트의 방을 통과해야만 한다. 지금까지 해 왔던 해법으로는 문제가 해결되지 않기 때문에, 인사이트의 방을 나가려면 현실을 재조명하는 창의적인 사고가 필요하다. 데이터 분석에서 창의력을 운운하는 것도, 문제를 정의하고 실마리를 통찰해서 솔루션으로 나아가게 하기 위한 인사이트를 찾아야 하기 때문이다.

　우리가 인사이트에 접근하기 어려운 이유가 있다. 왜냐하면 문제 해결의 단서를 품고 있는 인사이트는 보통 욕구의 상충된 지점에서 발

227

데이터에 방향을 부여하는 에디토리얼 씽킹

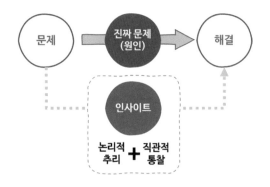

생하기 때문이다. 아주 고전적인 인사이트 발굴 사례를 보자. 1938년 네슬레는 세계 최초로 물에 타 먹는 인스턴트 커피인 '네스카페'를 시장에 내놓았다. 당시는 주부들이 갈아먹는 커피(Ground Coffee)로 식사를 준비해야 해서 오랜 시간을 할애해야 했는데, 주부들의 마음 한편에 불편함이 있음을 감지한 네스카페가 이를 해결해 줄 신제품을 출시한 것이었다. 네스카페의 소구점은 주부들의 시간과 노력을 절약해 주는 간편한 커피였지만, 예상외로 판매는 저조했다. 네스카페의 의도와는 다르게 '간편함'이라는 기능적 소구가 주부로서 갖는 정성과 수고스러움에 상충되어, 인스턴트 커피를 타 주는 '게으른 주부'라는 죄책감(Guilty Feeling)을 일으켜 구매를 주저하게 했기 때

[믹스커피에 숨겨진 욕구의 상충]

13장 호모 데이터쿠스의 제4 능력: 데이터 문해력

문이다. 그들의 인식 속에 주부는 가족을 위해 정성을 다해야 하는 사람이었으므로, 인스턴트 커피의 간편함보다 주부로서 역할을 다하지 못해 비난받을 것에 대한 두려움이 더 크게 작용한 결과였다.

'좋은 주부는 되고 싶지만, 커피 내리는 일은 귀찮다'는 두 가지의 상반된 동기. 이처럼 접근 동기와 회피 동기가 충돌하는 곳에서 항상 문제가 발생한다. 어떻게 이런 문제를 해결할 수 있을까? 문제의 해결을 위해서는 상충된 부분을 해소시켜 주면 된다. 이런 상충의 원인이 무엇일까? 당시에는 '주부는 가족을 위해 정성을 다해야 한다'는 고정관념이 팽배해 있어서 '편리함'이라는 기능이 부정적으로 받아들여질 수밖에 없었다. 따라서 바쁜 현대인의 삶을 조명해 이를 '게으른'이 아닌 시간을 아껴 쓰는 '지혜로운'으로 인식을 바꿔서 갈등을 없애면 문제를 풀 수 있게 된다. 네스카페는 간편하면서도 맛도 뛰어난 인스턴트 커피를 '게으른 주부'가 아닌 '지혜로운 주부의 선택'이라는 새로운 가치로 포지셔닝함으로써, 현대적인 주부에게 이상적인 제품으로 어필하여 이 난관을 벗어났다.

네스카페가 인사이트로 갈등을 해결했던 비결

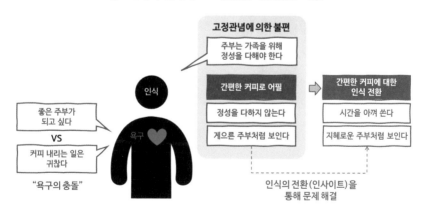

이런 상충의 상황들은 예나 지금이나 도처에 존재한다. 페브리즈

데이터에 방향을 부여하는 에디토리얼 씽킹

도 유사한 상황에서 인사이트의 기지를 발휘하여 시장의 No. 1이 된 사례이다. 페브리즈의 판매를 가로막는 진짜 문제는 '냄새를 없애 청결해지고 싶은 욕구'와 '항상 세탁하기는 귀찮다'는 접근-회피 동기 사이에 충돌이 일어났다는 점이었다. 사람들은 '세탁물은 빨아야 냄새가 없어진다'는 고정관념이 있었는데, 페브리즈가 세탁 없이도 냄새를 없애주니 이를 '간편함'이라고 느끼지 못하고, 냄새만 없앴지 여전히 더러움이 남아있어 '겉으로만 청결해 보이려고 하고 실제로는 더러운 게으른 사람'이라는 죄책감을 자극했던 것이다. 이 역시 욕구의 충돌이 낳은 결과였다. 이를 해결하기 위해서는 욕구의 충돌을 없애기 위해 뿌리는 세정제에 대한 인식을 바꿔 주면 된다.

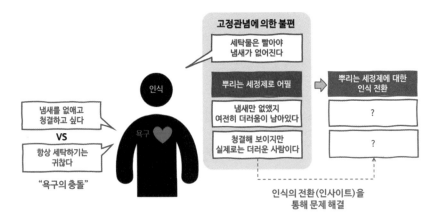

페브리즈가 인사이트로 갈등을 해결했던 비결?

이처럼 구매가 잘 일어나지 않는 지점에는 사람들의 마음을 짓누르고 있는 불편한 동거가 있을 수 있다. 사람의 마음은 모순을 싫어한다. 그래서 마음의 모양을 바꾸기도 하고 감추기도 한다. 스스로 자기감정을 직면하기는 참 어렵다. 그렇기에 소비자 역시 자기가 처한 문제 상황을 제대로 이해하지 못하고, 불편한 감정을 해결하지도 못한 채 그냥 어려움에 방치되어 있는 경우가 많다. 마케터의 일은 이들을 도와주는 것이다. 소비자의 피상적인 이야기도, 파편화된 데이터 분석도 답을 찾는 데 도움이 되지 않는다. 통찰의 마음이 없다면 어느 누구의 눈에도 인사이트는 보이지 않는다. 인사이트는 내면의 욕망 사이에서 발생하는 갈등을 해소시키는 과정 속에 묻혀 있기 때문이다.

인사이트가 필요한 다른 종류의 사례도 있다. **아예 욕구 자체가 발생하지 않아서 필요를 느끼지 못하는 경우이다.** 이럴 때는 마케터가 욕구를 발현시켜 주어야 한다. '시디즈'라는 의자 브랜드의 예를 들어 보자. '의자'라고 하면 가장 먼저 떠오르는 기능적 효익은 '허리가 편하다'이다. 이는 누구나 알고 있어서 매력적으로 들리지 않는 소구점이다. 더군다나 의자라는 제품은 평소에 크게 관심을 두는 품목이 아니므로, 웬만한 메시지로는 눈에 띄지도 욕구가 생기지도 않는다. 이때는 의자에 대한 관여도를 높여서 욕구를 환기시켜 주는 것이 필요하다. 어떻게 의자를 다시 주목받는 제품으로 인식시킬 수 있을까? 이때 필요한 것이 상식을 뒤집어 주는 인사이트이다. 의자가 가진 숨겨진 의미를 찾기 위해, 의자의 의미를 확장해 가면서 상식의 눈으로는 잘 보이지 않는 지점에서 인사이트를 발굴한다. 의자는 자세를 잡아주고, 자세가 바로 잡히면 일에 집중이 높아지고, 일에 집중이 높아지면 인생이 바뀐다는 연결고리에서 "의자가 인생을 바꾼다"와 같은 놀라운 메시지가 나온 것이다. 이제야 욕구가 수면 위로 올라와 구매를 자극할 수 있게 되었다. 이때의 인사이트는 상식이라는 인식의 껍질을 벗겨내고 그 안에 숨겨진 욕망을 건드려 필요를 느끼게 하는 역할을 한다.

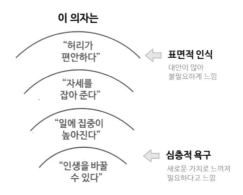

[시디즈의 필요를 환기시키는 인사이트 탐색법]

이 의자는

"허리가
편안하다" ⇐ **표면적 인식**
대안이 많아
불필요하게 느낌

"자세를
잡아 준다"

"일에 집중이
높아진다"

"인생을 바꿀 ⇐ **심층적 욕구**
수 있다" 새로운 가치로 느껴져
필요하다고 느낌

　2개의 사례였지만 이것만으로도 인사이트의 힘을 충분히 알 수 있다. 인사이트는 예리한 관찰력으로 사물을 꿰뚫어 보아 문제의 본질을 새롭게 이해시키는 힘이다. 인사이트는 이제까지 연관이 없던 사물이나 사실을 연결해서 새로운 맥락과 관점으로 다시 보게 하는 능력이다. 이렇듯 데이터로 문제를 해결하려고 하는 마케터에게 인사이트는 날개를 달아 준다.

인사이트를 아이디어로 바꾸는 사고법

　욕구가 상충된 지점, 상식을 재조명한 지점에서 인사이트를 발견했다면, 이를 단서로 해서 해결책으로 나아가는 사고의 확장을 해야 한다. 이노션의 빅데이터 마케팅팀 김태원 팀장은 그의 저서 『데이터×브랜딩』에서 중요한 부분을 추려내고 해석해서 의미를 전달하는 것을 '데이터텔링'이라고 말하기도 했다. '데이터 분석 결과에 스토리를 붙여라'로 들리는 이 말에 담긴 함의처럼, 다음 단계에서 우리가 해야 할 일은 데이터 분석에서 얻어낸 인사이트를 솔루션으로 만들어 내는 일이다. 데이터를 가지고 감성적인 허구의 스토리텔링을 하라는 것이 아니다. 데이터는 그 자체로 가치중립적이니, 데이터에 비즈니스 목적에 맞는 전략의 스토리를 붙이라는 말이다. 데이터 분석은 비즈니스의 목적을 달성하는 과정의 일부이기 때문이다. 다시 말해, 데이터가 솔루션이 되기 위해서는 전략적 스토리텔링이 있어야 한다.

『에디토리얼 씽킹』의 저자 최혜진 편집장은 에디팅(Editing)을 '재창조'라는 창작의 관점에서 바라본다. 그러면서 에디팅을 '의미화되기 전의 잡음 속에서 특정 정보에 주목해서 신호(의미 맥락)를 만들어 가는 작업'이라고 정의한다. 같은 현상도 어떤 정보 관계에 주목하는지에 따라 다른 신호가 된다는 의미이다. 그녀는 에디터의 눈이 창작자의 그것과 유사하다고 피력한다. 저자 역시 그녀의 의견에 결을 맞춰 에디터가 가지고 있는 재창조의 안목이 데이터 마케터에게도 필요하다고 어필하는 중이다.

보통 아이디어는 천재들의 전유물이라고 여겨진다. 아이디어를 떠올리려면 어두운 연구실에서 산발이 된 머리를 쥐어뜯다가 "유레카!"를 외치며 연구실을 뛰어나오거나, 적어도 "영감이 떠오른다~" 같은 느낌적인 느낌이 있어야 아이디어스럽다고 느낀다. 하지만 마케팅에서 쓸모 있는 아이디어는 영감보다 엉덩이의 힘으로 나오는 경우가 많다. 많은 자료들을 모으고 정리하면서 이리 뜯어보고 저리 뜯어보며 인사이트를 찾고 씹는 정성이 시간이 필요하다.

제임스 웹 영은 그의 저서 『아이디어 생산법』에서 '오래된 요소들을 가지고 새로운 조합을 만드는 능력은 관계를 알아보는 능력에 크게 의존한다'고 언급했다. 그가 말하는 '관계를 알아보는 능력'이란 요소 간에 존재하는 유사성과 연관성을 자신만의 기준으로 알아차

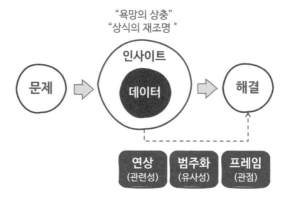

[인사이트를 아이디어로 바꾸는 3가지 사고법]

"욕망의 상충"
"상식의 재조명"

인사이트

문제 ⇒ 데이터 ⇒ 해결

연상 (관련성) | 범주화 (유사성) | 프레임 (관점)

리는 능력을 말한다. 기존의 것들에서 새로운 결론을 이끌어 내려면, 결국 '관련성을 따져(연상) → 유사한 것끼리 묶고(범주화) → 이를 자신의 언어로 재정의(프레임)하는 과정을 거쳐야 한다.

인사이트를 비즈니스의 기회로 삼기 위해서는 몇 가지 사고를 전환하는 아이디어가 필요하다. 이를 도울 수 있는 것이 '연상' '범주화' '프레임'이라는 사고법이다. 연상(Association)은 관련성을 기반으로 사고의 그물망을 풍성하게 펼쳐 주는 기법이다. 페브리즈의 사례로 보자. 페브리즈라고 했을 때 여러 가지 연상이 함께 떠오를 수 있다. 향이 떠오를 수도 있고, 페브리즈 병 모양이나, 우리집 이불이나 쇼파가 생각날 수도 있다. 자취방 친구가 사용했다면 친구의 얼굴이, 매장에서 1+1행사를 했다면 매장의 장면이 떠오를 수도 있다. 단어가 될 수도 있고 이미지가 될 수도 있다. 사물이 될 수도 있고, 감정이 될 수도 있다. 이렇게 연상은 대상의 맥락을 깊게 이해하는 데 도움이 된다. 페브리즈에 대해 떠오르는 것들을 나열하다 보면 페브리즈를 쓸 수 있는 세탁물이나 세탁 스타일, 세탁에 대한 감정, 세탁이 주는 심리적 의미들이 낚싯줄에 걸린 물고기들처럼 줄줄이 딸려 나오게 된다. 연상법을 쓰면 세탁에 대해 몰랐던 맥락들을 다시금 다채롭게 펼쳐볼 수 있다.

연상을 통해 대상에 대한 맥락 정보가 풍성해졌다면 이제 유사성을 근간으로 비슷한 것끼리 묶는 **범주화**(Categorization)를 해볼 수 있다. 유사한 것끼리 묶으려면 구분이 되는 명확한 기준이 있어야 한다. 무엇을 기준으로 삼을 것인가를 결정하려면 인사이트 구조를 잘 살피면 된다. 페브리즈의 경우, '세탁물은 빨아야 냄새가 없어진다는 인식'으로 인해 '빠는 행위'가 페브리즈를 판매하는 데 결정적인 장벽이 됨을 알 수 있다(페브리즈는 빨지 않아도 되기 때문에). 따라서 세탁물을 '빨 수 있는 것'과 '빨 수 없는 것'으로 나눠 볼 수 있고, '빨 수 없는 것' 중에서도 '내 몸에 걸치는 옷'과 '집안에 걸쳐 놓는 페브릭'으로 분류할 수도 있다. 이렇게 인사이트를 품은 기준을 가지고 유사한 것끼리 묶다 보면, 대상을 새롭게 볼 수 있는 해결책의 실마리를 찾을 수 있게 된다. 이렇게 범주화를 통해 새로운 의미 덩어리를 만들어 보자. 우리가 찾은 인사이트가 어떤 맥락 속에서 해석되어야 할지 느낌이 올 것이다.

프레임(Frame)은 '세상을 보는 창'의 역할을 한다. 사람은 보여 주는 대로 믿는 성향이 있다. 프레이밍의 힘이다. 프레임으로 재조명된 말은 사람들의 인식에 강력한 영향을 미친다. 사회과학에서는 사람들을 설득하기 위한 기법으로 프레이밍(Framing Effect) 효과를 많이 사용해 왔다. 프레이밍 효과는 같은 내용이라도 말하는 사람이 어떤 관점을 갖고 전달하느냐로 듣는 이의 선택에 영향을 미치는 현상을 말한다. 이는 광고에서도 자주 쓰이는 기법이다. 다음 사진은 광고 천재라고 불리는 이제석 소장의 엠비언트 광고(Ambient Advertising: 주변 지형지물이나 환경을 활용해 광고를 만드는 것) 중 하나이다. 왼쪽 상단 사진은 총구를 겨누는 군인의 모습인데, 이것을 전봇대에 빙 둘러 붙이니 총구가 자신의 등 뒤를 노리는 모습이 되었다. 지형물을 이용해서 메시지에 프레임을 씌움으로 해서, '전쟁은 결국 쌍방 모두 파멸에 이르는 길'이라는 의미를 효과적으로 전달하고 있다. 오른쪽 사진도 권총을 공장 굴뚝 벽면에 매치해 놓아, '공장의 매연은 살인 무기 같은 것'이라는 기획자의 의도를 크리에이티브에 담아 사람들의 인식을 흔들고 있다. 프레임의 힘이다.

지형지물을 활용하여 새로운 메시지 프레임을 제시했던 이제석의 엠비언트 광고들

(출처: 이제석광고연구소)

마케터가 찾은 인사이트를 고객이 필요로 하는 가치로 전달하기 위해서는 이를 다시 보게 하는 프레임의 장치가 도움이 된다. 페브리즈가 했던 것처럼 말이다. 이들이 문제를 다시 보게 했던 방법은 '세탁을 할 수 없는 세탁물'이라는 프레임을 씌워서였다. 세탁을 하지 않고도 깨끗한 집을 바라는 도둑놈 심보에 정당성을 부여하기 위해, 페브리즈를 아예 빨래를 할 수 없는 세탁물에 쓰는 세탁 대용품으로 다시 보게 한 것이다. 이처럼 프레임에는 문제를 해결의 눈으로 바라보게 하는 시선이 담겨 있다.

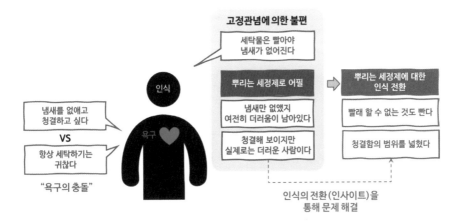

페브리즈가 인사이트로 갈등을 해결했던 비결

고객 가치를 품은 컨셉의 힘

이제는 우리가 산출한 인사이트의 실체를 시장을 흔들 무기로 탈바꿈할 차례이다. 인사이트에는 문제를 타개할 단서가 내포되어 있지만, 이를 소비자의 귀에 가치로 들리게 하려면 정교화의 작업이 뒤따라야 한다. 이 작업이 바로 컨셉팅(Concepting)이다. 컨셉팅은 인사이트에 기반한 아이디어가 솔루션으로 들리게끔 이를 의미의 그릇에 담는 일이다. 데이터 해석을 통해 얻은 인사이트는 결국 원인에 대한 근본적인 해결책으로 연결되어야 쓰임이 완결된다.

앞에서 언급했던 세계적인 크리에이터 호소다 다카히로의 컨셉에 대한 정의를 살펴보자. 그는 카피라이터로 시작해 20년간 쌓은 경험을 바탕으로 컨셉에 대한 자신의 정의를 이렇게 통찰한다. 사람들은 이제 '무엇을 살 것인가'가 아닌, '왜 사는가'에 대한 답을 알고 싶어 한다고. 따라서 비즈니스는 '무엇을 위해 존재하는가'에 대한 답을 주어야 한다고. 그리고 그 고민의 결과물이 바로 컨셉이라고. 그가 내린 비즈니스에서의 컨셉이란 '가치의 설계도'이다. 시장에 대체제가 넘쳐나면서 지금은 컨셉이 없으면 기억되지도 선택되지도 못한다. 남들과 다른 뾰족한 존재감(Unique Appealing Point: UAP)을 드러낼 수 있는 컨셉적 사고가 필요하다. **명확한 컨셉은 제품과 서비스에는 존재감을 부여하고, 고객에게는 대가를 지불할 이유를 제공한다.**

다른 대안들을 제치고 선택되기 위해, 즉 강력한 컨셉이 되기 위해서는 아래의 3가지 조건을 충족해야 한다. 첫째, 컨셉은 '고객(Customer)'의 과제를 해결할 수 있어야 한다. 둘째, '경쟁자(Competitor)'에게는 없는 가치로 제안되어야 한다. 셋째, 그 가치는 '자사(Company)'가 가지고 있는 독보적인 강점이어야 한다. 이를 3C 분석이라고 한다. 이 세 가지가 충족되었을 때 컨셉은 그 자체로 필요조건을 갖추게 된다.

이것만으로는 부족하다. 좋은 컨셉이 되기 위해서는 앞에서 다뤘던 인사이트가 내재되어 있어야 한다. 좋은 컨셉을 뽑기 위한 핵심 스킬은 겉으로만 맴돌지 말고 문제에 더 깊숙이 다가가는 것에 있다. 이때, 표면의 문제가 아닌 진짜 문제를 어떻게 정의하느냐에 따라 그 의미를 담은 그릇의 모양이 결정된다. 헛다리를 짚는 것이 아닌 진짜를 건드려야 그것이 솔루션이다. 이를 마케팅에 적용해 보자. 우리가 제품에 컨셉을 붙여서 파는 이유가 있다. 시장 경쟁이 치열해지면서 제품 자체로는 경쟁력이 떨어지니 제품 이상의 의미를 붙여서 차별적 가치로 한눈에 어필하고 싶기 때문이다. 제품 이상의 의미에는 소비자의 진짜 문제를 해결할 수 있는 솔루션이 담겨 있어야 하며, 이 솔루션을 직관적으로 전달하기 위해 컨셉이란 그릇에 담는 것이다. 그렇게 완성된 컨셉으로 페브리즈는 '빨 수 없는 것도 빨게 해 주는 가정 필수품'이 되었으며, 시디즈는 '인생을 바꾸는 의자'가 되었다.

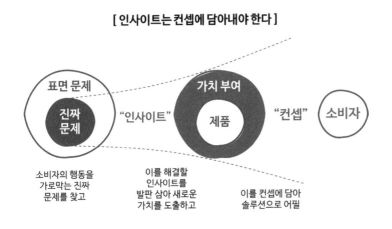

[인사이트는 컨셉에 담아내야 한다]

표면 문제 / 진짜 문제 / "인사이트" / 가치 부여 / 제품 / "컨셉" / 소비자

소비자의 행동을 가로막는 진짜 문제를 찾고

이를 해결할 인사이트를 발판 삼아 새로운 가치를 도출하고

이를 컨셉에 담아 솔루션으로 어필

창의적 솔루션을 찾는 통찰 프레임

이제는 해결의 실마리가 보이기 시작한다. 지금부터는 의사결정을 위해 결론을 찾는 과정이다. 결과는 하나여도 결론은 여러 가지일 수 있다. 결론을 내리는 데는 다양한 목적과 가치 기준이 관여되어 있기 때문이다. 데이터에 기반한 결론을 도출하는 것은 데이터 분석과는 또 다른 이야기일 수밖에 없다. 결론을 내리려는 이유부터 생각해 보자. 기존 해답들이 더 이상 답이 되지 않기 때문이다. 따라서 결론에는 과거의 솔루션을 넘어서는 창의적인 접근이 내재되어 있어야 한다. 지금부터는 솔루션을 제안하기 위해 기존의 틀을 넘어 창의적인 접근을 할 수 있는 몇 가지 팁을 제시하겠다.

많은 학자들은 세상을 움직일 솔루션이 창의적인 아이디어 발상에서 나온다고 생각했다. 데이비드 이글먼(David Eagleman)은 그의 저서 『창조하는 뇌』에서 창의력은 '휘기(Bending)''쪼개기(Breaking)' '블렌딩(Blending)'의 방법으로 발전시킬 수 있다고 말한다. 휘기는 원형을 변형하거나 뒤트는 방식이고, 쪼개기는 원형을 해체하여 나누는 방식이며, 섞기는 둘 이상의 재료를 혼합하는 방식이다. 새로운 아이디어는 현재 주변의 것을 휘고 쪼개고 섞는 가운데 탄생한다는 그의 아이디어 발상법은 평범한 사람들도 천재성의 창의력을 발휘할 수 있다는 가능성을 열어 주었다. 이 3가지 방법은 창조가 원형을 재편집하는 과정과 같다는 함의를 담고 있다.

창의력에 대한 이와 같은 발상은 마케팅에서 주로 활용하는 브레인스토밍 방법인 SCAMPER와 유사하다. SCAMPER 기법은 창의적 사고를 유도하기 위해 7가지 질문으로 제품이나 아이디어를 새롭게 변형하는 기법이다. 이 기법은 기존의 아이디어를 기반으로 새로운 혁신을 도출하는 데 매우 유용하게 활용된다. 어떻게 상식을 벗어나는 사고를 할 수 있는지 7가지 방법을 간단히 살펴보자.

① **대체하기**(Substitute): 기존의 방식으로 해결이 안 된다면, 부분을 다른 것으로 대체해서 새로운 솔루션을 탐색하는 방법이다. "어떤 부분을 다른 것으로 바꿀 수 있을까?"로 질문을 던져보자. 예를 들어, 플라스틱병의 환경오염 문제를 해결하기 위해 종이로 만든 물병을 대체제로 개발한 사례가 이에 해당한다.

② **결합하기**(Combine): 서로 다른 두 개념을 결합해서 새로운 결과물을 만들어 문제를 해결하는 방법이다. 주요한 질문은 "서

로 다른 두 가지 아이디어나 제품을 결합할 수 있을까?"로 던진다. 스마트폰은 원래 메인 기능이었던 통화 기능에 카메라 기능이 합해져서, 하나의 기기로 사진 촬영, 동영상 녹화, 통화를 모두 할 수 있게 결합한 혁신의 본보기가 되었다.

③ **적용하기**(Adapt): 다른 곳에서 성공한 아이디어나 기능을 가져와서 적용시켜 보는 방법이다. 예를 들어, 자전거 이용자의 안전을 높이기 위해 자동차의 에어백 기술을 응용해 볼 수 있다. 자전거 헬멧에도 충돌 시 자동으로 팽창하는 에어백 시스템을 적용해 보는 것이다.

④ **수정하기**(Modify): 기존의 개념이나 형태를 수정해서 문제를 해결할 수도 있다. "모양, 크기, 색상을 어떻게 바꾸거나 확대하거나 축소할 수 있을까?"로 질문을 던져 보자. 스마트폰의 경우, 점점 커지는 화면 때문에 휴대성이 불편해지는 문제를 해결하기 위해 화면을 접는 폴더블폰(Folderble phone)을 개발하였다.

⑤ **다르게 활용하기**(Put to another use): 기존 제품이나 개념을 다른 용도로 사용할 수 있을지 새로운 길을 찾아본다. 이러한 사고를 위해서 "이 제품을 꼭 여기에만 써야 할까?"라는 질문을 던지는 것이 도움이 된다. 예를 들어, 쓰레기를 줄이고 자원을 재활용하기 위해 커피 찌꺼기를 비료로 사용하는 방법이 좋은 예가 된다.

⑥ **제거하기**(Eliminate): 기존의 제품이나 개념에서 불필요한 사족을 생략해서 본연의 효용을 높이는 방법이다. "어떤 요소를 제거하거나 간소화할 수 있을까?"라는 질문으로 불필요한 요소가 없는지 살펴보자. 예를 들어, ESG 경영을 위해 포장재에서 불필요한 플라스틱을 제거할 수 있는 방법을 고안해 보는 것이다.

⑦ **역전/재배치하기**(Reverse/Rearrange): 기존의 사실을 뒤집어 상식과 다른 방식으로 재배치해 보는 방법이다. 이렇게 질문을 던져보자. "위치를 바꾸거나 순서를 바꾸는 등 기존의 방식을 거꾸로 해보면 어떨까?" 새벽 배송 서비스를 개발한 마켓컬리가 던졌던 질문도 '왜 온라인 배송을 새벽에 하면 안될까?' 였다.

이처럼 SCAMPER 기법은 기존의 제품이나 아이디어를 다양한 각도에서 재검토하고 변형할 수 있는 가능성을 탐색하여, 새로운 통찰과 혁신을 도출하는 데 도움을 준다. 문제를 해결하기 위한 획기적인 사고를 하려면 기존의 지식이나 경험에서 벗어나 상상력을 발휘할 수 있어야 한다. 자, 이제부터는 데이터로 얻은 인사이트를 바탕으로 우리 브랜드의 문제를 해결할 수 있는 솔루션을 탐색할 차례이다.

호모 데이터쿠스의 제5 능력: 데이터 창의력

> "새로운 것을 찾아 떠나는 단 하나의 진실한 여정은
> 새로운 풍경을 찾는 것이 아니라 새로운 눈으로 세상을 보는 것이다."
>
> 프랑스 작가 마르셀 프루스트(Marcel Proust)

◆ 전략은 계획이 아니다

전략이 필요한 이유

데이터 분석을 하다 보면 데이터의 망망대해에서 길을 잃고 허우적대는 경우를 자주 본다. 데이터의 바다에서 길을 잃지 않기 위해서는 '전략'이란 방향타가 있어야 한다. 꼭 데이터가 아니더라도 전략이 필요한 상황은 어디든 있다. 스펙이 빵빵한 지원자들을 뚫고 면접에 붙기 위해서는 '패션도 전략'이 될 수밖에 없다. 전략이 없다면 대책 없이 덤비는 길뿐이다. 이런 증상은 데이터 분석을 하려는 초짜들에게 자주 나타난다.

기업이 목표를 향해 나아가려면 반드시 전략이 있어야 한다. 그렇지 않으면 원하는 목적지까지 가는 데 너무 많은 에너지를 쓰거나, 목적지에 닿지 못하는 불상사가 생길 수도 있다. 전략적 사고가 없다면 무엇이 최선인지 판단하기 애매해서 의사결정에 어려움을 겪게 된다. 그래서 목적하는 바가 있다면 반드시 전략을 세워야 한다. 전략은 '결과'에 대한 이야기가 아닌 '결론'에 대한 이야기이기 때문이다.

그럼, 전략이란 어떤 것일까? 전략은 '최종 목표를 달성하기 위해 앞으로 택해야 할 실행 계획'을 말한다. 조금 더 직관적으로 표현해 보자면, 전략은 어떻게 하면 원하는 목표를 가장 잘 이룰 수 있을지 큰 그림을 그리는 것이다. 따라서 전략을 세우려면 항상 '지향점'이 있어야 한다. 또한 목표로 나아가기 위한 '과정'도 포함되어 있어야 한다. 다시 말해, 전략은 '현재 상태에서 가장 효과적이고 효율적인 방법으로 원하는 상태로 나아가는 길'이다.

전략은 머릿속에 있는 밑그림 같은 것이기 때문에 실행으로 옮겨졌을 때 그 가치가 드러난다. 따라서 전략을 실행하기 위해서는 '원하는 바(Vision)'를 얻기 위해 도달해야 하는 지점을 '목표(Objectives)'로 두

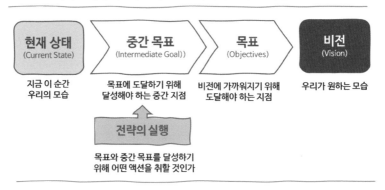

전략이 있어야 비전까지 나아가는 데 올바른 의사결정을 할 수 있다

14장 호모 데이터쿠스의 제5 능력: 데이터 창의력

고, 이를 달성하기 위해 중간 지점마다 '중간 목표(Intermediate Goal)'를 거치면서 앞으로 나아가야 한다. 전략의 실행은 목표를 구체화시키는 과정에 대한 관리이므로, 전략은 잘게 쪼개진 현재와 목표에 대한 갭(Gap)을 줄이면서 전체적으로 지향점을 향해 나아가는 일이다.

전략의 맨 상위에는 '비전'이 놓인다. 가끔 비전(Vision)과 미션(Mission)을 헷갈리는 경우가 있는데, 미션은 '우리가 누구인가에 대한 정체성'이라면, 비전은 '우리가 어떻게 될 것인가에 대한 미래상'을 말한다. 이때 미래상을 현실적인 언어로 표현한 것이 '목표'이다. 따라서 비전에는 조직이 장기적으로 도달하고자 하는 목표가 담겨 있다. 예를 들어, "글로벌 No. 1 브랜드로 도약"과 같은 것이다. 비전은 조직원들이 해야 할 일을 명확히 파악하여 행동하게 하는 힘을 가지고 있다. 일에도 순서가 있듯이 비전은 하루아침에 달성되는 것이 아니다. 세계 제일이라는 목표에 이르기 위해서는 일단 한국에서 No.1이 되어야 하고, 아시아에서 No.1이 되어야 글로벌 No.1이 될 수 있는 것이다. 따라서 비전을 달성하기 위해서는 장기적인 목표와 그 사이에 존재하는 세부적인 중간 목표들을 세워 놓아야 한다. 이렇게 전략은 목표 관리란 방식을 취하며, 방향을 잃지 않고 이상적인 모습으로 나아가게 하는 나침반이 된다.

데이터는 어떻게 전략과 연결되는가?

전략 수립을 위해서는 먼저 문제를 해결할 마케팅 목표부터 잡아야 한다. 목표는 달성되면 사라진다. 그리고 또 다른 목표가 생긴다. 이처럼 목표는 하나가 아니고, 시간에 따라 바뀌는 성질을 가지고 있다. 따라서 비즈니스 전략을 세울 때는 문제를 진단해서 목표를 잡고, 현재 상태를 살핀 후 목표와의 갭을 줄일 전략을 마련한다. 그리고 다시 현재 상태에서 최종 목표까지 나아가기 위해 수많은 중간 목표들을 세우고 갈아치우면서 전략을 실행시킨다. 이처럼 목표와 중간 목표들은 모두 비전으로 나아가는 일직선상의 관리 대상이다. 비즈니스가 관리하는 것은 달성 가능한 목표이자 측정해서 관리할 수 있는 목표, 즉 KPI(Key Performance Indicator)이다. 따라서 전략은 항상 데이터로 검증되어 그 방향이 정비되어야 한다.

경영학의 대가 피터 드러커(Peter Drucker) 박사는 "측정하지 못하면 관리하지 못한다"는 말로 경영의 실체를 통찰했다. 기업이 중요하게 생각하는 지표들은 항상 측정해서 관리되어야 한다. 그래야 목표까지 가는 데 우리의 상태를 확인할 수 있기 때문이다. 당신의 회사는 무엇을 측정하고 관리하는가? 이것이 당신 회사가 지향하는 비전을 가리킨다. KPI는 소비자의 클릭률을 높이는 단순한 문제가 아니다. 우리의 마케팅에 대한 반응을 측정할 수 있다고 해서 모두 KPI가 되는 것도 아니다. KPI는 전략의 언어이자, 조직을 움직이는 방향키이다.

피터 드러커는 전략을 수립하는 데 질문이 중요함을 강조했다. 하버드 대학의 로버트 사이먼스(Robert Simons) 교수 역시 "올바른 전략은 올바른 질문에서 시작된다"는 말로 전략에 대한 인사이트를 짚었다. 질문은 답을 찾도록 움직이게 하는 동력을 준다. 좋은 질문을 던져야 원하는 목표로 나아갈 수 있는 길이 열린다. 비즈니스 현장에서 던지는 질문에 대한 답은 곧 기업이 관리해야 할 KPI가 된다. 따라서 우리 기업이 좋은 질문을 통해 좋은 KPI를 마련하고 있는지, 또 이를 데이터 기반의 프로세스로 운영하고 있는지 점검해 보자. 다음 '피터 드러커의 5가지 질문'은 마케터의 전략 수립과 검증에 있어서 보석 같은 가이드가 된다.

1. 우리의 사명은 무엇인가? ⇒ 우리는 무엇을 파는 사람인가를 묻는 질문
2. 우리의 고객은 누구인가? ⇒ 우리 상품을 누구에게 팔아야 하는가를 묻는 질문
3. 고객에게 중요한 것은 무엇인가? ⇒ 우리는 고객의 무엇을 충족시킬 것인가를 묻는 질문
4. 우리의 결과는 무엇인가? ⇒ 우리 상품으로 고객을 충족시키고 무엇을 받을 것인가를 묻는 질문
5. 우리의 계획은 무엇인가? ⇒ 목표로 나아가기 위해 다음으로 무엇을 해야 하는가를 묻는 질문

특히, 디지털 마케팅에서의 전략 수립 과정은 다음과 같이 펼쳐진다. 먼저 문제를 인식하고, 전략적 목표를 설정한 후, 목표를 달성하는 데 집중해야 할 타깃 고객을 선정해 둔다. 그리고 그들에게 접근

[디지털 마케팅의 전략 수립 및 실행 과정]

문제 인식 / 전략적 목표 설정 / 타깃 선정 / 고객 여정 설계 / 미디어 전략 콘텐츠 전략 / 마케팅 성과 측정

KPI 수립
적합한 지표부터 잡아야 한다

성공? 실패?

Test & Learn (지표 및 가설 재설정)
가장 중요하게 생각하는 지표를 잡아 가설을 수립하고
AB test를 통해 검증하며 마케팅 성과를 개선해 나간다.

전략은 계획이 아니다

하기 위한 고객 여정을 그리고, 그것을 길라잡이 삼아 미디어 전략과 콘텐츠 전략을 기획한다. 이렇게 마케팅 캠페인을 수행한 후, 그 성과를 다각도로 측정하면서(마케팅 성과는 인지에서 구매를 거쳐 구매 이후까지 다양하게 설정할 수 있다) 우리가 처음 설계한 목표에 얼마나 도달했는지를 검증한다. 앞의 그림에서 보여지듯, 전략적 목표를 설정하는 일이 곧 KPI를 수립하는 작업이다.

디지털 마케팅의 전략 수립 및 실행 과정을 보면 전략은 '성장 (growth)' 과정과 닮아 있음을 알게 된다. 한 단계씩 성장의 방향을 잡고, 성장이 더딘 원인을 찾아 해결해 나가면서 실험(Test)과 학습 (Learn)을 반복해 나가는 과정이 전략의 프로세스이다. KPI를 통해 성장으로 나아가는 과정은 당장 매출을 올리거나 성과를 어필하는 숫자를 만드는 일이 아니다. 전략은 일을 수행해 나가면서 성공과 실패의 경험을 데이터 삼아 우리의 프로세스를 최적화하는 과정 속에서 완성된다.

디지털 마케팅의 KPI는 퍼널로 관리한다

모든 것이 디지털인 시대인 만큼, 마케터 역시 디지털에서의 수익 창출을 고민해야 한다. 디지털의 망망대해에서 헤매지 않고 원하는 이상향에 도달하기 위해서는 디지털 생태계에 맞는 전략과 수행 방안이 필요하다. 디지털 마케터는 무엇을 목표로 잡고 어떻게 이를 달성해 가야 할까? 끊임없이 돌아다니는 움직이는 타깃을 잡기 위해 디지털 마케터가 사용하는 KPI 관리 툴은 바로 '퍼널(Funnel)'이다. 퍼널은 우리말로 하면 '깔대기'이다. 깔대기는 입구는 넓고 주둥이로 갈수록 통로가 좁아진다. 이렇게 디지털을 유영하는 소비자를 잡기 위해, 잠재 고객들을 깔대기로 유인해서 이들을 실제 고객으로 전환해 가는 방식이 디지털 마케팅에서 목표를 달성해 가는 전략적 틀이다.

퍼널을 잘 운영하면 우리 브랜드를 잘 몰랐던 소비자를 우리 브랜드에 발을 담게 하여, 깊이 알게 하고, 구매를 거쳐, 충성까지 이끌며 우리 고객으로 만들어 갈 수 있다. 가장 이상적인 퍼널은 입구 사이즈만큼 주둥이도 넓게 유지하는 것이지만, 대부분의 소비자는 퍼널 중간에서 브랜드에 대한 관심과 흥미를 잃고 이탈하는 모습을 보인다. 그렇기에 브랜드 스토리를 알려 주목을 끌든, 할인 행사를 기획해서 구매로 유도하든 마케터의 목표는 고객의 '유입'과 '전환'을 높이는 것에 집중된다.

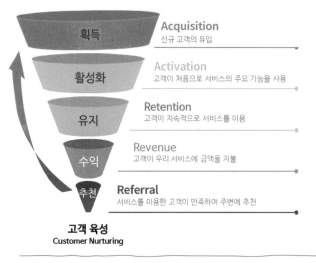

[퍼포먼스 마케팅의 퍼널 구조]

마케팅 퍼널은 고객 유입에서부터 성과 달성까지 고객 여정을 최적화하여 디지털 마케팅의 효율을 극대화하도록 돕는 KPI 관리 도구입니다.

획득 — **Acquisition** 신규 고객의 유입

활성화 — **Activation** 고객이 처음으로 서비스의 주요 기능을 사용

유지 — **Retention** 고객이 지속적으로 서비스를 이용

수익 — **Revenue** 고객이 우리 서비스에 금액을 지불

추천 — **Referral** 서비스를 이용한 고객이 만족하여 주변에 추천

고객 육성
Customer Nurturing

(출처: 『마케팅 웨이브』)

전략은 계획이 아니다

디지털 마케팅을 수행하는 데 대표적으로 활용되는 퍼널은 'AARRR 모델'이다. AARRR은 5단계의 퍼널로 구조화되어 있는데, 가장 위에서부터 획득(Acquisition), 활성화(Activation), 유지(Retention), 수익(Revenue), 추천(Referral)의 위계로 관리된다. 아래 그림에도 나와 있지만, 각 단계는 '고객 육성(Customer Nurturing)'이라는 최종 목표를 달성하기 위한 중간 목표들을 KPI로 두며 운영된다. 따라서, 마케터는 각 단계별로 고객이 처한 입장을 고려하여 이들을 설득하는 스킬을 발휘해야 한다.

① 획득(Acquisition)

- 단계 의미: 신규 고객을 유입시키는 단계
- 마케터 질문: 우리는 신규 고객을 얼마나 획득하고 있는가? 신규 고객을 비용 효율적으로 획득하고 있는가?
- KPI 예시: 방문자 수, 앱 다운로드 수, 구독자 수, SNS 팔로워 수, 회원 등록률 등

② 활성화(Activation)

- 단계 의미: 고객이 처음으로 우리 서비스의 주요 기능들을 사용하는 단계
- 마케터 질문: 얼마나 많은 유저가 우리 서비스를 이용하는가? 그들이 서비스의 기능들을 얼마나 깊이 있게, 자주 이용하는가? 얼마나 많은 유저가 서비스를 이용하면서 상호작용을 하는가?
- KPI 예시: 가입 후 첫 사용률, 사용 기간, 제품 체험 및 프로모션 참여율 등

③ 유지(Retention)

- 단계 의미: 고객이 지속적으로 서비스를 이용하는 단계
- 마케터 질문: 한번 방문한 유저가 다시 사이트를 방문했는가?

  그들이 얼마나 자주 사이트를 방문했는가?

  얼마나 많은 유저가 이탈하는가?
- KPI 예시: 재방문율, 활성 사용자수, 구독 갱신율, 고객 이탈률
  등

④ 수익(Revenue)

- 단계 의미: 고객이 우리 서비스에 금액을 지불하는 단계
- 마케터 질문: 유저가 우리 제품이나 서비스를 얼마나 구매했는가?

  그들이 얼마나 자주 구매했는가?

  그들이 우리 제품이나 서비스를 구매하는 데 어떤 장벽이 있는가?
- KPI 예시: 구매 전환율, 평균 구매 금액, 구매 빈도, 고객 생애 가
  치, 결제 완료율 등

⑤ 추천(Referral)

- 단계 의미: 서비스를 이용한 고객이 만족하여 주변에 추천하는
  단계
- 마케터 질문: 얼마나 많은 유저가 우리 제품이나 서비스를 주변
  에 추천/공유하는가?
- KPI 예시: 추천 고객 수, 추천율, 공유 갯수, 추천을 통한 신규 회
  원수 등

◆ 창의적 전략 프레임이 필요하다

뉴노멀 마케팅, 무엇이 어떻게 바뀌는가?

4차 산업혁명으로 디지털 세상이 보편화되면서, 마케팅 생태계에도 변화의 바람이 거세다. 소비자 경험이 오프라인에서 온라인을 중심으로 재편되면서 마케팅 도구들이 천지개벽으로 달라졌다. 따라서, 디지털 시장에 전략적으로 접근하기 위해서는 마케팅의 무엇이 어떻게 바뀌고 있는지 알아야 한다. 다양한 방면에서 디지털 혁신을 이끌었던 '키토크 AI' 도준웅 대표는 이제 '마케팅은 고객 가치를 빼고 다 바뀔 것'이라고 예견한다. 그는 변화하는 사용자 경험과 의사결정과정에 따라 데이터를 가지고 일하는 방식으로 마케팅을 재구성해야 한다고 말한다. 그가 이야기하는 마케팅은 '기업이 가치 제안을 하고 소비자의 행동(Willing to Act)을 얻는 일'이다. 즉, 마케팅의 본질인 '고객 가치의 창출 → 전달 → 교환'을 만드는 일이다. 마케터는 고객 가치를 만들고, 전달하고, 교환하기 위해 이제 어떤 전략을 취해야 할까?

① 생태계 변화: 디지털로 옮겨가는 시장

세상이 디지털로 바뀌면서 시장을 관리하는 방식, 다시 말해 고객을 창출하는 방식이 바뀌고 있다. 오프라인에 있던 고객들이 지금은 디지털로 옮겨가고 있다. 모바일을 열면 눈에 띄는 것이 광고이고 발에 걸리는 것이 구매 버튼이다. 광고와 유통의 구분 없이 디지털이란 관문으로 통합되고 있어, 무한 경쟁의 장에서 어떻게든 소비자의 눈에 띄어야 하는 것이 마케터의 숙명이 되었다. 그럼, 어떻게 디지털 소비자에게 접근할 수 있을까? 어떻게 디지털에서 우리의 고객을 찾고 영입하고 육성해야 할까? 이에 대한 답을 찾기 위해서는 백지부터 시작하는 마음이 필요하다. '제품'이 아니라 '고객'에서 시작해야 하기 때문이다.

소비자가 어떻게 디지털 세계로 들어가는지 살펴보자. 그들은 '노출' '탐색' '검색'의 3가지 유형의 문을 열고 디지털 세계로 들어간다. 따라서 '어떻게 디지털에서 고객의 눈에 띄게 할까(노출)?' '어떻게 우리 브랜드에 관심을 가지고 들여다보게 할까(탐색)?' '어떻게 고객의 검색 과정에 우리 브랜드에 대한 질문을 던질까(검색)?'로 질문을 바꾸어 소비자에게 접근하며 시장을 만들어 가야 한다. 확실히 과거와는 접근이 다르다. 과거에는 시장이 오프라인의 한 장소에 고정되어 있었지만, 지금은 순간의 클릭으로 시장이 열리고 닫힌다.

소비자가 디지털 세계에 들어가는
세 가지 유입 경로는 노출, 탐색, 검색이다.

② 관점의 전환: 제품 중심(Product-centric)에서 소비자 중심
  (Consumer-centric)으로

과거에 '매스(mass)'로 진행되던 것들이 이제는 '퍼스널(personal)'로 화두가 옮겨가고 있다. 개인을 쫓아 그의 생활 속에서 발생하는 필요와 욕구를 충족해 주는 방식으로. 경쟁사보다 뛰어난 차별점을 어필하는 과거의 방식은 더 이상 감흥을 주지 못한다. 소비자의 필

요와 요구를 듣고 감정과 욕구에 귀 기울여 줘야 우리 제품을 소개할 기회라도 생긴다. 그동안 브랜드의 메시지에 소비자가 반응해야 했다면, 이제부터는 브랜드가 소비자의 이야기를 먼저 듣고 그들의 마음에 반응해야 한다. 제품에서 소비자로 관점이 바뀌니, '말하고 듣기'가 아닌 '듣고 말하기'로 순서부터 바꾸어야 한다.

디지털 시대의 마케팅 전략은 제품이 아닌 소비자에서 출발한다. 과거에는 제품 카테고리 안에서 시장 점유를 높이는 방향으로 접근했지만, 이제는 고객의 24시간을 쪼개는 방식으로 시장에 접근한다. 전략도 기술의 도입과 활용이 아닌, 소비자의 편리와 즐거움에 포커싱해야 한다. 이제는 개인 소비자를 중심으로 고객 가치를 다시 설정해야 한다. 개인을 충족시키는 브랜드의 가치, 무엇을 어떻게 제안해야 할까?

말이 개인화이지, 시장을 유사한 그룹으로 쪼개서 관리하는 것은 예나 지금이나 유사하다. 단지, 시장을 쪼개는 기준과 개수가 개인의 관심과 취향에 따라 매우 세밀해지고 있을 뿐이다. 요즘은 인공지능의 성능이 인간의 언어 수준으로 진화하고 있어, 앞으로 마케팅 환경은 시맨틱 알고리즘을 기반으로 개인의 내밀한 취향까지 저격하도록 업그레이드될 것이다. 마케팅은 소비자를 '측정할 수 있다'가 아닌, '미세한 취향까지 측정할 수 있다'로 나아가는 중이다. 곧 개인의 시맨틱 데이터와 LLM(Large Language Model: 대용량 인간 언어를 이해하고 생성할 수 있도록 훈련된 인공지능 모델) 기반 인공지능의 도움으로 롱테일에 부합한 취향의 개인화 서비스를 제안해야 하는 시대를 맞이하게 될 것이다.

더 이상 대박 시청률이 존재하지 않는 것처럼, 이제는 빅히트를 치는 대박 상품을 찾아보기 힘들어졌다. 세상은 개인 손안의 모바일 환경에서 펼쳐지므로, 점점 더 상품 차별화가 아닌 개인 차별화를 할 수 있는 마케팅 역량에 초점이 맞춰지고 있다. 시맨틱 알고리즘으로 작동하는 인공지능 프롬프트로 인해 취향의 언어로 코딩된 개인 데이터들은 점점 더 많아질 것이다. 자신의 세상을 즐기려고 하는 소비자를 쫓기 위해서라도, 마케터에게는 롱테일 취향과 니즈가 담겨 있는 시맨틱 데이터가 필요하다.

③ 작동 원리의 변화: 마켓(Market) 관리에서 트래픽(Traffic) 관리로

초기에는 디지털을 '새로운 기술' 정도로 여겼으나, 지금은 마케터의 시선을 소비자로 돌려놓는 '마케팅 기폭제'로 표현하는 것이 더 적절해 보인다. 디지털은 하나로 뭉쳐있던 시장을 개인으로 해체하면서 고객에게 다가가는 방식을 바꿔 놓았기 때문이다. 제품을 중심으로 시장을 쪼갰던 레거시 방식(STP 전략: 시장을 쪼개고 경쟁 우위 시장을 선점하여 수요를 창출하는 방식)에서 벗어나, 지금은 개인 고객에게 다가가서 그들의 선택과 참여를 유도하는 뉴노멀 방식(Wave 전략: 고객의 트래픽을 획득 및 관리하며 수요를 창출하는 방식)으로 진행해야 시장이 열린다.

전통 마케팅 vs. 디지털 마케팅

제품 중심	소비자 중심
시장 관리	트래픽 관리
Market Share	Time Share
Positioning	Accessing
STP 전략	Wave 전략

고객에게 다가가는 뉴노멀 마케팅이란 무엇일까? 지금은 너무 많은 제품들 사이에서 소비자의 눈에 띄어야 하는 것이 급선무다. 그렇기에 소비자의 필요나 관심에서 출발하는 자세가 필요하다. 기업이 마케팅을 수행할 때 고민하는 가장 중요한 문제는 '우리가 만든 좋은 제품을 어떻게 하면 더 많은 고객에게 알리고 구매하게 할 것인가'이다. 그렇기에 그들의 움직임을 따라 그 족적을 연결하다 보면 고객 여정의 지도를 얻게 된다. 마케터가 우선적으로 준비해야 할 것은 이 고객 여정 지도이다. 구매 의사결정의 과정 중에 고객 트래픽이 어디로 이동하는지를 살펴 잠재 고객의 트래픽을 어떻게 우리 브랜드로 연결할지를 고민해야 한다. 이때 고객 구매 여정(CDJ)은 소비자에게 다가가기 위한 기본 틀 걸이가 된다. 디지털 마케팅의 실질적인 목표는 CDJ 상에서 고객의 트래픽을 우리 사이트로 유입하고, 구매로 전환해서, 마케팅 효율을 높이는 것이다.

어떻게 CDJ로 시장을 관리하는 것일까? CDJ가 구매까지의 동선을 연결한 것인 만큼, 먼저 '인지 → 탐색 → 경험 → 구매 → 공유 → 옹호'의 흐름에 따라 고객이 현재 위치한 CDJ를 파악한다(구매 여정은 제품 카테고리나 브랜드 상황에 따라 다르게 그려진다). 그리고 각 단계에 맞게 다양한 마케팅 방법을 결합해서 디지털 소비자들을 우리 사이트로 유입시키기 위한 마케팅 퍼널을 작동시킨다(이를 '풀퍼널 전략'이라고 한다). 한마디로 바다에 떠도는 물고기를 잡기 위해 깔대기로 이들을 우리 어장에 쓸어 담는 것과 같은 논리이다. 그리고 이 과정은 KPI의 선정과 관리로 운영된다.

이때, 목표를 달성하기 위해 어떤 마케팅 방법들을 동원할지가 관건이다. 무수한 디지털의 공간을 무작위로 돌아다니는 소비자를 잡기 위해 그들이 머무는 접점을 미디어 특성별로 나누고 연결해서 통합적인 마케팅 전략을 실행해야 한다. 미디어는 관리 주체에 따라 3가지 종류로 나눠서 관리하는 것이 유용하다. 이것이 '트리플 미디어 전략(Triple Media Strategy)'이다. 트리플 미디어는 돈을 지불해서 광고를 집행하는 '페이드 미디어(Paid Media: 보통 디지털 광고를 말한다)', 기업이 보유하고 있는 자체 사이트인 '온드 미디어(Owned Media)', 소비자가 가지고 있는 SNS 계정인 '언드 미디어(Earned Media)'를 모두 함께 돌려서 마케팅 커뮤니케이션을 수행하는 전략을 말한다.

즉, 디지털 소비자에게 다가가기 위해서는 소비자의 접점을 연결하는 미디어의 흐름을 만들어 트래픽을 흐르게 하는 것이 중요하다. 전통 마케팅의 'STP 전략'이 타깃 시장에 메시지를 꽂는 방식이었다면, 디지털 마케팅은 무수히 생겨나고 있는 다양한 유형의 미디어를 통해 고객의 트래픽을 만드는 '디지털 웨이브' 방식이라고 할 수 있다. 디지털 웨이브는 보통 언드 미디어에 이슈를 퍼뜨려 '파동을 일으키고', 페이드 미디어로 트래픽을 유인해서 '파동의 길을 만들고', 온드 미디어로 트래픽을 쓸어 담아 '파동의 에너지를 우리 것으로 만들 때' 원활히 작동된다(이 순서는 필요에 따라 바꿀 수 있으며, 중요한 것은 순서보다 원리이다).

그리고 이 흐름을 만들기 위해 소비자와 밀고 당기는 '풀 & 푸시(Pull & Push)'전략으로 미디어와 콘텐츠를 운영한다. 이때, '브랜드 마케팅(Brand Marketing)'으로 소비자를 당기고, '퍼포먼스 마케팅(Performance Marketing)'으로 소비자를 밀어야 한다. 이처럼 상반되어 보이는 두 접근의 공조가 필요하다. 마케터는 CDJ에 기반하여 고객 트래픽을 설계하고, 고객에게 감흥을 줄 수 있는 콘텐츠(Contents)와 광고(Advertising)로 소비자를 우리 사이트로 '유입'시키고, 더 깊숙이 들

[디지털 웨이브 전략]
어떻게 다양한 트래픽을 통합적으로 관리할 것인가?

디지털 소비자를 우리 퍼널에 담기 위해, 풀 & 푸시 방법을 통합한 트리플 미디어 전략으로 마케팅 오케스트레이션 하기

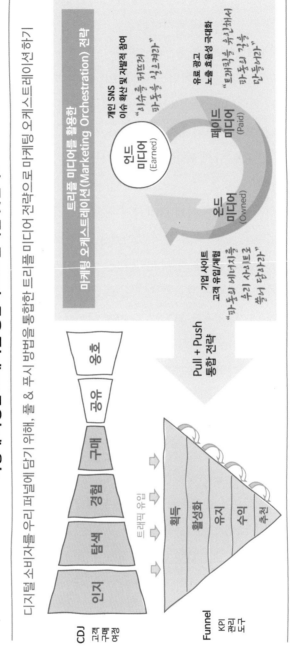

14장 호모 데이터쿠스의 제5 능력: 데이터 창의력

어올 수 있게 '체류'시키고, 구매로 관계를 맺을 수 있게 '전환'시키며, 지속적으로 브랜드와 함께 할 수 있게 '유지'시키는 '디지털 웨이브(Digital Wave) 전략'을 추진해야 한다.

④ 전략의 핵심: 트래픽 활성화를 위한 콘텐츠 기획

디지털 마케팅의 목표는 소비자를 이끌고, 머물게 하여 종국에는 우리의 고객이 되게 하는 것이다. 대안이 넘치는 상황에서 그들이 우리와 관계 맺고 싶게 하려면 명확한 선택의 이유를 줘야 한다. 고객 행태 데이터를 분석해서 AI를 활용한 고도의 타깃팅으로 광고 효율을 높여 개인에게 다가가는 것도 중요하지만, 우리의 콘텐츠가 그들에게 의미가 없으면 그들은 결코 우리를 선택하지 않는다. 따라서 마케터는 디지털 접점들에서 우리가 제안하는 가치가 그들에게 어떤 의미로 다가가는지 항상 생각해야 한다. 이때 고객의 시선을 잡을 수 있는 것은 콘텐츠뿐이다. 콘텐츠는 고객 가치를 가시화 한 모든 것이 된다. 콘텐츠는 상품일 수도, 서비스일 수도, 정보일 수도, 경험일 수도 있다. 내 모바일 화면에서 눈에 보이는 것이 콘텐츠이기에, 종국엔 트래픽을 만들 수 있는 콘텐츠를 기획하는 것이 제일 중요하다. 퍼포먼스는 그 결과로 나오는 것이다. 따라서, 마케팅 퍼널의 효율을 높이는 결정적인 요소는 타깃팅이 아닌 콘텐츠이다(사실 콘텐츠가 좋으면 예상치 못한 타깃과 접점에서도 지갑이 열린다).

그럼, 퍼널을 작동시키게 하는 콘텐츠는 어떻게 만들 수 있을까? 퍼널이 위계로 구성된 만큼, 콘텐츠도 단계적으로 접근해야 한다. 고객이 브랜드를 인지해서, 비교 평가하고, 구매까지 가는 과정을 크게 3단계로 나누면 마케팅 목표에 따라 콘텐츠를 기획하기가 수월해진다.

먼저, 퍼널의 입구로 고객을 몰고 오자. '상단 퍼널(Top of Funnel: ToFu)'에서는 고객의 관심을 유도하기 위해 브랜드의 존재를 알리고, 자사 사이트로 트래픽을 유인하도록 콘텐츠를 설계한다. 이때는 페이드 미디어와 언드 미디어를 통해 주목도 높은 콘텐츠(히어로 콘텐츠)를 지속적으로 제공하여 잠재 고객을 유인하는 것이 필요하다.

'중간 퍼널(Middle of Funnel: MoFu)'에서는 우리 제품에 호의적인 태도를 가지고 구매를 고려할 수 있도록 적극적으로 고객을 공략하고 행동을 유인한다. 이때는 고객의 잠재 수요가 수면 위로 올라오게끔 제품의 강점을 매력적으로 어필하는 콘텐츠를 기획하는 것이 좋다. 이 단계에서는 온드 미디어를 통해 제품에 대한 자세한 설명이나 스토리를 제공하는 콘텐츠(허브 콘텐츠)를 노출하여, 구매에 대한 명분을 제공하고 고객과 브랜드 사이에 신뢰를 쌓아나가는 것을 목적으로 한다.

마지막 단계는 잠재 고객을 우리의 구매 고객으로 전환시키는 '하단 퍼널(Bottom of Funnel: BoFu)'이다. 깔대기의 가장 좁은 부분으로, 명확히 최종 구입을 결정하게 도와줄 콘텐츠(헬프 콘텐츠)를 기획해

마케팅 퍼널별로 어떤 디지털 콘텐츠를 구사해야 할까?

(출처: 『마케팅 웨이브』)

야 한다. 이때는 구매 욕구가 어느 정도 활성화되어 있으므로, 바로 행동으로 옮기게끔 세일즈 포인트(Sales Point)를 제공하는 것이 유리하다. 이때는 온드 미디어와 페이드 미디어를 서로 연계하여 구매를 독려하도록 설계하는 것이 좋다.

　많은 디지털 마케터가 상단 퍼널의 입구를 지나는 잠재 고객들을 그들의 관심, 취향, 행태 정보를 이용해서 타기팅하고, 어떻게든 상품을 알리고 관심을 유도하려고 푸시 마케팅을 주로 진행했었다. 하지만 최근 개인정보 보호의 규제가 강해지면서(최근 구글이 쿠키리스 백지화를 선언하긴 했지만, 개인정보를 보호하고 검색 생태계를 관리하려는 기조는 계속될 것이다), 이러한 퍼포먼스 마케팅의 접근은 한계를 드러내고 있다. 구매 직전에 있는 하단 퍼널 역시 단기적으로 매출을 올리는 효과는 있으나, 일시적인 프로모션 광고의 속성이 짙으므로 고객 관계를 지속시키기에는 많이 미흡하다. 따라서 지금은 푸시 마케팅과 풀 마케팅을 동시에 작동시켜 구매 여정별로 퍼널을 최적화하면서, 고객의 유입을 자발적으로 독려하는 콘텐츠 마케팅과 브랜드 마케팅을 강화하고 있다. 따라서, 콘텐츠도 고객 여정의 단계와 마케팅 퍼널의 목적성을 이해하는 차원에서 기획되고 운영되어야 한다.

　마케터가 퍼포먼스 마케팅을 진행해서 타깃 최적화에 힘쓴다고 하더라도 소비자의 관심 밖으로 멀어지면 무용지물일 뿐이다. 이때 소비자의 선택을 받으려면, 개인의 관심과 트렌드를 담은 콘텐츠로 소비자를 유인하는 동시에(풀 마케팅), 그들을 구매로 유도할 수 있어야 한다(푸쉬 마케팅). 그리고 이런 콘텐츠 기획은 고객 여정별 각 단계에 맞게 준비되어, 적합한 타깃, 시점, 접점, 상황에 맞게 노출되어야 한다. 더불어 브랜드의 철학과 스타일에 맞는 콘텐츠를 개발해서 브랜드의 존재감이 그 취향에 맞는 소비자에게 어필될 수 있도

[2가지 유형의 콘텐츠: 공감 바이럴 콘텐츠 vs. 개인화 큐레이션 콘텐츠]

"공감 바이럴 콘텐츠"
트렌드와 공감 포인트로 관심을 유도하고 채류를 늘려주는 콘텐츠 기획

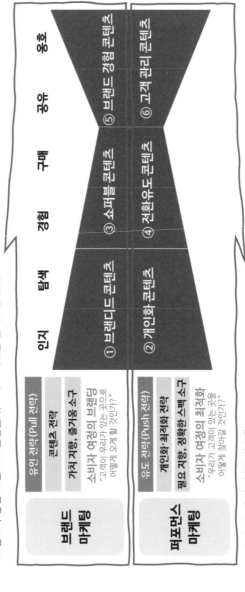

"개인 큐레이션 콘텐츠"
개인의 필요와 욕구를 자극해서 행동 전환을 유도하는 콘텐츠 기획

(출처: 『마케팅 웨이브』 편집)

록 IMC로 펼쳐내야 한다. 마지막으로 고객이 된 이들과 지속적인 관계를 맺을 수 있도록 브랜드 경험의 콘텐츠까지 준비해 두어야 고객 여정 전체를 커버할 수 있는 콘텐츠 기획이 완료된다.

🔹 뉴노멀 마케팅 전략 프레임의 진화

과거의 많은 전략의 주어가 '제품'으로 되어 있다는 걸 아는가? 과거의 전략은 시장을 쪼개서 경쟁 우위를 갖는 차별화가 핵심이었다. 하지만, 지금은 소비자 일상을 침투하는 전략이 대세이다. 그렇다고 과거의 접근이 무용한 것은 아니다. 고객의 획득은 결국 시장 관리를 통해 기업의 매출로 이어져야 하기 때문이다. 따라서, 시장 관리를 위한 '레거시 모델'과 고객 접근을 위한 '뉴노멀 모델'로 마케팅 전략 프레임을 다시 그리는 안목이 필요하다. 자, 그렇다면 어떻게 이 둘을 결합하여 디지털 시대를 리드할 수 있는 마케팅 전략을 짜는 것이 좋을까?

뉴노멀 마케팅 전략을 구축하기 위해 저자는 3단계의 전략 프레임을 제안한다. 1단계에서는 우리 브랜드의 시장성을 확보하기 위해 'STP 전략'을 중심으로 시장 관리에 대한 큰 그림을 갖는 것이다. 이 단계의 전략은 기업 관점에서 수요를 창출하기 위한 접근으로 수립된다. 마케터는 3C 분석과 STP 전략으로 수요를 탐색하고, 고객 가치를 창출하여, 이를 제품이나 브랜드에 담는 작업을 해야 한다.

2단계에서는 우리가 제안할 가치를 고객에게 전달하고 교환하기 위해 고객 여정을 중심으로 트래픽을 관리하는 '디지털 웨이브 전략'을 실행한다. 구체적으로 트래픽을 설계하기 위해 타깃 페르소나를 설정

[뉴노멀 마케팅 전략 프레임]

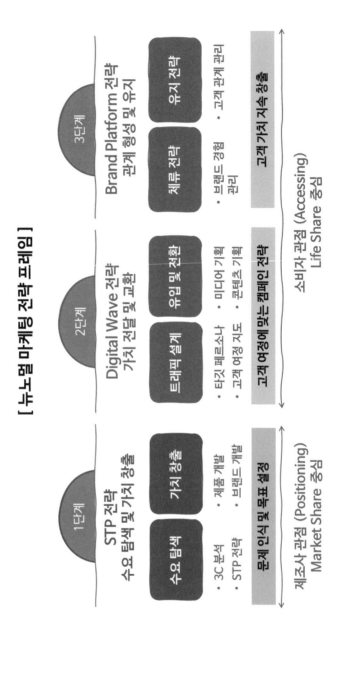

1단계

STP 전략
수요 탐색 및 가치 창출

수요 탐색	가치 창출
• 3C 분석 • STP 전략	• 제품 개발 • 브랜드 개발

문제 인식 및 목표 설정

제조사 관점 (Positioning)
Market Share 중심

2단계

Digital Wave 전략
가치 전달 및 교환

트래픽 설계	유입 및 전환
• 타깃 페르소나 • 고객 여정 지도	• 미디어 기획 • 콘텐츠 기획

고객 여정에 맞는 캠페인 전략

소비자 관점 (Accessing)
Life Share 중심

3단계

Brand Platform 전략
관계 형성 및 유지

제휴 전략	유지 전략
• 브랜드 경험 관리	• 고객 관계 관리

고객 가치 지속 창출

14장 호모 데이터쿠스의 제5 능력: 데이터 창의력

하고, 이에 맞는 고객 여정 지도를 그린다. 그리고 고객 여정 지도의 각 접점별로 유입과 전환을 만들기 위한 미디어와 콘텐츠를 기획하고 운영한다.

3단계에서는 유입된 트래픽을 사이트에 체류시키고 장기적인 관계로 유지시키기 위해, 고객 경험을 설계하고 고객 관계를 관리하는 '브랜드 플랫폼 전략'을 실행한다. 이렇게 3단계의 뉴노멀 마케팅 전략을 구축하기 위해서는 각 단계에 필요한 데이터를 수집하고 분석하여 각 기업에 맞는 전략으로 구체화해야 한다.

위의 그림처럼 지금의 마케팅 전략은 레거시 모델과 뉴노멀 모델을 결합해서 수립해야 한다. 하지만 이것 역시 매뉴얼일 뿐이다. 마케팅은 언제 어떻게 바뀔지 모르는 변화무쌍한 시나리오의 장에서 펼쳐지는 실전이기 때문이다. 실제 마케팅 전략은 제품 카테고리의 특성과 시장 트렌드를 파악하여 우리 브랜드 주위로 어떤 지각변동이 생기는지 기민하게 살피고, 우리 브랜드의 목표와 스타일에 맞게 전략을 운영해 가야 한다. 이러한 작업은 탁상공론만으로는 불가하다. 반드시 현장의 흐름을 알아야 한다. 그렇다고 시장을 내 발로 뛰어다닐 수는 없다. 이 새로운 마케팅 프레임을 제대로 적용하기 위해서는 고객 접점에서 발생하는 데이터를 신호로 삼아 우리 브랜드의 길라잡이가 될 전략 프레임을 만들고 관리해야 한다.

지금부터는 뉴노멀 마케팅 전략 프레임의 각 단계별로 다뤄지는 핵심 과제들을 하나씩 언급하겠다. 그리고 가급적 데이터 분석에 대한 작업량을 최소화하면서도 실질적인 인사이트를 얻을 수 있도록, 어떻게 이를 리스닝마인드로 검증할 수 있을지 간단한 사례를 중심으로 소개하고자 한다(지면 관계상 샘플 정도로 제시하였으니 참고용으로 봐 주길 바란다).

[1단계] STP 전략: 수요 탐색 및 가치 창출

첫 번째 단계는 우리 제품의 수요가 어디서 발생할지 가능한 땅을 탐지하는 일이다. 마케터는 어디서 우리 제품이 팔리고 누가 우리 제품을 살 것인지를 항시 고민하며 수요를 탐색해야 한다. 그러기 위해서는 어떤 시장에 들어가서 누구와 경쟁할 것인지 우리의 시장을 규정해 두어야 한다. 이때는 전통 마케팅의 프레임이 필요하다. 마케팅은 결국 경쟁 우위를 점해서 우리 브랜드가 선택되는 싸움이다. 과거와 지금이 다른 것은 디지털상에서 마케터가 소비자에게 다가가야 한다는 점이 달라졌을 뿐이다.

전통 마케팅이 가진 경쟁 우위 전략은 이렇게 사용된다. 일단 3C(Company, Competitor, Consumer) 분석을 중심으로 시장성을 살피고, STP(Segmentation, Targeting, Positioning)로 우리의 진지를 구축하는 작업을 진행한다. 이 단계에서는 마케터가 풀어야 할 과제는 시장의 수요가 얼마나 존재하는지, 그 시장에서 우리와 경쟁하는 상품·

[1단계: STP 전략 – 수요 탐색 및 가치 창출]

수요 탐색	• 어디서 시장 수요의 기회를 찾을 것인가? • 시장 수요를 달성할 우리 브랜드의 마케팅 목표는 무엇인가?
	① 3C 분석 - **고객 분석: 트렌드 및 욕구 탐색** → 어디서 수요가 발생하는가? 수요를 일으킬 핵심 타깃은? - **경쟁 현황 분석** → 우리의 수요에 침투할 경쟁사는? - **자사 분석: 제품 및 브랜드 진단** → 수요를 만들 수 있는 우리의 경쟁 우위는? **② STP 전략** - **세분화(Segmentation)** → 시장이 어떻게 쪼개져 있는가? - **타기팅(Targeting)** → 어떤 시장에 진입할 것인가? - **포지셔닝(Positioning)** → 어떤 차별적 가치로 자리매김 할 것인가?
가치 창출	• 어떤 가치를 우리 고객에게 서비스할 것인가? • 그 가치를 어떻게 제품과 브랜드에 담을 것인가?
	① 제품 개발: 제품 및 서비스 기획 → 고객의 필요를 충족시킬 제품이나 서비스는? **② 브랜드 개발: 브랜드 정체성 및 브랜드 운영체계 설계** → 우리가 지향하는 제품 이상의 가치는?

서비스에는 무엇이 있는지, 고객들은 무엇을 원하는지, 우리 브랜드의 차별적·독보적 가치는 무엇인지 등을 밝히는 것이다. 이런 질문들에 답을 찾으면서 마케터는 수요가 있는 곳에서 우리의 가치를 정립하여 제품과 브랜드에 담아야 한다.

📢 리스닝마인드를 이용한 수요 탐색

새로운 시장에 진입하거나 기존 시장에서의 경쟁력을 강화하기 위해서는 시장 규모, 시장 구성, 시장 특징, 주요 트렌드 및 시장 예측 등을 살펴야 한다. 이때, 리스닝마인드를 이용하면 시장의 상대적인 크기 및 수요를 쉽게 파악할 수 있다. 인텐트파인더로 특정 제품이나 서비스와 관련된 검색 데이터 추이를 살펴 시장 규모나 트렌드를 파악할 수도 있고, 클러스터파인더로 관련 키워드와 연관된 소비자 관심사를 분석하면서 세부 트렌드를 기반으로 시장 진입 전략을 수립할 수도 있다. 다음 그림은 '가을 피부관리' 시장의 주요 키워드들의 검색량과 검색 추이이다. 세부 키워드 분석을 통해 피부관리 시장의 동향을 파악해 보자.

일반적으로 키워드 분석은 정형화된 과정으로 진행되지 않기 때문에 정량 분석처럼 어려운 통계 기법을 요구하지는 않는다. 반면, 많은 변수들 사이에서 우리 브랜드의 상황에 맞는 마케팅 가설을 검증해야 하므로 분석가의 안목에 따른 키워드 설계가 무엇보다 중요하다. 소비자의 검색 의도를 통해 시장성을 탐지하기 위해서는 다음의 3가지 키워드 설계를 고려하는 것이 좋다. 우리가 첫 번째 단계에서 시장성을 살피는 목적은 수요가 발생할 기회를 찾기 위해서이다. 따라서 데이터 분석을 실시할 때도 소비자의 욕구에서 발현되는 '소비자 키워드(ex. 피부노화, 휴양지 추천 등)', 이를 해결하기 위해 서비스되고 있는 제품 단위의 '카테고리 키워드(ex. 간편식, 하이브리드 자동차 등)', 기업이 제공하는 솔루션인 '브랜드 키워드(ex. 비비고, 스타벅스, 갤럭시S24 등)'로 수위를 나눠서 시장의 가능성이 어디에 존재하는지 살펴보는 것이 좋다.

['가을 피부관리'에 대한 소비자 관심사 파악]

*출처: 어센트코리아 / 리스닝마인드 클러스터파인더

'가을 피부관리'를 검색하기 전·후 3단계에 걸쳐 검색된 키워드들을 수집하여 검색어 간의 관계를 살펴보면 피부관리에 대한 관심사가 어떻게 나타나는지 알 수 있다. 가을에는 주로 미백/색소침착, 기미/검버섯, 지루성 피부염/건선, 주근깨, 계절성 탈모에 대한 고민이 많았다.

['기미케어' 시장 검색 규모]

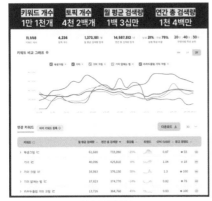

*출처: 어센트코리아 / 리스닝마인드 인텐트파인더

기미 고민과 관련된 키워드인 '기미, 잡티, 주근깨, 색소 침착, 재생크림'의 검색 데이터로 기미케어 시장 전반의 검색 규모와 인텐트를 확인해 보니, 키워드는 약 1만 1천개, 토픽 개수는 약 4천 2백개로 나타나며, **월 평균 검색량과 연간 총 검색량은 각 1백 3십만과 1천 4백만 선**이다.

남성(21%)보다 **여성(79%)이 약 3배 이상 검색을 많이** 하고 있으며, **20대>40대>50대** 순으로 관심이 많았다.

'**재생크림**' 키워드의 경우, 1년 중 **2~4월**에 가장 많이 검색 되었으며, '**기미**'는 대체로 **4~6월** 간 검색이 많이 되는 경향을 보인다.

1위: 재생크림 (733,090)
2위: 기미 (425,810)
3위: 기미 크림 (376,150)
4위: 기미 없애는 법 (374,770)
5위: 카카두플럼 기미 크림 (364,760)

['기미케어' 시장의 구성과 현황]

피부고민		스킨케어 제품		브랜드/유통채널		인텐트(의도)		기타	
어떤 피부고민을 갖고 있을까?		스킨케어 카테고리 순위는?		가장 많이 찾는 브랜드/유통채널은?		기미케어 관련 어떤 정보를 찾고 있을까?		스킨케어 외 어떤 방법을 고려할까?	
키워드	검색량	키워드	검색량	키워드	검색량	키워드	검색량	키워드	검색량
기미	439,325	재생크림	310,061	파이토신	65,891	제거/없애는	116,247	레이저	96,612
색소침착	287,424	크림	132,490	이지듀/대웅제약	59,393	법/방법	51,117	약국	29,709
주근깨	99,276	기미패치	53,525	들깨	32,514	추천	31,105	피부과	24,429
잡티	88,812	기미앰플	50,851	올리브영	19,223	가격/비용	20,797	치료	12,757
여드름	29,510	연고	44,668	고흔진	17,324	디시(인사이드)	13,550	커버	8,645

*출처: 어센트코리아 / 리스닝마인드 인텐트파인더 (최근 3개월 기준 분야별 토픽 Top5 순위)

기미케어와 관련 있는 non-브랜드 키워드(기미, 잡티, 주근깨, 색소침착, 재생크림)의 연관 검색어를 분석해 보니, 기미케어 시장의 주요 토픽은 **피부고민, 스킨케어 제품, 브랜드/유통채널, 인텐트(의도), 스킨케어 외 시장**으로 나타났다.

그 중 **파이토신, 이지듀/대웅제약, 마미케어 들깨크림(들깨)**은 검색량이 높은 TOM(Top of Mind)브랜드라 할 수 있다.

['기미 제거'에 대한 구체적 고민과 해결 방식]

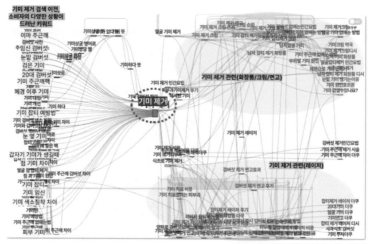

*•출처: 어센트코리아 / 리스닝마인드 패스파인더

'기미 제거'를 검색하기 이전에 소비자들은 '이마 주근깨' '임신 검버섯' '갑자기 기미가 생길 때'
'폐경 이후 기미' '점 기미 차이' 등의 고민으로 기미 제거와 관련된 검색을 시작한다.

'기미 제거'를 검색한 이후에는 구체적으로 화장품이나, 크림, 연고 타입을 검색하는 경로와
'레이저' 시술 타입을 검색하는 경로로 나뉜다.

📢 리스닝마인드를 이용한 가치 창출

수요에 대한 탐색과 시장성에 대한 점검이 끝났다면, 여기서 발굴
한 고객 가치를 제품과 브랜드에 담아야 할 차례이다. 이는 제품 개
발이나 브랜드 개발에 해당하는 것으로, 고객 가치를 기업이 실현할 수
있는 재화와 서비스로 구체화하는 단계로 보면 된다. 이때는 인텐트파
인더를 통해 소비자들이 특정 제품이나 서비스에 대해 자주 검색하
는 키워드와 관련해서 숨겨진 니즈를 파악할 수도 있고, 클러스터파
인더를 사용하여 소비자들이 특정 키워드를 검색하기 전후로 자주
검색하는 연관 키워드를 분석하여 제품 개발이나 개선에 필요한 정
보를 도출할 수도 있다. 아래와 같이 '남자 톤업 선크림'에 관련된 소

14장 호모 데이터쿠스의 제5 능력: 데이터 창의력

비자의 주요 인텐트와 바잉 팩터(Buying Factor)를 탐색하면 제품 개발에 도움을 얻을 수 있다.

['남자 톤업 선크림'에 대한 소비자의 주요 인텐트 파악]

*출처: 어센트코리아

- **목적** : 피부톤 조절, 메이크업용, 피부케어 (미백, 수분, 지성), 스타일링 코디 외
- **TOM 브랜드** : 달바, 이니스프리, 헤라, 닥터지 외
- **유통채널** : 올리브영, 아리따움
- **제품유형** : 메이크업 베이스 선크림, 미백 선크림, cc크림, bb크림, 파데 외
- **정보** : 추천/순위, 바르는법, 차이, 효과, 트러블 외

최근 남자 톤업 선크림에 대한 검색 관심이 증가하면서 타겟 니즈도 세분화 되고 있다. 남자들이 톤업 선크림을 사용하는 목적은 **피부톤 조절, 메이크업용, 피부케어(미백,수분,지성), 스타일링 코디** 등으로 나타났으며, 제품 유형도 **메이크업 베이스 선크림, 미백 선크림, cc크림, bb크림, 파데** 등으로 다양한 편이다.

['남자 톤업 선크림'에 대한 소비자 기대 포인트]

*출처: 어센트코리아

소비자들이 선크림의 바잉팩터로서 기대하는 포인트
메이크업, 피부톤, 피부케어에 따라 소비자들이 묻고 있는 검색어 파악

메이크업
- 제품 간 비교 / 추천 등 큐레이션 된 콘텐츠 제공 필요
- **(검색어)** 남자 미백크림, 남자 톤업크림, cc크림/bb크림 | 추천, 차이, vs, 화장 순서
- **(검색어)** 선크림 눈시림 해결, 올인원 화장품 단점, 남자 파운데이션 극혐

피부톤 조절
- 미백 기능을 강조한 제품 컨셉, 촉촉하고 자연스러운 피부톤 연출을 위한 콘텐츠 제공 필요
- **(검색어)** 남자 톤업, 남자 미백, 남자 화이트닝, 촉촉한 톤업크림, 비비크림 선크림 순서
- **(검색어)** 땀 많은 남자 선크림, 백탁 없는 선크림

피부케어
- 피부 타입에 따른 제품 효과 및 올바른 추천, 제품의 성분에 대한 정보 제공 필요
- **(검색어)** 추천, 수분, 지성, 바르는 방법, 순서 | 추천, 순한, 유기자차 무기자차
- **(검색어)** 피부에 안 좋나요?, 남자 비비 크림 여드름, 비비 바르면 피부병

남자 톤업 선크림에 대한 클러스터 분석 결과, 소비자가 **선크림에 기대하는 바잉 팩터를 메이크업, 피부톤, 피부케어의 토픽별로 자세히 살펴볼** 수 있으며, 이 같은 결과는 **소비자의 고민에 부합하는 제품 개발**에 활용될 수 있다.

[2단계] Digital Wave 전략: 가치 전달 및 교환

시장성을 고려한 고객 가치를 제품과 브랜드에 담았다면, 이제는 우리 고객을 찾아 나설 차례이다. 이제부터 마케터가 할 일은 '디지털 웨이브(Digital Wave)'를 만드는 것이다. 이는 우리 타깃을 잘 선정해서 그들이 다니는 길목을 관리하는 것이다. 이때의 접점 관리는 고객 트래픽을 우리 사이트로 유인해 오는 길을 놓는 과정이 되어야 한다. 이를 위해, 고객 여정별로 미디어믹스를 짜고 그 위에 고객을 유입할 수 있는 콘텐츠를 놓는 것이다. 이렇게 타기팅과 콘텐츠 전략을 바탕으로 실시간 캠페인을 운영하며 트래픽의 흐름을 만들어야 한다.

트래픽의 흐름을 만들기 위해서는 일단 트래픽의 유입부터 설계해야 한다. 우리 고객이 누구인지 명확하기 알기 위해 타깃 페르소나를 선정하고, 그들이 디지털에서 움직이는 경로를 고객 여정 지도로 그린다. 그리고 이 여정에 맞게 우리 제품과 서비스를 노출하고, 이들이 관심을 가지고 우리 사이트로 들어와 구매에 도달할 수 있도록 이들을 유인할 콘텐츠를 던진다. 2단계에서 마케터가 고민하는 과제는 누가 우리의 제품을 살 것인지, 그들은 어떤 구매 여정을 보이는지, 어떤 경로를 통해 그들에게 우리의 가치를 전달할 것인지, 어떻게 그들을 유입시킬 것인지, 어떻게 그들과 가치를 교환할 것인지 등을 풀어내는 것이다. 이런 과제들에 집중하는 것은 디지털 바다에서 길을 잃지 않은 채, 디지털 웨이브를 타고 고객 가치가 잘 전달되고 교환되도록 하는 가이드가 된다.

트래픽 설계	• 어떻게 디지털 트래픽을 연결시킬 것인가
	① 타깃 페르소나: 타깃 프로파일 규정 → 우리 고객은 누구인가? ② 고객 여정 지도: 타깃의 CDJ 설계 → 우리 고객은 어디에 있는가?
유입 및 전환	• 어떻게 디지털 트래픽을 유입시킬 것인가?
	① 미디어 기획: 트리플 미디어 믹스 전략 → 고객 여정 설계에 영향력이 큰 채널은? ② 콘텐츠 기획: 콘텐츠로 공감과 소통하기 → 마케팅 퍼널 단계별로 트래픽을 운영할 콘텐츠는?

📢 리스닝마인드를 이용한 트래픽 설계

디지털에서는 마케터가 직접 고객을 구매로 유인하는 길을 닦아야 한다. 이때 중요한 것은 트래픽이 끊기지 않고 우리 브랜드로 흘러오게끔 고객 접점들을 잘 연결하는 것이다. 트래픽을 연결한다니 갑자기 난감한 생각이 든다. 마케터가 개개인을 쫓아다니며 그들의 동선을 일일이 확인할 수 없기 때문이다. 그래서 고안해 낸 것이 '타깃 페르소나'와 '고객 여정 지도'이다. 이제 마케터는 우리 타깃을 대표할 수 있는 가상의 인물을 설정하고 그의 디지털 족적을 그린 고객 여정 지도를 들고 고객을 찾아 나서야 한다.

타깃 페르소나 디지털은 너무 세밀한 공간이라 소비자의 동선을 일일이 파악하기 어렵다. 따라서, 타깃을 구체화해서 이해할 수 있는 가상의 인물인 페르소나를 그려두고, 이들이 움직일 만한 동선을 설계하는 방식으로 고객 여정 지도를 그린다. 페르소나는 타겟 소비자를 명확히 정의하고, 그들의 니즈와 행동을 이해하여 맞춤형 마케팅 전략을 개발하기 위해 고안된 과거 세그멘테이션 전략의 진화 버전이다. 페르소나가 있어야 실제 고객들이 우리의 제품이나 서비스에 어떤 관심을 가지고 무슨 행동을 취하는지, 그들의 행동반경을 대략적으로 예상하고 유입과 구매를 유도할 마케팅 전략을 수립할 수 있다.

과거의 세그멘테이션 방식과 달리 지금 타깃 페르소나를 그리는 이유는 그들의 문제와 요구를 고객의 입장에서 이해하고 이를 충족시킬 솔루션을 찾기 위해서이다. 단순히 '서울에 거주하는 30대 직장여성'과 같이 그들의 인구통계적 특성을 확인하는 것 외에, 그들이 '무엇을 해결하고 싶어하는지'에 집중해서 그들의 관심과 욕구에 기반한 솔루션을 제안하려는 것이다. 따라서 페르소나를 구축할 때는 성별, 연령, 직업, 취미, 가치관, 관심사, 소비 습관, 선호 브랜드, 미디어 소비 행태 등의 상세한 정보를 기술해 두어야 한다. 그리고 고객이 무엇을 하고 싶어 하는 것인지 혹은 어떤 문제를 풀고 싶어 하는 것인지와 같은 목적 달성 과정에 해당하는 이슈도 정의해 두어야 한다. 마케터는 페르소나가 실제 사용자를 정확하게 반영하는지, 페르소나를 통해 정의된 문제가 실제로 고객이 직면하는 문제와 일치하는지를 점검해야 한다. 그리고 시장의 변화와 고객의 변화에 따라 페르소나를 주기적으로 업데이트하며 수정하고 개선해 가야 한다.

이러한 과정을 진행하는 데 있어서 검색 데이터가 상당히 도움이 된다. 어센트코리아는 JTBD(Jobs to be done) 이론에 따라, 검색 데이터를 기반으로 그들의 필요와 욕구에 집중한 '뉴페르소나'를 제안한다. 검색 데이터 기반의 뉴페르소나는 우리 제품과 서비스를 사용하는 사람들이 누구이고 어떤 사람인지와 함께, 그들이 궁극적으로 해결하려는 과제 혹은 목표가 무엇인지에 대한 정보를 구체적으로 제공해 준다. 이러한 접근이 가능한 것은 검색 키워드를 중심으로 검색 시퀀스나 인텐트 패턴을 분석해서 고객의 의도와 욕구를 더욱 세밀하게 보여 주는 리스닝마인드 덕분이다. 패스파인더는 소비자 여정을 시각화하여 각 단계에서의 검색 경로가 어떻게 세분화되어 있는

[기존 페르소나의 한계를 뛰어넘는 New 페르소나 제안]

표본의 한계로 인한 과도한 단순화 혹은 때로 추정으로 정리된 기존 페르소나는 고객의 니즈에 대해 표면적인 이해 뿐이므로 실제 동기, 니즈는 파악하기 어렵다.

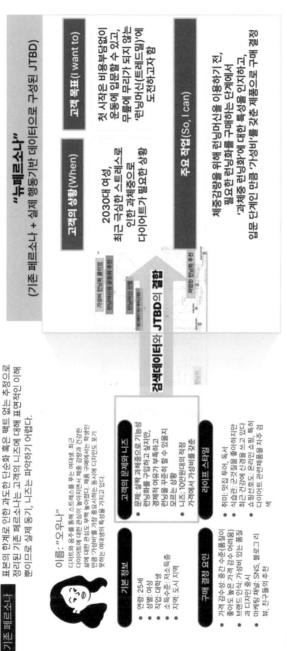

기존 페르소나

"뉴페르소나"
(기존 페르소나 + 실제 행동기반 데이터로 구성된 JTBD)

고객의 상황(When)
2030대 여성, 최근 극심한 스트레스로 인한 과제중으로 다이어트가 필요한 상황

고객 목표(I want to)
첫 시작은 비용부담없이 운동에 입문할 수 있고, 무릎에 무리가 되지 않는 '런닝머신(트레드밀)'에 도전하고자 함

주요 작업(So, I can)
체중감량을 위해 런닝머신을 이용하기 전, 필요한 런닝화를 구매하는 단계에서 '과제중 런닝화'에 대한 특성을 인지하고, 입문 단계인 만큼 '가성비'를 갖춘 제품으로 구매 결정

검색데이터와 JTBD의 결합

이름: "오유나"
디자인와 음주를 통해 스트레스를 푸는 여대생. 최근 다이어트에 대한 관심이 높아지면서 체중 감량과 건강한 삶에 대한 관심도 부쩍 높아졌다. 제품 구매에서는 여성이면 응 가성비를 가장 중요시하는 동시에 디자인도 포기 못하는 여대생의 특성을 가지고 있다.

기본 정보
- 연령: 25세
- 성별: 여성
- 직업: 대학생
- 소득수준: 저소득층
- 지역: 도시 지역

구매 결정 요인
- 가격 감수성: 중간 수준(晉질이 좋아도 높은 가격 감수 어려움)
- 브랜드 인사: 가성비 있는 품질
- 마케팅 채널: SNS, 블로그 리뷰, 친구들의 추천

고객의 문제와 니즈
- 문제: 실제적 과제중으로 기능성 런닝화를 구입하고 싶지만, 경제적 여유가 부족하고 런닝을 꾸준히 할 수 있을지 모르는 상황
- 니즈: 10만원대의 적정 가격에서 가성비를 갖춘

라이프 스타일
- 취미: 맛집 투어, 독서
- 식습관: 군것질을 좋아하지만 최근 건강에 신경을 쓰고 있다
- 쇼핑선호도: 온라인 쇼핑, 특히 다이어트 관련제품을 자주 검색

*출처: 액센트코리아

지 직관적으로 보여 주는데, 이때 페르소나뷰를 활용하면 동일한 검색 경로를 공유한 그룹을 다양한 토픽 클러스터로 확인할 수 있다. 이 클러스터들은 같은 의도를 보이는 검색 키워드를 중심으로 인텐트 맥락의 정보를 제공하므로, 이를 통해 각 페르소나를 공략할 수 있는 실질적인 정보를 쉽게 얻을 수 있다. 각 페르소나가 가진 토픽 클러스터에 대한 이해를 위해 클러스터파인더를 활용할 수도 있다. 이렇게 얻은 타깃의 과제와 맥락에 대한 통찰은 제품 개발과 마케팅 전략에 유용하게 쓰일 수 있다.

다음은 클러스터파인더에 '런닝화 가성비' 키워드를 입력해서 페르소나 유형을 도출한 결과이다. 가성비의 러닝화를 사람들의 니즈를 살펴본 결과, '과체중/비만' 상태에서 다이어트를 위한 목적으로 러닝을 하려는 사람들의 집단이 가장 높은 비중으로 나타남을 직관적으로 확인할 수 있다. 이를 바탕으로 JTBD 기반의 페르소나를 기술하는 데 도움을 받을 수 있다.

['런닝화 가성비' 전/후 키워드 수집을 통한 마이크로 페르소나 추출]

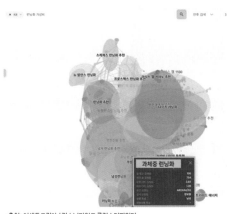

'런닝화 가성비'를 찾게 된 맥락을 다방면으로 파악하기 위해 클러스터파인더를 통해 전/후 키워드를 추출해 보았다.

그 결과, '런닝화 가성비'를 검색한 다양한 경로에서 발견한 고객의 상황, 목적, 니즈는 다음과 같았다.

1. '과체중/비만' 상태에서의 적합한 런닝화
2. '체대 입시화'를 찾는
3. '마라톤화'를 찾는
4. '오래 달리기' 신발을 찾는
5. '런닝머신(트레드밀)'에 적당한
6. 이외 세부적 니즈: 발목 잡아주는, 발 편한, 무릎에 좋은, 10만원 이하…

•출처: 어센트코리아 / 리스닝마인드 클러스터파인더

페르소나
새롭게 운동을 시작하고자 하는
과체중 남녀

[분석]
검색어에서는 '런닝머신용 운동화 추천'과 '트레드밀
런닝화'에 대한 정보를 찾고 있습니다. 이는 신규
운동을 시작하려는 사람으로 추측되며 과체중인 경우
특별히 어떤 운동화를 선택해야 하는지에 대한 정보를
찾고 있을 것 입니다.

[질문 리스트]
• 운동을 시작하는데 필요한 운동화는 어떤 종류인가요?
• 운동화 선택 시 어떤 요소를 고려해야 하나요?
• 트레드밀 운동을 할 때 어떤 종류의 운동화가 가장
  적합한가요?

•출처: 어센트코리아 / 리스닝마인드 클러스터파인더

고객 여정 지도   우리 타깃의 페르소나를 그렸다면, 다음은 '그들
이 어디에 있는지'를 찾아야 한다. 이제부터는 마케터가 소비자의
족적을 따라가며 마케팅을 펼쳐야 하는데, 타깃 소비자가 구매까지
이르는 단계를 시각화해서 그린 것이 '고객 여정 지도'이다. 우리 브
랜드의 고객 여정 지도를 알고 있으면 디지털 마케팅을 기획하는 데
큰 도움이 된다.

디지털에서 우리의 여정은 대부분 노출, 탐색, 그리고 검색으로
결정된다. 마케터가 그들의 필요나 관심을 쫓기 위해서는 직접 묻
거나, 행동을 역추적하거나, 아니면 검색 행위를 살피는 방법이 있
다. 이때 검색 데이터를 활용해서 고객 여정 지도를 그린다면 좀 더
실효성 있는 가이드를 얻을 수 있다. 이는 우리가 의사결정을 하는
데 있어서 검색에 크게 의지하며 살고 있기 때문이다. 필립 코틀러
(Philip Kotler)는 그의 저서 『마켓 4.0』에서 "디지털 시대의 고객들은
검색엔진 쿼리로 구매 여정을 시작하는 경우가 많기 때문에, 검색
행동을 잘 이해하면 마케터가 자신의 콘텐츠와 전략을 고객 요구에
더 잘 맞추어 더욱 효과적인 참여와 전환을 유발할 수 있다"고 언급

한 바 있다.

고객 여정 지도를 그리는 목적은 단순히 소비자의 이동 경로를 파악하는 것이 아닌, 소비자 마음속에서 연이어 발생하는 다양한 필요와 욕구의 순간을 연결하기 위해서이다. 그리고 구매까지 가는 각 단계에서 충족되길 원하는 그들의 니즈와 페인 포인트를 발굴하여 이를 채워주기 위해서이다. 따라서 마케터는 우리 브랜드에 맞는 구매의사결정의 모든 접점과 경험들을 고객 여정 지도에 시각화 해두고, 각 단계에 나타나는 주요 인텐트들을 파악하여 소비자의 궁금증에 기민하게 대응할 수 있어야 한다. 일단, 고객 여정 지도를 그리려면 고객 행동의 흐름을 파악해야 하는데, 리스닝마인드가 유리한 이유는 검색 시퀀스를 통해 행동을 연결할 수 있기 때문이다.

검색 데이터에 기반한 고객 여정 지도는 다음과 같이 작성된다. 제품 카테고리 전체를 아우르는 고객 여정 지도를 만들기 위해, 먼저 씨드 키워드(ex. 딥디크 향수)와 여기서 확장된 연관 검색어(ex. 딥디크 향수 가격, 고급 향수 추천 등)를 다양하게 넣으며 키워드 리스트를 확보한다. 키워드를 수집할 때는 소비자 키워드(ex. 보습), 카테고리 키워드(ex. 핸드크림), 브랜드 키워드(ex. 록시땅) 등 다양한 수위로 입력한다. 그런 다음, 소비자들이 구매 여정 단계에서 동일하거나 유사한 의도를 가지고 입력한 검색 키워드를 의미별로 그룹핑해서 토픽을 산출한다. 그리고, 세분화된 키워드의 의미에 따라, 초기 탐색, 탐색, 체험, 구매 확정, 구매 이후 등의 구매 여정 단계별로 토픽 그룹들을 맵핑한다(이때 CDJ의 앞단은 카테고리 키워드로, 구매 전후는 브랜드 키워드로 데이터를 수집하는 것이 작업상 효율적이다). 고객 여정의 각 단계별 토픽 그룹 내에 존재하는 세부 키워드들의 검색량을 합하면 토픽별 검색량과 검색 볼륨이 산출된다. 이런 방식으로 고객 여정의 각 단계에서 어떤 토픽이 중요하게 검색되고 있는지 파악할 수 있다. 또한 이를 브랜드별로 구분하여 어떤 브랜드가 고객 여정의 특정 단계에서 더 많이 검색되고 있는지도 확인할 수 있다.

보통 검색 데이터는 구매가 일어나기 전 소비자가 던지는 질문들의 모음이고, 소셜 데이터는 구매 후에 어필하고 싶은 소비 생활의 모음이라고 생각하기 쉽다. 하지만 소비자는 구매 상황뿐만 아니라 소비 상황이나 일상 생활에 대한 질문들도 항시 검색창에 물어보기 때문에 검색 데이터가 커버할 수 있는 고객 여정의 범위는 상당히 넓은 편이다.

개념적으로는 타깃 페르소나를 선정하고 이들에 맞는 고객 여정을 그리는 것이 수순이다. 하지만 어센트코리아는 실질적으로 고객 유입을 만들어 낼 수 있는 검색 여정에 포커스하다 보니(앞서 언급한 JTBD 이론에 따라), 리스닝마인드를 이용할 때 전체 시장에 해당하는 고객 여정 지도를 그리고, 그 안에서 세분화되는 타깃 페르소나의 여정을 분리해 내는 작업으로 진행하여 전체 시장과 세분 시장을 조망하며 타깃 전략을 짤 수 있는 인사이트를 제공한다(페르소나뷰가 패스파인더 안에 위치하는 이유이다).

고객 여정 지도를 확보하게 되면 다음과 같은 마케팅 정보를 확인하기 용이하다. ① 각 단계가 어떤 검색 토픽들로 구성되어 있는지, ② 고객 여정의 각 단계별로 카테고리 엔트리 포인트(CEPs)와 핵심 구매 요인(KBF: Key Buying Factor)이 무엇인지, ③ 고객들의 불만 사항(pain point)이 무엇인지, ④ 각 단계에서의 어떤 브랜드가 가장 많이 검색되고 있는지, ⑤ 브랜드별로 소비자의 인식이나 관심 토픽이 무엇인지, ⑥ 고객들이 비교 중인 경쟁 브랜드는 어떤 것들인지, ⑦ 새로운 제품이 어느 정도의 시장 점유를 확보하고 있는지, ⑧ 고객 여정의 각 단계에서 어떤

[검색 데이터를 활용한 자동차 시장의 고객 여정 지도 예시]

Initial Exploration (초기탐색)

- 카테고리 자동차 (240,860)
- 카테고리 질문 (233,620)
- 카테고리 순위 (100,390)
- 카테고리 신차 (79,410)
- 카테고리 가격 (53,680)
- 카테고리 모델 (15,580)
- 카테고리 브랜드정보 (13,480)

검색량 : 약 76만회/월
테마 : 79개
검색어 : 1,162개

Browsing (탐색)

- 질문 what is 정보 (46,580)
- 자동차 세부차종 (44,910)
- 재원 스펙/재원 (10,830)
- 가격 가격 (6,390)
- 모델 신차 (3,870)
- 엔진룸 브랜드 (2,370)
- 종합성능 (스펙/재원) (1,960)
- 신차 세부차종 (1,870)
- 연비 (스펙/재원) (1,810)
- 브랜드 정보 (1,660)

검색량 : 약 14만회/월
테마 : 82개
검색어 : 531개

Experience (체험)

- 후기 후기 (490)
- 시승 후기 (360)
- 주행 주행 (370)
- 편의 (350) 성능
- 재물백 성능 (280)
- 주행/ 성능 (20)
- 진속/ 카메라 (10) 성능

검색량 : 약 0.2만회/월
테마 : 8개
검색어 : 51개

Confirmation (구매확정)

- 할부 구매 (2,160)
- 예장 (790) 예장
- 대출 (620) 구매
- 보험 (280) 구매
- 할인 (20) 구매
- 견적 (50) 견적
- 세금 (20) 세금
- 계약/ 표준약서 (10)

검색량 : 약 0.4만회/월
테마 : 8개
검색어 : 43개

Own/Service (구매이후)

- 수리/ 정비 관리 (1,530)
- 모니터 (1,100) 멀티미디어
- 서비스 센터 (900) 관리
- 용품 (1,000) 악세서리
- 엠 (1,500) 관리
- 힐 (370) 타이어
- 소모품 교체 (300) 관리
- 라이트 (390) 튜닝
- 오디오 (220) 관리
- 관리 (210) 관리

Point Of Sales

검색량 : 약 0.9만회/월
테마 : 29개
검색어 : 175개

조사 대상 검색어 : 총 1,962개

*출처: 어센트코리아

미디어나 콘텐츠가 가장 많은 노출을 확보하고 있는지 등 마케터가 준비해 두어야 할 전략의 기초 정보들을 모두 확인할 수 있다.

📢 리스닝마인드를 이용한 유입 및 전환

고객 여정 지도가 그려졌으면, 이제부터는 본격적으로 마케팅 캠페인을 기획할 단계이다. 이때는 목표 고객에게 도달하기 위해 고객 여정에 영향력이 큰 최적의 미디어를 선정하고, 여기에 타깃에게 공감과 흥미를 줄 수 있는 마케팅 콘텐츠를 개발해서 올린다.

미디어 기획 디지털 마케팅을 기획하는 데 있어서 메시지를 노출할 접점을 찾는 것은 상당히 중요한 일이다. 이때 필요한 것이 영향력이 높은 도메인을 획득하는 것이다. 리스닝마인드는 해당 키워드를 검색엔진에 입력했을 때 최상단에 가장 빈번하게 노출되는 도메인 및 URL 순위를 보여 준다(이 결과들은 오가닉 유입에 기반한 것이므로 검색 광고나 파워 링크 등을 통해 상위 노출되는 곳들은 포함되지 않는다). 상위 URL 분석은 고객 여정 지도를 구체화하는 데 유용하게 활용된다. 키워드 분석을 통해 우리 브랜드에 대한 고객 여정 지도를 완성한 후, 각 키워드의 검색 결과 1페이지에 노출된 URL과 도메인을 모두 수집하여 고객 여정의 각 단계에서 소비자에게 가장 크게 영향을 주는 미디어 리스트를 구축해 둔다. 이 기능을 사용하면 우리 콘텐츠를 노출시킬 유튜브 채널이나 블로그, 카페, 커머스몰 등을 발굴하여 좀 더 효율적인 마케팅 캠페인을 집행하는 데 활용할 수 있다.

['하이브리드 자동차 추천' 시 주로 검색하는 미디어 채널]

*•출처: 어센트코리아 / 리스닝마인드 클러스터파인더

콘텐츠 기획   콘텐츠를 기획하기 위해서는 먼저 알아두어야 할
디지털 생태계의 특성이 있다. 첫째, 무엇보다 '노출'이 우선이라는 점
이다. 디지털에서의 매출은 노출에 비례한다. 일단 눈에 띄어야 구
매의사결정의 첫 단계에 진입할 수 있다. 인스타그램 알고리즘의 선
택을 받든, 유튜브에서 떡상하든, 숏츠로 바이럴에 성공하든, 인플
루언서의 힘을 입고 핫 아이템으로 등극하든, 디지털의 다양한 노출
접점들을 활용해서 어떻게든 눈에 띄어야 한다. 그래야 고객이 우리
브랜드를 찾을 수 있고, 상세 정보를 살펴 구매를 결정할 수 있으며,
구매하는 사람들이 많아져서 매출 상승으로 연결될 기회가 생긴다.
디지털에서는 네트워크 구조를 타고 트래픽을 일으켜서 시장을 형
성하는 것이 관건이므로, "어떻게 메시지를 뾰족하게 알릴 것이냐"
에 앞서 "어떻게 소비자의 눈에 띄게 할 것이냐"가 중요한 문제이다.
따라서 어디에 어떻게 노출할 것인지의 노출 전략을 제대로 세우는
것이 디지털 마케팅의 첫 출발이다.

둘째, 노출하는 방법은 크게 2가지가 있다. '유료 노출'과 '무료 노출'이다. 보통 노출을 하려면 광고비를 써서 제품을 알리려고 하는데, 광고 회피 현상이 심해지면서 콘텐츠를 통해 알고리즘을 타고 무료로 노출시키는 방식이 선호되는 추세이다. 자발적인 노출을 유도할 수 있으면, 굳이 비싼 광고비를 쓰지 않더라도 우리 브랜드를 알릴 수 있기 때문이다. 마케터들이 오가닉 콘텐츠(Organic Contents)에 관심을 갖는 것도, 검색엔진최적화(SEO)에 집중하는 것도 이와 같은 맥락에서이다. 따라서, 미디어 기획도 페이드 미디어 뿐만 아니라 온드 미디어와 언드 미디어를 통합적으로 운영해서 트래픽이 죽지 않고 활성화되도록 통합 마케팅을 실행해야 한다. 이제 마케터는 소비자의 관심에 들어서 마케팅 퍼널의 입구를 넓힐 방법을 고안해야 한다.

셋째, 무료 노출을 위해서는 '인텐트 기반의 콘텐츠 제작'이 필요하다. 퍼포먼스 마케팅의 성과는 광고 예산에 비례할 수 밖에 없고, 광고 효율도 예전같지 않은 만큼, 자연 유입에 의한 마케팅 커뮤니케이션의 중요성은 점점 부각되는 중이다. 마케터의 역할은 우리 고객이 무엇을, 왜 필요로 하는지 알고 이들이 원하는 정보를 적시에 제공하는 것이다. 이때, 검색 인텐트를 활용하면 잠재 고객의 검색 의도에 부합하는 오가닉 콘텐츠를 만드는 데 실질적인 도움을 얻을 수 있다. 우리 제품 카테고리와 관련해서 소비자가 자연적으로 검색하는 오가닉 키워드(Organic keyword)를 안다면 좀 더 쉽게 사용자 관점의 콘텐츠를 개발할 수 있고, 검색 결과 페이지에도 상위에 노출되어 더 많은 자연 유입(Organic Traffic)을 유도할 수 있다. 퍼포먼스 마케팅은 계속 광고비를 부어야만 유지되는 구조인데, 인텐트 마케팅은 특정 검색어에 대한 점유율을 획득하는 방식이므로 트래픽이 하루아침에 사라지지 않고 축적되는 결과를 얻게 된다.

넷째, 오가닉 콘텐츠가 제대로 작동하려면 '고객의 구매 여정별로 콘텐츠가 기획'되어야 한다. 콘텐츠는 소비자의 관심을 이끌고, 구매를 유발하며, 궁극적으로 브랜드와 관계를 맺게 하는 힘이 있다. 따라서 마케터는 고객의 구매 여정별로 그들의 인식과 행동을 유도할 수 있는 콘텐츠를 기획하여, 콘텐츠가 제 역할을 할 수 있도록 해야 한다. 예를 들어 인지 단계에서는 광범위한 검색을 시작하므로 문제에 대한 관심을 유발하는 방식의 콘텐츠(ex. 신혼 여행지 추천)가 유용하고, 고려 단계에서는 문제에 대한 다양한 솔루션을 검토해 볼 수 있도록 매력적인 세부 정보(ex. 신혼여행 여행코스 짜기)를 제공하는 것이 좋으며, 구매 단계에서는 브랜드의 선택을 도울 수 있도록 브랜드 키워드(ex. OO투어 4박5일 허니문 패키지 특가)를 중심으로 구체적인 결정 근거를 제시하는 것이 좋다.

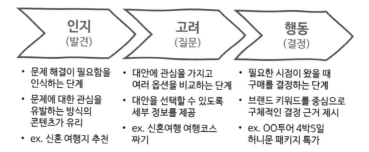

다섯째, 브랜드 키워드의 검색 점유율을 높이는 방향으로 '콘텐츠 마케팅'을 설계해야 한다. 브랜드에 대해 인지도가 없거나 제품 카테고리에 대한 정보가 부족하면, 보통 카테고리 키워드나 소비자 키워드를 통해 검색을 시작한다. 고객 여정의 길어지면 그에 따라 관리해야 할 마케팅 예산도 많이 필요하다. 하지만 고객이 문제에 직면했을 때 여기저기 헤매지 말고 바로 우리 브랜드 사이트로 유입되거나

14장 호모 데이터쿠스의 제5 능력: 데이터 창의력

['혼자 여행' 키워드에 연결된 소비자 니즈 탐색]

혼자 여행을 기획하는 사람들은 '지역'을 세분화하여 여행지를 탐색하거나 '특정 테마'를 중심으로 현지 경험을 원하고 있기 때문에 이런 니즈를 충족할 수 있는 여행 콘텐츠를 기획하는 것이 유리하다. (자세한 키워드 확인 가능)

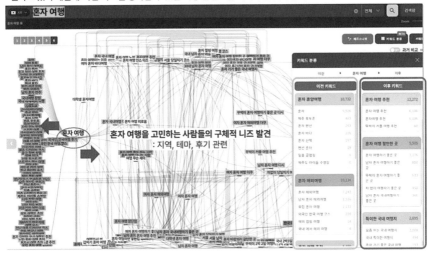

*출처: 어센트코리아 / 리스닝마인드 패스파인더

['혼자 해외여행' 전/후 검색어에서 발견하는 고객의 인텐트]

혼자 여행을 기획하는 여성들은 여행지 분위기나 테마 외에도 지역 특성이나 여행 코스에서 '안전'과 '치안'을 중요한 변수로 고려하고 있으므로, 이에 대한 불안을 해소하는 콘텐츠 기획도 고려해 보아야 할 것이다.

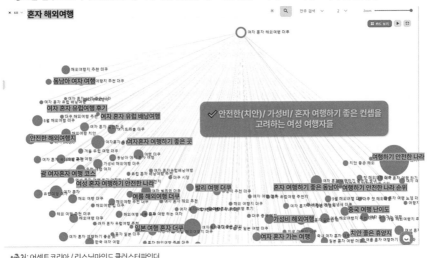

*출처: 어센트코리아 / 리스닝마인드 클러스터파인더

뉴노멀 마케팅 전략 프레임의 진화

우리 브랜드를 구입하도록 고객 여정의 단계를 줄이게 되면 마케팅 비용(Cost Per Action: CPA)을 효과적으로 축소시킬 수 있다. 따라서 마케터는 카테고리 키워드나 소비자 키워드보다 브랜드 키워드로 검색하는 비중을 늘려 빠르게 매출로 연계되도록 힘을 써야 한다. 지금은 검색을 통해 제품을 탐색하고 리뷰를 통해 브랜드를 결정하는 시대이다. 따라서 브랜드 인지도(Brand Awareness)를 높이는 데 집중하기보다 브랜드의 검색 점유율(Share of Search)을 높여 시장 규모를 키우는 방식으로 마케팅을 진행하는 것이 유리하다.

집집마다 김치 담그는 법이 다른 것처럼, 콘텐츠를 기획하는 길은 브랜드의 상황과 지향점에 따라 다양할 수밖에 없다. 콘텐츠는 매뉴얼을 따르기 어려운 영역인 만큼 마케터의 감각과 의사결정이 중요한 요인으로 작용한다. 이때 키워드 분석을 통해 고객의 의도를 파악하고 변화하는 고객의 니즈를 이해하여 콘텐츠를 기획하면, 오가닉 콘텐츠를 제작하는 데 효과적으로 도움을 받을 수 있다[특히 리스닝마인드에는 키워드별로 광고 경쟁도를 제시하므로 CPC(Cost per click: 클릭당 비용)가 낮은 키워드를 선정하는 데 도움을 받을 수 있다].

[3단계] Brand Platform 전략: 관계 형성 및 유지

구매가 완료되었다고 우리의 일이 끝난 것이 아니다. 마케팅의 본질이 '고객 가치의 창출 → 전달 → 교환'임을 상기하자. 마케터의 일은 고객과의 지속적인 관계 속에서 고객 관리를 유지하기 위한 고객 가치를 정교화하고, 알리고, 재구매를 촉진하는 과정으로 연결되어야 한다. 일단 판매가 완료되면 대부분의 마케터는 새로운 먹잇감을 찾아 떠나는 사냥꾼처럼 행동하지만, 우리 제품을 구입한 고객들은 브랜드를 사용하는 지금부터를 진정한 관계의 시작으로 본다.

한번 구매한 고객이 재구매할 확률은 신규 고객을 첫 구매로 전환하는 확률보다 3~14배 정도 높다고 한다. 이미 고객이 되었다고 버려둘 일이 아니다. 이들에게 제공해야 할 고객 가치는 '소비 경험'이다. 온드 미디어까지 갖춘 지금 시대에 필요한 브랜딩은 그들이 머물고 놀면서 지속적으로 수요를 일으킬 수 있는 '라이프스타일 브랜드 플랫폼'의 운영이다. 3단계에서는 브랜드 플랫폼으로 유입된 고객이 우리와 계속 관계를 유지하고 싶게끔, 그들 삶의 반경 안에 브랜드를 의미 있게 자리매김하는 경험의 장치들을 설계해야 한다. 이때는 브랜드의 철학과 아이덴티티에 맞는 온갖 아이디어와 서비스를 총출동시켜 고객이 우리 브랜드를 다양한 경험으로 느끼게 해야 한다. 우리와 결을 같이하는 고객들에게 브랜드가 지향하는 라이프스타일을 제안하는 가운데, 그들의 생애주기별로 욕구와 필요를 충족시키며 지속적인 고객 관리에 힘써야 한다.

[3단계: Brand Platform 전략 – 관계 형성 및 유지]

체류 전략	• 어떻게 우리 브랜드로 고객을 유지시킬 것인가?
	① 브랜드 경험 관리 (BEM): 브랜드 경험 설계 → 어떻게 우리 브랜드를 경험시키며 오래 머물게 할 것인가? → 어떻게 우리 브랜드가 지향하는 라이프스타일을 제안할 것인가? • BEM: Brand Experience Management
유지 전략	• 어떻게 고객생애 가치를 높일 것인가?
	① 고객 관계 관리 (CRM): 로열티 강화 및 CLV 설계 → 어떻게 우리를 떠나지 않은 상태에서 고객의 지위를 지속시킬 것인가? → 어떻게 이들의 삶을 지원하는 Life Value를 지속적으로 제안할 것인가?

📢 체류 전략: 브랜드 경험 관리

결국 그들이 우리 고객이 되었는가? 그렇다면 지금부터 우리 브랜드의 정수를 보여줄 때가 됐다. 그들이 우리의 고객이 됨으로써 얻을 수 있는 고객의 지위를 유지시켜 주어야 한다. '고객이 우리 어떻게 브랜드에 머물게 할 것인가'에 대한 질문은 이미 고객이 된 그들을 어떻게 우리 브랜드에 정서적으로 인게이지 시킬 것인가에 대한 물음과 같다. 그들이 우리 브랜드에 끈끈한 정서적 연결고리를 맺게 하기 위해서는 이들의 마음을 움직일 브랜드를 작동시켜야 한다. 그렇기 때문에 브랜드 플랫폼은 커머스 몰처럼 운영되서는 안 된다. 당신이 마케터라면 고객들이 더 저가의 쇼핑몰을 찾아다니도록 방치해 둘 것이 아니라, 비싼 값을 주고서라도 사고 싶은 마음이 들게끔 가치 있는 브랜드 제안을 할 수 있어야 한다. 고객 관리의 화두가 브랜드 경험으로 확산되는 것도 같은 맥락이다.

고객 경험 중심으로 브랜딩을 펼쳐 나가는 것은 'BEM(Brand Experience Management)'라고 부른다. "제품을 팔려고 하지 말고 경험을 팔아라"라는 스티브잡스의 오랜 명제는 고객의 전체 여정에 걸친 모든 경험을 기획하고 관리하는 것으로 마케팅의 범위를 확대시키고 있다. 이제 브랜드는 자사몰을 중심으로 다양한 온·오프라인의 채널들을 연계시켜, 라이프스타일 중심의 브랜드 플랫폼을 구축하고 운영할 수 있어야 한다. 이때부터는 브랜드 경험 설계가 관건이다.

그렇다면, 온드 미디어의 핵심인 브랜드 플랫폼에서 어떤 고객 경험을 제공해야 할까? 그 전에 '고객 경험이란 무엇일까'부터 살펴보자. 고객 경험은 '구매 경험'에, 구매 이후에 겪게 되는 '사용 경험'과 '소비 경험'까지 더해진 개념이다. 구매 경험은 제품을 구매하기까지의 과정에서 겪는 모든 것들을 말하고, 사용 경험은 다양한 제품의 사용 상황(TPO)에서 제품의 혜택이 고스란히 소비자에게 전달되는 것을 말하며, 소비 경험은 소비자가 아닌 생활자로 그들의 삶에 브랜드가 놓이면서 개성과 라이프스타일 있는 삶을 살게 되는 것을 말한다.

이제는 단순히 제품의 혜택이나 페인 포인트에만 집중할 것이 아니라, 더 넓은 관점으로 고객의 생활 맥락 안에서 그들의 삶을 변화시키는 일에 몰두해야 한다. 브랜드 전략가 호소야 마사토는 그의 저서『브랜드 스토리 디자인』에서 라이프스타일을 제안하기 위한 브랜드 프레임을 다음과 같이 제시한다. 그는 단순히 물건을 디자인하는 것만으로는 팔리지 않기 때문에 브랜드가 스토리를 가지는 것이 중요하며, 브랜드는 소비자(그는 '소비자'라는 표현 대신, 소비 활동에서 희노애락의 감정을 가진 점을 부각하여 이들을 '생활자'라고 부른다)의 생활 속 경험과 감정에 천천히 침투해야 한다고 주장한다. 그는 브랜드 스토리텔링을 위해서 다음의 2가지 요인을 고려한다. 그는 절대 바뀌어선 안 되는 브랜드의 보편적 가치를 '스토리의 주춧돌'로

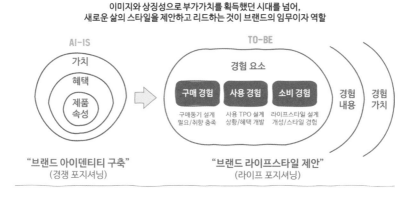

[새로운 관점의 라이프스타일 브랜딩 필요]

이미지와 상징성으로 부가가치를 획득했던 시대를 넘어,
새로운 삶의 스타일을 제안하고 리드하는 것이 브랜드의 임무이자 역할

뉴노멀 마케팅 전략 프레임의 진화

삼고, 그 위에 시대 트랜드에 따라 업그레이드되는 브랜드의 새로운 가치를 '스토리의 기둥'으로 올린다.

브랜드 라이프스타일을 설계한다는 건 어머어마하게 큰 범주의 이야기이다. 하지만 호소야 마사토의 제안을 기본 프레임으로 삼고 고객 데이터를 나침반으로 삼아 하나씩 쌓아 간다면, 좀 더 체계적인 브랜딩을 펼칠 수 있을 것이다. 스토리의 주춧돌은 브랜드가 지향하는 절대 가치로, 여기서는 브랜드 미션(Brand Mission)과도 같은 의미이다. 파타고니아의 미션이 "우리의 고향, 지구를 되살리기 위해 사업을 한다"인 것처럼, 스토리의 주춧돌은 오너의 철학과 맞닿아 있는 기업의 절대 불변의 존재 가치를 담고 있다. 문제는 스토리의 기둥이다. 스토리의 주춧돌은 기둥을 통해 현실 세계에 구현되어 나타난다. 따라서 기업의 존재 가치가 동시대 소비자의 삶을 담고 있어야 고객에게 의미 있는 가치로 다가갈 수 있다. 소비자의 삶을 담고 있는 고객 가치를 셋팅하는 데는 데이터가 꼭 필요하다.

데이터를 통해 스토리의 기둥을 구축하려면 두 가지 접근을 따르면 된다. 하나는 바뀌는 삶의 단면을 '트렌드'로 파악하여 라이프스타일의 흐름을 읽는 것이다. 그리고, 또 다른 하나는 미처 몰랐던 삶의 단면을 '생활 맥락'으로 파악하여 소비자 일상의 욕구를 충족시켜 주는 것이다. 이때 라이프스타일을 이해하기 위해서는 '트렌드 데이터'를, 생활 맥락을 파악하기 위해서는 '개인의 맥락 데이터'를 활용하면 된다.

이제 고객 경험은 새로운 비즈니스 패러다임이자 새로운 수익원이 되었다. 플랫폼의 의미 역시 단순히 중계 서비스를 넘어 새로운 라이프스타일을 고객 가치로 제안할 수 있는 장이 되어야만 한다. 마켓컬리가 바꾼 것은 '냉장고 없이도 신선 식품을 먹을 수 있는 삶'

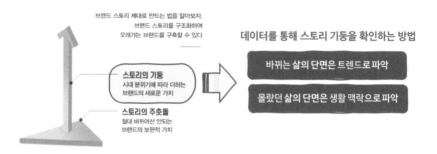

(좌측 이미지 출처: 예스24)

이며, 런드리고가 바꾼 것은 '세탁기 없이도 늘 새 옷을 입은 기분을 낼 수 있는 삶'이다. 이처럼 라이프스타일 브랜드로 거듭나기 위해서는 지금 우리가 하고 있는 업(業)의 정의를 다시 바라보는 것이 필요하다. '세탁기'를 사서 직접 세탁물을 돌리는 삶보다 '의류 전문가'의 코치를 받아 일상을 스타일링 하는 삶에 대한 가치가 더 높지 않겠는가. 지금껏 제품의 차별적 기능을 강조해서 브랜드의 존재감을 알렸다면, 이제는 브랜드가 세상에 하려는 일을 유니크하게 세워 스스로의 존재 이유를 입증하는 방식으로 브랜딩을 펼쳐 나가자.

📢 유지 전략: 고객 관계 관리(CRM)

브랜드가 고객과 장기적인 관계를 맺을 수 있도록 경험의 판을 깔았다면, 이제부터는 실질적으로 고객을 통해 수익을 관리할 타이밍이다. 어떻게 해야 고객이 우리를 떠나지 않을까? 답은 그들의 삶에서 필요하고 원하는 것들을 내가 충족시켜 주는 것이다. 이 단계의 마케팅이 성공하려면 깨질 수 없는 상호 의존 관계를 형성해서 지속적인 교환이 일어날 수 있는 고객 경험을 제공해야 한다. 이러한 전략을 '고객 관계 관리(Customer Relationship Management: CRM)'라고 부른다. CRM 전략의 목표는 고객과의 관계를 효율적으로 관리하고 강화하여 지속적으로 수익을 만들어 내는 데 있다.

지금부터는 수익 관점에서 고객을 볼 필요가 있다. 이미 우리 브랜드로 유입된 고객들이 우리 브랜드에 계속 돈을 쓸 고객인지, 중간에 이탈할 고객인지를 가려서 관리해야 한다는 말이다. 그럼 어떻게 고객을 나누는 것이 좋을까? 기본적인 분류는 구매를 기점으로 구매 이전은 '비 고객', 구매 이후는 '고객'으로 나누는 것이다. 이 단계에서 신경 써야 할 고객은 구매 이후의 고객 유형들이다. 이때는 브랜드에 대한 만족도가 고객 유형을 나누는 기준이 된다. '만족'한 고객은 '충성' 단계를 거쳐 '팬(Fan)'으로 발전할 가능성이 있지만, '불만족'한 고객은 '휴면' 단계를 지나 '이탈'될 가능성이 크기 때문이다.

[CRM 단계에서의 고객 유형별 관리]

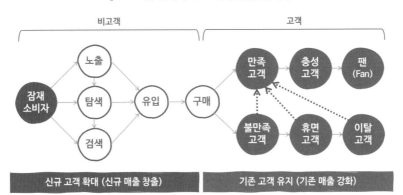

14장 호모 데이터쿠스의 제5 능력: 데이터 창의력

이 단계에서 집중해야 할 것은 '기존 고객을 유지'해서 '기존 매출을 강화'하는 방안을 찾는 것이다. CRM을 강화하기 위해 아래 3가지 접근으로 고객 관계를 관리해 보자. 첫째, '고객 만족도'를 높여 기존 고객의 충성도를 강화하자. 이를 위해서는 서비스가 빠르고 친절하게 제공되도록 고객 서비스를 개선하고, 불만을 신속하게 처리할 수 있는 시스템을 마련해서 고객이 이탈되지 않도록 즉시 문제를 해결해야 한다. 이때 재구매 감사 메시지나 추가 혜택(할인 코드, 무료배송 등)을 제공하는 등 고객과 주기적인 커뮤니케이션을 이어가며 재구매를 유도해 보자. 고객이 재구매를 할 때마다 포인트를 적립해 주거나 보상을 제공하는 로열티 프로그램을 운영한다든가, 지인에게 추천하면 양쪽 모두에게 혜택을 제공하는 리퍼럴(추천) 프로그램을 운영하는 것도 관계를 유지하는 데 도움이 된다. 그 밖에 제품에 대한 리뷰를 작성하도록 요청하고 이에 대한 보상을 제공하여 고객의 참여도를 높이고 신뢰를 쌓는 노력도 필요하다.

둘째, '고객 이탈을 방지'해서 수익의 감소를 막아 보자. 이미 구매를 한 고객을 잡은 물고기로 여기지 말자. 이들 중 대다수는 언제든 다른 대안으로 빠져나갈 수 있는 이탈의 위험을 안고 있다. 우리의 그물망이 촘촘하지 않으면 언제든 물고기는 빠져나간다. 따라서 CRM 시스템을 통해 고객의 이탈 징후를 조기에 파악하고 선제적 대응을 통해 이탈을 방지하는 노력을 해야 한다. 고객 이탈을 감지하려면 고객 행동 지표를 보는 것이 도움이 된다. 구매 빈도가 떨어진다든지, 웹사이트/앱 방문자가 줄었다든지, 고객의 불만이 늘거나 서비스 요청 빈도가 증가하고 있는 것도 이런 시그널이 된다. 고객 만족도 지수를 지속적으로 모니터링해도 된다. 개인 고객 데이터가 없더라도 이탈의 신호는 여기저기서 감지되기 마련이다. 이탈 위험이 있는 고객이 레이더에 잡혔으면 이들을 복귀시킬 전략을 수립해야 한다. 이들을 위해 특별한 리텐션 캠페인을 운영하거나, 기존 고객과는 차별화된 혜택(무료 제품, 추가 할인, 독점 서비스 등)을 제공하여 이들의 마음을 돌려야 한다.

셋째, '고객 생애 가치(Customer Lifetime Value: CLV)'를 분석해서 장기적인 성장을 꾀해보자. CLV는 고객이 기업과의 관계에서 발생시키는 총수익을 예측하는 지표이다. CLV 분석을 해 보면 고객 한 명이 평생동안 기업에게 얼마의 이익을 가져다주는지 알 수 있다. 따라서 CLV가 높은 고객에게 더 많은 자원을 투자해 이탈을 방지하고 장기적인 관계를 유지하도록 유도해야 한다.

[CLV 기본 공식]

CLV를 높이기 위한 전략으로는 업셀링 및 크로스셀링, 구독 모델 도입, 고객 경험 개선 등의 방법이 있다. 먼저 업셀링(Up-Selling) 및 크로스셀링(Cross-Selling)은 고객 체류시간을 늘리고 구매 행동을 증가시키는 방법이다. 업셀링은 고객이 구매하려는 제품보다 상위 버전이나 부가 기능이 있는 제품을 제안하여 더 큰 가치로 거래 금액을 증가시키는 전략이다. 크로스셀링은 교차 판매라고도 하는데, 고객이 구매한 제품과 관련된 다른 제품을 추천하여 판매를 촉진하는 전략이다. 구독(Subscription) 모델도 플랫폼을 기반으로 활용도가 높아진 전략 중 하나이다. 고객의 라이프스타일이나 생애주기에 따라 주기적으로 제품이나 서비스를 받아볼 수 있도록 제공하면, 지

속적으로 고객과의 관계를 유지할 수 있다. 구독 서비스를 개발하려면 제품의 속성이 아닌, 제품의 사용성에 집중해서 고객의 소비 행태를 분석하려는 노력을 기울여야 한다. 마지막으로 고객 데이터를 활용해서 개인화된 고객 경험을 제공하는 데 힘쓸 수 있다. 고객은 자신이 특별 대우를 받고 있다고 느끼면 브랜드에 몰입도가 높아져 결과적으로 CLV가 상승하게 된다.

CRM을 위해서는 '개인 중심의 고객 데이터 시스템'을 구축해 두는 것이 좋다. 여러 채널에서 수집된 고객 데이터를 통합하여 고객에 대한 360도 뷰를 확보하고, 이를 기반으로 개인화된 마케팅과 서비스를 제공하면, 보다 깊은 관계를 구축하는 데 도움을 받을 수 있다. 고객 데이터가 없거나 통합되지 않아 정교한 고객 분석을 할 수 없다 하더라도, 고객 관리에 대한 기본 프레임을 가지고 전략을 세울 수만 있다면 절반은 성공한 셈이다. 데이터 분석이 목표가 아니라 고객 관계가 목표이기 때문이다. 구매자 데이터가 없더라도 '만족' '불만족' '리뷰' '추천' '고장' '수리' '해결' '교체' '환불' 등의 검색 키워드만으로도 고객의 페인 포인트에 접근할 수 있는 길을 얻게 된다. 세부적인 전략은 마케팅 상황에 달려 있다. CRM을 강화하기 위한 전략 가이드에 따라, 검색 데이터로 고객을 지속시킬 요인과 이탈할 위험 요소를 찾아가며 장기적인 고객 관계에 힘써 보자.

사실 한번 잡은 고객을 지속시키는 전략은 이런 매뉴얼적인 방법 외에도 브랜드 스타일에 맞게 다양한 방식으로 개발하고 시도해 볼 수 있다. 떠나가려는 여자친구를 눈앞에서 놓치지 않으려면 나의 매력을 발산하는 것 외에 그녀가 원하는 것을 항상 살피고 그녀가 원하는 방식대로 충족시켜 주면 될 일이니까.

데이터 마케팅은 상상에서 출발한다

마케터를 위한 데이터 활용의 긴 여정이 끝났다. 이것은 데이터에 관한 책이지만, 정확히는 데이터를 사용하는 사람들에 관한 책이다. 데이터에 대한 기술이나 지식이 아닌, 데이터를 다루는 마케터의 자세를 이야기한 책이기 때문이다. 마케팅은 매뉴얼이 아니다. 데이터도 매뉴얼에 따라 수행되는 과업이 아니다. 마케팅을 수행하는 모든 과정에는 무수히 반짝이는 마케터의 고민과 의사결정의 순간들이 존재한다. 마케팅이라는 항해를 하는 동안 손에 쥐고 있어야 할 방향 키는 '고객을 향하는 자세' 하나밖에 없다.

저자는 이러한 마케팅의 특성을 '운전'에 빗대어 이야기하곤 한다. 처음 운전을 배울 때를 떠올려 보자. 필기고사는 점수만 넘으면 되지만 도로 연수는 실전이다. 그럼에도 도로 연수 학원에서 가르치는 것은 엑셀과 브레이크를 구분하고 운전대를 돌려 기본 신호에 따라 달리고 멈추기를 반복하는 정도에 그친다. 왜냐하면 실제 운전은 변화무쌍하게 출몰하는 상황 변수들에 기민하게 대처하며 목적지를 향해 나아가는 일이기 때문이다. 운전이 기본 매뉴얼만 익힌 채 변화하는 도로 상황과 상대 차의 운전 스타일에 그때그때 맞춰서 진행하는 것처럼, 마케팅도 이와 다를 바가 없다(특히, 디지털 마케팅이 대세가 되면서 이런 특징은 더욱 두드러졌다). 그렇기에 데이터 분석은 목표를 가지고 넓은 시야와 지혜를 발휘하여, 체계적이면서도 창의적인 방식으로 질문을 발견하고 답을 찾는 일이라고 할 수 있다.

저자가 이 책에서 말하는 데이터 상상력은 천재의 크리에이티비티(Creativity)가 아니다. 맥락에 대한 공감, 분석을 뛰어넘는 통찰에서 오는 고객에 대한 투시이다. 데이터는 일견에 숫자로 보이지만, 생각보다 많은 면을 포괄하고 있다. 누가 남긴 데이터인가, 언제 남겨진 데이터인가, 무엇에 대한 반응인가, 당시 어떤 기대를 가지고 있었는가, 어떤 충족되지 못한 욕망이 투여되었는가 같은 면들 말이다. 데이터에 대한 해석은 추론의 영역일 수밖에 없다. 그들의 마음을 인코딩된 숫자만으로는 정확히 이해할 수 없기 때문이다. 또한 숫자들 사이의 숨겨진 현실을 상상해 낸 것에서 나아가, 앞으로의 추이를 예측하고 미래의 방향을 제안해 내야 한다. 그렇기에 데이터는 과거와 현재에 대한 이야기이자, 미래에 대한 이야기이기도 하다. 아이러니하게 데이터 분석은 상상의 영역에 속한다. 가장 뛰어난 과학자로 알려진 아인슈타인조차 이론을 만드는 과정을 이렇게 표현했다. "과학자는 공식으로 사고하지 않는다. 직감과 직관, 사고 내부에서 본질이라고 할 수 있는 심상이 먼저 나타난다. 말이나 숫자는 이것의 표현 수단에 불과하다." 그의 말에 기대어 본다면, 진정한 데이터 분석은 논리가 아닌 직관의 영역으로 점들 사이의 빈 공간을 메우는 일이라고 해도 무관하겠다.

4차 산업혁명 이후 마케터에게 데이터라는 촉수가 생겼다. 다양한 데이터가 넘쳐 나는 시대인 만큼, 마케터는 데이터라는 제6의 감각을 잘 활용할 수 있어야 한다. 데이터 분석은 숫자를 통해 남들 눈에 보이지 않는 것을 보는 일이다. 당신이 데이터를 활용하는 안목을 기르려면 당신의 시선을 표면 밑으로 내려야 한다. 그래야 진짜 데이터에 숨겨진 고객의 의미를 볼 수 있다. 표면 밑을 분석해 내는 힘은 고객을 공감하는 마음에서 나온다. 우리 브랜드가 왜 판매가 안 되는지 궁금하다면 리뷰나 댓글이나 SNS에 담긴 고객의 마음을 읽어 보자. 데이터는 캠페인 성과를 확인하고 매출 상황을 파악하는 지표가 아니라, 소비자의 일상을 호기심 어린 눈으로 탐험할 수 있게 도와주는 나침반이기 때문이다. 이제는 우리 제품이나 브랜드만 보지 말고, 소비자의 고민에서 출발해서 데이터를 도구로 삼아 코끼리의 몸태를 짚어 낼 수 있어야 한다. 점점 더 고객을 탐험할 수 있는 툴이 많아지고 있으니, 이제 본인에게 적합한 것을 찾아 탐험을 즐기면 된다.

기업의 규모나 업종에 상관없이 지위 고하를 불문하고, 마케팅의 길은 누구에게나 열리고 있다. 마케팅을 대행하는 전문가들도, 마케팅을 의뢰하는 제조사도 이제는 모두 데이터 역량을 갖추려고 고군분투 중이다. 데이터를 손에 쥐고 소비자의 이야기를 직접 들을 것인지, 데이터를 모른 채 우리의 고객을 외부의 전문가에게 맡길 것인지 선택의 순간이 닥쳐오고 있다. 칼이 어떻게 쓰일지는 칼을 뽑은 사람이 어떤 뜻을 품었는지에 따라 달라진다. 데이터가 어떻게 쓰일 것이냐 역시 데이터를 손에 쥔 마케터가 소비자에게 어떤 마음을 품었는지에 달려 있다. 당신은 어떤 뜻을 품을 것인가? 그동안 고객들이 고충을 안은 채 지내 왔을, 하지만 마케터도 딱히 해결책을 찾지 못해 시도조차 못 했던 숨겨진 가치를 찾아 멋진 제안을 해 보고 싶지 않은가? 데이터가 여태까지 다루지 않았던 낯선 문법이라고 외면하지 말고, 내가 잘할 수 있을지 두려워만 하지 말고, 변화의 흐름에 몸을 내던져 보자. 데이터를 품은 마케팅은 상상 이상으로 재미있는 곳이 될 것이니.

현업에서 나와 학교로 온 지 5년이 지났다. 그 사이 마케팅 현장에서 많은 이슈들이 지나가고 머무르고 발전했다. 4차 산업혁명의 물살을 타고 디지털 트랜스포메이션이 화두가 되어, 빅데이터, 퍼포먼스 마케팅, 그로스 마케팅, 라이브 커머스, 숏폼 마케팅, 인플루언서 마케팅, 메타버스, NFT, 옴니채널, AI 마케팅까지…. 마케터들은 해마다 등장하는 기술과 지식을 배우느라 버겁고 지치는데, 이를 놓지도 못하는 현실을 사는 중이다. 최근에는 디지털 마케팅 생태계도 어느 정도 자리가 잡힌 듯했다. 하지만, 이내 AI라는 새로운 패러다임이 등장하며 마케팅 생태계를 또다시 혼돈 속으로 밀어 넣고 있다. 어제의 정답이 오늘은 오답으로 전락하고, 어제는 불가능했던 일이 오늘은 가능한 일로 역전에 역전을 거듭하는 중이다. 저자 역시 현업 전문가들의 도움을 받으며 업계 트렌드를 주시하고 있지만, 실체를 파악하기에는 너무 일천한 경험이었음을 실토할 수밖에 없다. 그럼에도 이 책은 기어코 세상에 나왔다. 이분들이 없었다면 결코 가능하지 못했을 일이었기에 다시 한번 지면을 빌려 깊은 감사의 마음을 전한다.

먼저, 대홍기획 시절 빅데이터마케팅센터장을 맡겨 주셨던 이상진 상무님(前 롯데면세점 상무)께 애정하는 마음을 보낸다. 힘든 날

어린 센터장에게 귀 기울여 주셨던 대홍기획 홍성현 대표님께도 무한한 감사의 말씀을 드린다. 당시 빅데이터마케팅센터 팀원들이었던 안중호 C©M, 노운초 C©M, 김지은 C©M, 이준철 C©M, 소호영 C©M, 조건상 C©M, 유재원 C©M 모두 힘든 자리를 지켜 줬음에 고마운 마음을 전한다. 디지털 전환의 기회를 보고 당시 데이터 직군으로 교수 임용을 허락해 주신 서울예술대학교 이남식 前 총장님 (現 재능대학 총장)께 감사와 존경을 올린다. 현장감을 잃지 않고 업계 최신 이슈들을 연구할 수 있도록 기회를 주시는 한국 마케팅협회 김길환 이사장님께도 마음으로 깊은 감사를 드린다. 그리고 데이터라고는 눈 씻고 찾아보기 힘든 열악한 교육 시스템에 한.줄기 빛처럼 지원을 아끼지 않으신 어센트코리아 박세용 대표님께 말로 다 할 수 없는 감사의 인사를 드린다.

마지막으로, 바쁘다는 핑계로 일에 치여 사는 무심한 딸을 믿고 응원해 주시는 부모님과, 둘째 조카를 따뜻한 마음으로 지지해 주시는 미국에 계신 작은고모에게도 존경과 사랑의 하트를 보낸다. 그리고, 늦은 나이에 만나 따뜻한 집밥으로 지친 마음을 북돋워 주며 묵묵히 옆을 지켜 주는 J에게도 애정을 담아 고마움을 표한다.

감사의 말

저자 소개

김유나(Kim, Yu Na)

현재 서울예술대학교 커뮤니케이션학부 광고창작과 교수로 재직하고 있다. 어릴 적에는 숫자와 논리로 세상의 질서를 설명하는 것이 좋아 이화여자대학교 수학과에 진학하였고, 졸업 이후에는 사람들의 내면 심리 세계의 질서를 정립해 보고자 고려대학교 심리학 석사 과정에 입학하였다. 분석과 통찰이라는 두 가지 도구를 가지고 한양대학교 광고홍보학과 박사 과정에 진학하여 마케팅 커뮤니케이션에 대한 솔루션을 연구하던 중, 문과와 이과의 성향을 융합할 수 있는 '빅데이터'라는 테마를 만나 현재는 디지털 세상을 움직이는 새로운 질서를 세우는 데 그동안의 경험과 역량을 쏟는 중이다. Kantar Korea에서 데이터로 소비자를 읽고 마케팅의 자원으로 활용하는 기술을 익혔으며, 하쿠호도제일과 대홍기획에서 소비자와 브랜드를 연결시키는 전략적 정교화를 터득했다. 대홍기획에서 빅데이터마케팅센터장을 역임하던 중 4차 산업혁명의 파고에서 마케팅의 새로운 질서를 찾고자, 학교로 적을 옮겨 디지털 네이티브인 MZ세대와 뉴노멀 마케팅과 브랜딩에 대해 연구하고 있다. 현재 한국마케팅협회 상임이사와 자문 교수를 겸하면서 현업의 마케팅을 디지털로 옮기는 일에도 역량을 펼치고 있다. 인간 중심의 디지털 마케팅 커뮤니케이션 전략, 브랜드 플랫폼 구축과 디지털 브랜딩, 콘텐츠 마케팅과 마케팅 창의력, 데이터 드리븐 고객 경험 설계에 대해 연구 중이다. 주요 저서로는 『브랜드 유니버스 플랫폼 전략』(학지사, 2021)과 『마케팅 웨이브』(학지사, 2023)가 있다.

이메일: yuna.kim@seoularts.ac.kr

호모 데이터쿠스의
데이터 상상력
Homo Datacus Data Imagination

2025년　1월　5일　1판　1쇄　인쇄
2025년　1월　10일　1판　1쇄　발행

지은이 • 김유나
펴낸이 • 김진환
펴낸곳 • **학지사비즈**

　　　　04031 서울특별시 마포구 양화로 15길 20 마인드월드빌딩
대표전화 • 02-330-5114　　팩스 • 02-324-2345
등록번호 • 제313-2006-000265호

홈페이지 • http://www.hakjisa.co.kr
인스타그램 • https://www.instagram.com/hakjisabook

ISBN 979-11-93667-13-2　03320

정가 18,000원

출판미디어기업 **학지사**

간호보건의학출판 **학지사메디컬** www.hakjisamd.co.kr
심리검사연구소 **인싸이트** www.inpsyt.co.kr
학술논문서비스 **뉴논문** www.newnonmun.com
교육연수원 **카운피아** www.counpia.com
대학교재전자책플랫폼 **캠퍼스북** www.campusbook.co.kr